国家级职业教育规划教材

全国职业院校学前教育专业教材

第2版

幼儿
教育学基础

关永春　主编

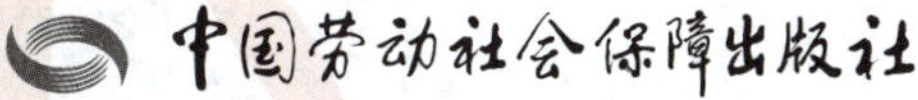

简　介

本书根据职业院校学前教育专业的教学实际，系统介绍了幼儿教育学的基础知识，主要内容包括幼儿教育理论基础、幼儿教育的目标、幼儿全面发展教育、幼儿园教师、幼儿园课程与教学活动、幼儿游戏、幼儿园生活活动与节日娱乐活动、幼儿园环境，以及幼儿园与家庭、社区、小学。

本书由关永春任主编，张凤任副主编，于冬青、史瑾参与编写，周梅林主审。

图书在版编目（CIP）数据

幼儿教育学基础 / 关永春主编. -- 2 版. -- 北京: 中国劳动社会保障出版社，2020
全国职业院校学前教育专业教材
ISBN 978-7-5167-4677-6

Ⅰ. ①幼…　Ⅱ. ①关…　Ⅲ. ①幼儿教育学 – 高等职业教育 – 教材　Ⅳ. ①G610

中国版本图书馆 CIP 数据核字（2020）第 189058 号

中国劳动社会保障出版社出版发行
（北京市惠新东街 1 号　邮政编码：100029）
*
北京市艺辉印刷有限公司印刷装订　新华书店经销
787 毫米 × 1092 毫米　16 开本　13.25 印张　219 千字
2020 年 11 月第 2 版　2022 年 6 月第 5 次印刷
定价：29.00 元

读者服务部电话：（010）64929211/84209101/64921644
营销中心电话：（010）64962347
出版社网址：http://www.class.com.cn
http://jg.class.com.cn

前　言

学前教育是终身学习的开端，是国民教育体系的重要组成部分，是重要的社会公益事业。学前教师教育担负着培养学前师资的重任，始终受到国家的高度重视，2018年《中共中央　国务院关于学前教育深化改革规范发展的若干意见》明确提出要"办好学前教育""大力加强幼儿园教师队伍建设"。为了适应学前教育发展的形势，满足学校培养学前师资的教学要求，2020年，我们对全国职业院校学前教育专业教材进行了修订和补充，重点做了以下几方面的工作。

第一，完善了教材体系。根据目前职业院校学前教育专业的教学实际，增加了《幼儿行为观察与指导》《幼儿园游戏》等教材，将《舞蹈（第二版）》和《幼儿舞蹈创编与教法》整合为《幼儿教师舞蹈基础》，将《基本乐理与伴奏编配（第二版）》分为《基本乐理》和《简易钢琴伴奏构建法》。调整后，整套教材体系更加科学、完善，便于教学的开展。

第二，更新了教材内容。对上版教材中的部分内容进行了调整、补充和更新，使教材更加符合当前职业院校学前教育理念和实践方法。增加了实践性教学内容的比重，主要技能点均配以详细的操作指导，以引导学生运用所学知识分析和解决实际问题。

第三，提升了教材表现形式。通过设置知识卡、能力卡、情景再现、引导案例等栏目，增加教材的亲和力，激发学生的学习兴趣。同时，加强了图片、表格及色彩的运用，营造出更加直观的认知环境，提高了教材的趣味性和可读性。

第四，加强了教材立体化资源建设。在教材修订的同时，开发了与教材配套的习题册和电子课件。电子课件及习题答案可登录技工教育网（jg.class.com.cn），搜索相应的书目，在相关资源中下载。在部分教材中使用了二维码技术，针对教材中的教学重点和难点制作了演示视频、音频等多媒体素材，学生使用移动终端扫描二维码即可在线观看或收听相应内容。

本套教材的编写得到了有关学校的大力支持，教材编审人员做了大量的工作，在此我们表示衷心的感谢！同时，恳切希望广大读者对教材提出宝贵的意见和建议。

人力资源社会保障部教材办公室

目　录

绪论

幼儿教育学作为一门独立的学科有自己专门的研究对象与任务。同时，学习本门课程也需要了解一些基本的方法，这将有助于对幼儿教育学的全面认识和把握。

一、教育与幼儿教育

1. 教育

教育的概念有广义和狭义之分。从广义上讲，凡是能够丰富人们的知识，提高人们的技能，影响人们的思想品德的活动，都是教育。广义的教育包括学校教育、家庭教育和社会教育。从狭义上讲，教育主要指学校教育，是指教育者根据一定社会（或阶级）的要求，有目的、有计划、有组织地对受教育者的身心施加影响，把他们培养成为一定社会（或阶级）所需要的人的活动。

2. 幼儿教育

幼儿教育是指对 3 ~ 6 岁幼儿进行的教育、组织的活动和施加的影响。也就是说，凡是能够影响幼儿身体成长和认知、情感、性格等方面发展的有目的的活动（如幼儿家庭生活的形态，父母养育幼儿的态度和方式，幼儿周围的人、事、物，幼儿参加的旅游、看电影等社会活动）都可以说是幼儿教育。广义的幼儿教育包括幼儿教育机构教育、幼儿家庭教育和幼儿社会教育，狭义的幼儿教育特指幼儿园教育和其他相关幼儿教育机构的教育。

幼儿园教育是在幼儿园中由特定的专业人员有目的、有组织、有计划地对 3 ~ 6 岁幼儿实施的教育，它旨在促进幼儿身体、认知、社会性等方面的全面和谐发展。幼儿园教育是我国基础教育的重要组成部分，是我国学校教育和终身教育的奠基阶段。

幼儿教育前面与 0 ~ 3 岁的胎儿教育和婴儿教育衔接，后面与小学教育衔接。幼儿教育是一个人教育与发展过程中重要而特殊的阶段。“重要”指的是，它是幼儿发展奠基的时期，许多重要能力、个性品质在这个时期基本形成；“特殊”指的是，这个阶段是幼儿身心从最初的不定型到基本定型，进而可以开始按社会需求来学习并获得发展的过渡时期。

二、幼儿教育学的研究对象与任务

幼儿教育学是专门研究幼儿教育现象，揭示幼儿教育规律的一门科学。其研究对象是 3 ~ 6 岁的幼儿。幼儿教育的研究范围涉及幼儿园、家庭及社会某些方面，幼儿教育学的基本理论不仅对幼儿园教育具有重要的指导作用，而且对家庭教育也具有一定的指导作用。

幼儿教育学的任务是研究幼儿教育、幼儿园教育的工作特点和规律，研究幼儿园的教育目标、教育原则、组织幼儿活动的原理和方法，幼儿园与家庭、社区合作，以及幼儿园与小学衔接等内容，通过对幼儿教育实践的理论研究，借鉴国内外幼儿教育的理论与实践，用科学的教育观念指导幼儿教育的科学化实践，不断提高幼儿园和家庭的教育水平，并为国家制定幼儿教育相关政策、措施和进行幼儿教育改革提供理论依据。

三、幼儿教育学的学习方法

1. 学习与思考相结合

“学而不思则罔，思而不学则殆。”学习要与思考相结合。学习教育理论的第一步是关注现象，独立思考，这是理解与掌握任何知识的重要方法。针对幼儿教育现象、实践存在的问题、理论上带有冲突的观点，应认真研究，独立思考，乐于探索，勇于提出新见解，这些都是建构自己学科认知结构，提高逻辑思维水平的重要途径。同时，也要与教师、同学多交流方法，帮助自己更清楚、更全面、更准确地掌握幼儿教育学理论。

学习教育理论的第二步是认真学习教材，收集资料。在学习过程中，要深入理解和领会幼儿教育学的基本概念和基本原理，吃透教材每一章节的主要内容和渗透在其中的重要观念、教育思想，并弄清楚每一章节之间的内在联系，把握学科的逻辑体系，系统地理解和掌握各派幼儿教育理论的内容、实质、价值等，并尝试批判性地思考、分析和比较。

2. 理论与实践相结合

理论联系实际是学习任何一门学科所必须遵循的指导方针和基本方法。教育理论一定要服务于教育实践，理论联系实际是学好幼儿教育学的必由之路。在学习本课程知识的同时，要经常到幼儿园进行教育见习与教育实习，通过观察和实践，更好地理解幼儿教育理论知识。尝试开展社区、家庭的幼儿教育调查，尝试设计和组织一些教育活动，做一些教育小实验，对一个或几个幼儿进行行为观察和记录等，都能有效提高自己教育理论修养和从事教育工作的能力。

脱离实践的理论是空洞的理论，没有理论指导的实践是盲目的实践。一方面，没有幼儿教育实践的感性经验，绝不可能真正理解和掌握理论；另一方面，理论知识学习不好，就只能“摸着石头过河”，在工作中走很多的弯路和错路。同时，幼儿教育与社会息息相关，社会上的思潮、风气和各种现象会对幼儿教育造成或大或小的影响。经常尝试用学过的教育理论知识对社会中的幼儿教育现象和问题进行理智的分析、思考，对各种思潮、观点进行冷静的判断、辨析，能让自己对不断变化的环境，对现实中出现的新情况、新问题始终保持敏感，有利于形成自己的幼儿教育理论观点和看法，也能大大提高理论学习的效率，提高处理实际问题的能力。

3. 本学科与相关学科相结合

学好幼儿教育学的理论是本专业的重点，同时还必须处理好与其他相关学科的关系。幼儿卫生学和幼儿心理学为幼儿教育学提供了科学的依据；幼儿园各科教材教学法是在幼儿教育学有关理论的基础上，对幼儿园各领域教学进行研究的学科，它们丰富了幼儿教育学的内容。因此，在学习幼儿教育学时，应把这几门学科结合起来学习，互相配合，互相补充，使认识更加全面。

除了上述一些知识外，哲学、社会学、语言学、美学等社会科学知识，以及数学、物理学、生物学等自然科学知识，共同构成了一名优秀幼儿园教师的知识结构。因此，努力掌握其他社会科学与自然科学知识是学好幼儿教育学的客观要求。

四、幼儿教育学的研究方法

幼儿教育学属于社会科学，其研究方法与其他社会科学有相似之处，常见的幼儿教育学研究方法有以下几种：

1. 调查法

调查法是教师围绕某一教育现象，采用问卷、谈话、座谈等多种形式收集资料，并对所获得的资源进行定量、定性分析，指出存在的问题，提出教育建议的一种研究方法。调查法的一般步骤是：确定调查课题——选择调查对象——确定调查方法和手段，编制和选用调查工具——制订调查计划——实施调查——整理、分析调查资料并撰写调查报告。例如，小班教师要调查本班幼儿在家里的用餐情况，就可以采用问卷或个别访谈的形式收集资料，然后对收集的资料进行分析，总结归纳本班幼儿在用餐时间、工具、食量、偏好等多方面的情况，最后制订本班的教育计划，并对家长提出教育建议。

2. 观察法

观察法是在自然条件下，教师有目的、有计划地对所要研究的现象或行为进行观察、记录和评价的一种方法。从不同的维度，可以将观察法分为不同的类型。从时间上看，可分为长期观察法和定期观察法；从范围上看，可分为全面观察法和重点观察法；从观察者的参与性上看，可分为参与性观察法和非参与性观察法；从规模上看，可分为群体观察法和个体观察法。

3. 实验法

实验法是教师根据研究目的对某些条件加以控制，有计划地改变某种教育因素，从而考察该因素与随之产生的结果之间因果关系的一种研究方法。实验法可以按实验场地的不同分为实验室实验法与自然实验法。实验室实验法是在人为创造的高度控制的环境中进行实验的方法。实验室实验法能有效地控制无关变量，获得精确的结果，但其结果的推广却受到限制。自然实验法是在实际自然的情境中进行实验的方法，只能尽可能地控制无关变量，它能较长时间地持续进行，而且其结果便于推广。例如，在自然状态下，教师把全班幼儿分成两个小组进行故事教学。其中一组先讲故事后提问，再引导幼儿理解整个故事；另外一组先设置故事情境，提出问题引导幼儿思考，再呈现故事引导幼儿理解。最后，教师通过提问观察哪种教学方法更便于幼儿学习和理解。

4. 个案研究法

个案研究法是教师利用观察法、调查法、作品分析法等方法对班级个别幼儿进行全面系统研究，以探索幼儿发展普遍规律的一种研究方法。这是对某一个体进行专门研究的方法，是一种最简单、最直接的心理研究方法。个案研究法具有启蒙和试点的作用，也适用于对特殊个体（如天才儿童、精神病患者等）的研究。早期的中外儿童心理学家如德国的普莱尔、瑞士的皮亚杰等都曾运用个案研究法观察自己的孩子，并进行了长期记录。

第一章 幼儿教育理论基础

学习目标

- 了解幼儿教育理论的发展历程。
- 联系幼儿教育实际，理解几位重要的幼儿教育家的教育思想。

第一节　幼儿教育理论的形成

幼儿教育理论是基于哲学理论的发展而发展起来的。从古希腊时期开始，相关的论述就已经散见于一些哲学理论中，但直至19世纪中叶，幼儿教育学才成为一门独立的学科。在幼儿教育学形成与发展的过程中，各个时期的众多哲学家、教育家，以其独特的幼儿教育思想和丰富的教育实践活动，为幼儿教育学学科的创建与发展做出了卓越的贡献。

一、幼儿教育理论的萌芽阶段

有历史记载以来，幼儿就已接受成人的照顾与教育。起初，幼儿教育思想主要出现在古代一些哲学家的论著中。在古希腊时期，就有许多哲学家关心幼儿的教育。

例如，柏拉图在西方学前教育史上第一次较为系统地阐述了幼儿的教育问题。在《理想国》一书中，他最先论述了幼儿优生优育的问题。他重视幼儿教育，并提出幼儿应该接受公共教育。亚里士多德在其《政治学》一书中把幼儿教育分为两个阶段，他认为出生至五岁阶段应以培养幼儿的基本生存能力为主，五岁至七岁阶段应以身体的活动与锻炼为主。他重视优生优育，强调幼儿习惯与荣誉感的养成对其一生的发展至关重要。

直到近代才出现了专门为教育与照顾幼儿而设立的学校。这些幼儿教育机构的出现，促进了幼儿教育理论的产生。

捷克教育家夸美纽斯在 1628 年撰写了历史上第一部幼儿教育专著《婴儿学校》，其中便提出“母育学校”的理念。1658 年，他出版了世界上第一本儿童读物《世界图解》。他认为幼儿教育必须遵循幼儿的天性，而感官教育是幼儿学习的基础。这些教育思想对近代幼儿教育的发展产生了重要的影响。

18 世纪的法国哲学家、教育家卢梭在教育理论上以“回归自然”为依据，提出自然主义教育的观点。他在《爱弥儿》一书中提出：“自然的需要人人都是一样的，满足需要的方法人人都是相同的。应该使一个人的教育适应他这个人，而不要去适应他本身以外的东西。”卢梭视个体的感官知觉能力为人类知识的基础，这一理念成为传统教育和现代教育的分水岭，也成为欧文的“性格养成学园”和蒙台梭利的“儿童之家”的理论基础，对后世幼儿教育思想的发展有极其重要的影响。

瑞士教育家裴斯泰洛齐深受自然主义教育的思想及其个人社会思想的影响，他以毕生的教育实践证明了一系列教育原则和方法。例如，教育要遵循幼儿的天性，一切教育都应以感官教育为基础，幼儿学习的最好方式是操作，母亲是幼儿最好的老师，等等。他著有《林哈德和葛笃德》《葛笃德如何教育她的子女》和《母亲读物》等著作，并在教育史上第一个提出“教育心理学化”的思想，强调教育必须考虑幼儿的心理特点，从而为幼儿教育理论走向科学化铺平了道路。

除此之外，英国哲学家洛克的《教育漫话》、德国教育家赫尔巴特的《普通教育学》等著作都对幼儿教育学的建立和发展有很大的影响。这一时期关于幼儿教育的主要观点包括：尊重、热爱幼儿，按照幼儿的特点发展幼儿个性；教育必须“适应自然”；重视幼儿参与活动的主动性，等等。

我国早期有关幼儿教育的思想散见在谚语中，如“三岁看大，七岁看老”“教妇初来，教儿婴孩”等。魏晋南北朝时，颜之推著有《颜氏家训》。南宋朱熹编有《童蒙须知》和《小学》等。虽然这些著作中有一些“人伦之教”和“三纲五常”的封建糟粕，但也提出了一些有益的幼儿教育思想。例如，朱熹在《小学》的序上有言：“古者小学，教人以洒扫、应对、进退之节，爱亲、敬长、隆师、亲友之道，皆所以为修身、齐家、治国、平天下之本，而必使其讲而习之于幼穉之时。”由此看出，朱熹认为日常生活规则、伦理道德是幼年时期必须教以学习之事。明朝的王阳明以“蒙以养正”为教育目的，强调教学应注意幼儿的兴趣，了解幼儿的心理和性情，使其自然发展而达到“趋向鼓舞，中心喜悦”的境地。

二、幼儿教育理论的初创阶段

随着社会、政治、经济的发展，世界上出现了一些以看管和照料幼儿为主要目的的幼儿教育机构。一般认为，18 世纪 70 年代法国人奥柏林创立的“编织学校”是世界教育史上第一所幼儿教育机构。英国空想社会主义者欧文创立的“性格养成学园”是历史上第一所为工人阶级创立的幼儿教育机构。

1840 年，德国教育家福禄贝尔以“幼儿园”命名他所创设的教育机构，这标志着世界上第一所真正意义的幼儿园诞生了，因此，他也被称为“幼儿园之父”。他创立了一套系统的幼儿教育理论和相应的教育方法、教材、玩具。他的实践和理论使幼儿教育学从普通教育学中分化出来，由笼统的认识到建立独立的范畴与体系，幼儿教育也成为教育中的一个独立领域。福禄贝尔的教育思想影响了整个欧洲、美国、日本乃至全世界的幼儿教育。他的教育思想主要有以下内容：

1. 幼儿教育对人终身的发展具有重要意义，同时关系到国家的命运和前途

福禄贝尔认为幼儿期是人的发展中一个非常重要的阶段。他指出，人的整个未来生活，直到他将要重新离开人间的时刻，其根源全在于这一生命阶段。他把幼儿教育直观地列入整个人的教育过程，看作是人真正教育的开始。同时，他还指出幼儿教育与国家发展存在着密切联系。

2. 幼儿教育要适应并促进幼儿的全面发展

福禄贝尔认为，幼儿园的任务是给成长着的幼儿全面的关心，对幼儿的全面发展进行引导。同时，幼儿教育要适应幼儿的发展，遵循幼儿的自然本性，发展幼儿的体格，锻炼幼儿的外部感觉器官，使幼儿认识人与自然，并在游戏、娱乐和天真活泼的活动中，为进入小学做好准备。他认为，幼儿园的教育内容应该是广泛、多样的，教育方法应该通过活动丰富幼儿的知识、发展幼儿的能力，教师的作用主要是专门设计发展幼儿

活动能力（创造力）、感知能力（情感）和思维能力（智力）等几方面能力的活动，同时幼儿教育机构还要帮助家庭教育子女。总之，社会发展需要全面发展的人，幼儿教育需要培养全面发展的人以适应社会发展的需要。

3. 幼儿教育要重视幼儿的自我发展和自我活动以及社会参与

幼儿的自我发展是通过自我活动实现的，所以教师应该给幼儿提供种种机会从外界获得自身的经验，鼓励幼儿接触自然，从体验中发展幼儿本能的自我活动，如此将有助于幼儿内在潜能的发展。工作是福禄贝尔为幼儿园确定的一种教育活动形式，通过工作可以训练幼儿感官发展，并能够培养幼儿的想象力与创造力，工作也是幼儿人格实现的必要条件。同时，他认为人是社会的动物，幼儿个人与社会相协调非常重要，因此要培养幼儿“社会化”的能力。

4. 在幼儿教育中，游戏具有重要的价值

福禄贝尔是教育史上第一位阐明游戏教育价值的人。福禄贝尔把游戏的教育价值提高到了前所未有的地位。在他看来，幼儿早期的各种游戏是一切未来生活的胚芽，因为整个人最纯洁的素质和最内在的思想就是在游戏中得到发展和表现的。福禄贝尔认为游戏中的玩具是必需的，幼儿通过玩具可以直接感知到不可观的世界。福禄贝尔还亲自编制了各种游戏，创立了一个独特的游戏体系。他根据幼儿的特点，将玩具、教具、教材融为一体，创造了一种操作物——“恩物”。“恩物”的教育价值是帮助幼儿了解、认识自然及其内在规律。

5. 教师要加强对幼儿的指导

福禄贝尔认为：教师是影响幼儿发展的重要人物，教育幼儿是师生相互影响、相互作用的过程；教师要为幼儿设计、安排许多不同的活动，如游戏、学习和工作等。他认为“这些活动是不可分割的整体”，是未来“光明幸福生活的基础”。从本质上说，教师是幼儿经验和活动的设计者。教师在观察、了解幼儿的基础上，为幼儿提供他们想学的东西和机会。没有经过教师指导、设计的环境，不是良好的环境。玩具要发挥良好的教育作用，也离不开教师的指导。

总之，福禄贝尔的幼儿教育理论重视智力培养，对个性情感的培养较少，但仍得到广泛的传播。他的幼儿观，包括反对强制性教育，重视幼儿积极主动的活动，强调发挥幼儿的主观能动性和创造精神，重视教育的社会意义，强调幼儿游戏的教育价值等，都对后世产生了重要的影响。

第二节　幼儿教育理论的发展

当幼儿教育学作为一门独立的学科形成之后，幼儿教育在理论和实践上都得到了迅速的发展。有些教育家的理论对幼儿教育产生过重要的影响。

一、蒙台梭利的幼儿教育理论

蒙台梭利是意大利著名的幼儿教育家。她起初研究智力不足幼儿的心理与教育问题，之后她把在智力发展落后幼儿的教育实践中取得的经验，应用于处境不利的贫穷幼儿的教育和正常幼儿的教育。1907 年，她在罗马的贫民窟创办了“儿童之家”。1909 年，她发表了其代表作《蒙台梭利教育法》。后来她出版了《童年的秘密》《蒙台梭利手册》等著作，较为全面地论述了她关于幼儿教育的观点。她的幼儿教育理论与实践对世界现代幼儿教育的发展产生了广泛而深远的影响。

蒙台梭利教育理论的基础是她对幼儿及其发展的理解，而这一点在很大程度上受卢梭、裴斯泰洛齐、福禄贝尔的自然教育和自由教育观点影响。同时，她又根据自己的实践和实验加以发挥和发展，形成了自己的幼儿观和幼儿发展观。蒙台梭利教育理论的主要观点包括以下几点：

1. 幼儿教育必须了解幼儿的心理发展

首先，蒙台梭利认为幼儿的心理发展具有“可吸收力”。她认为，人类有两个胚胎期，一个是在母体里面完成的“生理胚胎期”，另一个是在母体里面尚未完成的“精神胚胎期”。幼儿具有一种生长的本能，具有一种下意识的感受能力和辨别能力。按她的说法，这是幼儿具有的一种天赋的、强烈的内在能力和不断发展的积极力量，能像海绵吸水一样，持续从环境中吸收感觉信息。

蒙台梭利指出，作为生理胚胎的幼儿的发育需要母亲的子宫这一特殊环境，作为心理胚胎的幼儿的发展也需要一种相适应的特殊环境。这种特殊环境要求尽可能排除妨害幼儿生命的任何不利因素，尽可能专门设置能满足幼儿各种内在需要的环境，如适应幼儿力量和形体的桌椅、促进幼儿感官发展和运动协调的教具，以及不断观察并及时给予指导的教师等。

其次，蒙台梭利认为幼儿心理的发展具有敏感期，这使得幼儿的发展具有阶段性。她认为，幼儿在发展过程中经过不同的阶段，每个阶段都有某种心理的倾向性和可能性显示出来。过了特定的时期，其敏感性则会消失。蒙台梭利强调："这种敏感性使幼儿以一种特有的强烈程度接触外部世界。在这一时期，他们容易学会每件事情，对一切都充满了活力和激情。"这种敏感期与生长现象密切相连，并和一定的年龄相适应，因此要教育引导和帮助幼儿在敏感期正常发展，避免延误时机带来的心理障碍。

根据长期的观察和研究，蒙台梭利指出，幼儿秩序、细节、行走的敏感期是从出生第一年到第二年，在此期间应培养幼儿的生活秩序（如早睡早起、饭前洗手），也可以有针对性地培养幼儿认真做事的好习惯等。在培养幼儿行走能力时，可以纠正不良的行走习惯。幼儿感觉的敏感期是从出生至 5 岁，所以应该提供专门的教具训练幼儿对物体大小、体积、重量、温度的敏感性等。幼儿语言的敏感期是从出生 8 个星期至 8 岁，因为语言是幼儿智力的外在表现，所以成人需要为幼儿提供良好的语言环境。

幼儿在不同的时期，对周围环境有不同的感受性。正是这种感受性，使得幼儿能以各种不同的方式与外部世界保持联系。但幼儿感受性的敏锐程度不是恒定不变的，不同的幼儿，其敏感性发展和延续的具体时间是有差异的。蒙台梭利要求在幼儿心理发展的敏感期对幼儿进行教育、引导和帮助，从而促进幼儿心理的正常发展，避免因延误时机导致心理发展障碍。

2. 幼儿有自我发展的需要，需要通过自由活动来实现

蒙台梭利的教育思想以她的幼儿观为依据，她认为幼儿具有自我发展的需要，也具有自我发展的能力。这种发展的需要促使幼儿对任何事物都有一股发自内心的探索欲望。在探索的过程中，幼儿可以自由活动和学习，自我指导，自我创造，自然会发展其主动性和独立性。在这一过程中，幼儿本身就在教育自己，即她所强调的"自我教育"。

蒙台梭利认为活动在幼儿心理发展中有着极其重要的意义。幼儿由于内在生命力的驱使和心理的需要产生一种自发性活动，这种活动通过与环境的交互作用使幼儿获得有关经验，从而促进幼儿的心理发展。在她看来，工作是幼儿最主要和最喜爱的活动，幼儿的发展是在工作过程中实现的，工作这一活动能培养幼儿多方面的能力并促进幼儿心理的全面发展。蒙台梭利所指的"工作"既不是以往成人所谓的游戏，也不是成人所从事的工作，而是指自发地选择、操作教具并在其中获得身心发展的活动。

3. "有准备"的环境有助于幼儿的发展

蒙台梭利提出，幼儿的学习应该在"有准备"的环境中进行。教师应该为幼儿提供

“有准备”的环境，让幼儿在这样的环境中，按照自己的兴趣与爱好，自由地选择、操作材料，自由探索，通过与环境的相互作用而得到发展。在这一环境中，自由是最主要的特征。

她认为，幼儿在经历各种敏感期时，教育者要提供适合幼儿发展的环境。她还认为，幼儿成长的环境就像一个家，一切都应该以幼儿为主，不但提供的教具要适应幼儿的年龄特点，环境中的其他设备都要以幼儿的发展为标准。幼儿在这样的环境里不断练习，可以学会自由支配生活，为未来更好地适应生活积累必要的经验。

蒙台梭利认为“有准备”的环境具有以下特点：自由发展的环境，有助于幼儿自我创造和自我实现；有秩序的环境，幼儿在那里能安静而有规律地生活；生气勃勃的环境，幼儿在那里能充满生气、毫不疲倦地生活，精神饱满地自由活动；一个愉快的环境，几乎所有的东西都为幼儿准备，适合幼儿的年龄特点，有吸引力。总之，蒙台梭利把教育环境的创设放在了非常重要的地位，认为良好的教育环境有利于幼儿的全面发展。

4. 重视感官教育，重视教师指导

感官教育在蒙台梭利教育体系中占有重要地位，也是她教育实验的主要内容。她认为 3 ~ 6 岁是幼儿身心迅速发展的时期，幼儿的各种感觉先后处于敏感期，因此是感觉能力提高的最好时间段，这段时期对幼儿进行感官教育将直接促进幼儿的智力发展。蒙台梭利的感官教育除了视觉、听觉、味觉、嗅觉、触觉“五觉”训练外，还包括对物体形状的认知、配对、排列、分类和组合等内容，让幼儿在接受“五觉”刺激的同时，促使幼儿感觉逐渐精确、敏锐。她为此专门设计了简单的感官教育教具。幼儿常常自由地选择教具，并专注和独立地反复进行操作练习，获得提高。

蒙台梭利提出，教师不是传统的灌输知识的机器，而是一个环境的创设者、观察者、指导者，幼儿学习的质量是由教师的质量决定的。幼儿在适应环境和发展自己的过程中，不仅需要教师的尊重和理解，也需要成人的指导和帮助。在指导幼儿活动时，要尊重幼儿的心理发展、观念和看法，尊重幼儿的个性，并依据幼儿自身的需要，通过个体化的途径实施教育；从幼儿的实际与需要出发，设计“有准备”的环境，安排各种活动；鼓励幼儿在一定范围内自由选择和探索材料；观察和了解幼儿的个体差异和兴趣爱好，并给予必要的帮助。

蒙台梭利的教育理念也有一些问题，例如，偏重智力而较忽视幼儿情感的陶冶和幼儿的社会化活动，感官教育的教具脱离幼儿的实际生活，过于呆板，操作法过于机械，

等等。但她的理论中，重视幼儿的身心发展，重视幼儿的自主性和自我学习，重视环境的作用，以及重视教师的作用等观点，都非常具有创见性。她的幼儿教育理论流传很广，至今许多国家仍在实施她的教育理论。

二、陶行知的幼儿教育理论

陶行知是我国著名教育家，其教育思想深受实用主义教育思潮的影响。他发表了《创设乡村幼稚园宣言书》《如何使幼稚教育普及》《幼稚园之新大陆》等论文，创办了我国第一所乡村幼儿园和劳工幼儿园。他强调幼儿教育的重要性，提出幼儿园应该实施和谐的生活教育，反对束缚幼儿个性的传统教学法。因为当时师资缺乏，所以他提出通过“艺友制”来解决幼儿教育师资的培养问题。陶行知幼儿教育理论的主要观点包括以下几点：

1. 重视幼儿教育，要发展适合中国国情的幼儿教育

陶行知高度评价幼儿教育的社会价值，并向社会宣传幼儿教育的重要性。他认为：幼儿教育是人生的基础，是根本之根本；小学教育应当普及，幼儿教育也应当普及。他认为：“六岁以前是人格陶冶最重要的时期。这个时期培养得好，以后只须顺着他继长增高的培养上去，自然成为社会优良的分子；倘使培养得不好，那么，习惯成了不易改，倾向定了不易移，态度决了不易变。”

针对当时国内幼儿教育的三大病——外国病、花钱病、富贵病，他提出要把外国的幼儿园变成中国的幼儿园，把费钱的幼儿园变成省钱的幼儿园，把富贵的幼儿园变成平民的幼儿园。1903 年，湖北省立幼稚园在武昌创办后，各地随之纷纷效仿。但在中国幼儿教育的初创阶段，基本上以日本为师，从办园精神、教育制度到教学内容等，几乎完全照搬日本。后来又出现美国化、英国化的幼儿园，洋化色彩十分浓厚。陶行知认为工厂、农村是幼儿园的新大陆，要把幼儿教育从贵族阶级的手里夺过来，把教育平等普及到平民阶级中去。为此，他在南京郊区首创了中国第一所乡村幼儿园——南京燕子矶幼稚园。

2. 提倡生活即教育，教学做合一

陶行知提出，生活是教育的中心。他提倡以幼儿园周围的社会生活、自然现象、家乡生产、风土人情为内容编写教材，以幼儿足力所能及的地方为教室，以幼儿所能接触到的事物为主要内容，让幼儿参加种植、饲养等劳动，从中学习，自己解决问题，自己组织游戏。他提出，要在生活里找教育，为生活而教育。他提出的“社会即学校”更是

告诉我们，“教育的材料，教育的方法，教育的工具，教育的环境，都可以大大增加”。这对解决当时教育中教育内容过时陈旧、不符合幼儿生活实际、不切合幼儿认知、不能很好地为幼儿未来生活服务等问题是很有启发的。

“教学做合一”是陶行知生活教育理论的教学方法论，是针对旧教育注入式的教授法而提出的教学方法论的改革。他反对只管教、不管学，认为教学做是一件事，不是三件事，要在做上教，在做上学。陶行知的教学实践就是从以“教”为中心过渡到以“学”为中心，然后再由“教学合一”到“教学做合一”，即由以“学”为中心再到以“做”为中心，从而完成了他生活教育理论的教学方法论。这是对中国传统教育的重大革新，也是对中国现代教育的一大贡献。

3. 解放幼儿的创造力

陶行知认为，教育要启发、解放幼儿的创造力，为他们提供手脑并用的条件和机会。在具体教学中，要解放孩子的头脑、双手、脚、空间、时间，使他们充分得到自由的生活，从自由的生活中得到真正的教育。他提出：要解放儿童的头脑，把他们的头脑从迷信、成见、曲解和幻想中解放出来；解放儿童的双手，给儿童动手的机会；解放儿童的嘴，给儿童说话的自由；解放儿童的时间，给他们自己学习、活动的时间；解放儿童的空间，让他们接触大自然、大社会。

三、陈鹤琴的幼儿教育理论

陈鹤琴是我国著名的幼儿教育专家，他从理论创立和实践躬行两方面为我国幼儿教育事业做出了卓越的贡献，为我国幼儿教育事业走向现代化做出了不懈的努力。他在 1923 年创办了南京鼓楼幼稚园，这是我国第一个幼儿教育实验中心。他创立了“活教育”理论，其课程理论主张把幼儿的环境作为幼儿园课程系统的中心，让幼儿充分与物、人接触，获得感性经验。他提出了“五指教学法”，这“五指”是健康、社会、科学、艺术和语文，五个方面是一个整体，这种教学法也称为“整个教学法”。其课程实施时，以幼儿经验、身心发展特点和社会发展需要作为选择教材的标准，反对实行分科教学，提倡以社会自然为中心的综合的单元教学，主张游戏式的教学。陈鹤琴幼儿教育理论的主要观点包括以下几点：

1. 幼儿教育对于幼儿一生的发展至关重要

陈鹤琴认为，人生一切的活动都要在儿童期内发展，儿童期是发展个人的最好的机会，言语、习惯、道德、能力，在儿童的时候学习最快速，养成最易，发展最快。他还认为，幼儿期不仅对个体成长具有奠基的意义，也是改造家庭、改进社会和促进文化的原动力。总之，幼儿阶段是人生最重要的一个时期。

2. 幼儿教育要考虑幼儿的特点

陈鹤琴认为，幼儿不是小大人，幼儿的培养与成人不同，要适应幼儿好游戏、好奇、好模仿、喜欢户外生活、喜欢成功等生理和心理特点，进行儿童化的教育，杜绝教育的中小学化和成人化。

他提出，要注重幼儿的个体差异，尊重幼儿的个性化成长。即使是同一年龄阶段的幼儿，在生活经验、个性、兴趣和学习能力等方面都会有所不同。他倡导要了解每个幼儿的个性，多采用小团体教学法，因材施教，使幼儿健康成长。

他还提出，教师要热爱幼儿，公平对待幼儿，做幼儿的朋友和伴侣，同游同乐地去玩、去教，要启发、诱导幼儿，要绝对尊重幼儿的人格，不能任意恐吓、打骂幼儿，以免阻碍幼儿身心的正常发展。

3. 要对幼儿进行全面发展教育

陈鹤琴主张：幼儿园首先要注意幼儿的健康，培养幼儿卫生习惯，为幼儿提供必要的营养，矫正幼儿身体缺陷，预防传染疾病，发展幼儿各种活动动作，锻炼幼儿体格，重视开展户外活动、娱乐和游戏等；其次，要重视培养幼儿良好的道德品质，教导幼儿互相谦让、敬爱父母、尊敬师长、遵守纪律，以及有毅力、勤劳、勇敢、爱祖国、爱人民、爱大自然；再次，要培养幼儿对自然美、社会美、艺术美的认识，发展艺术才能；最后，要重视幼儿的感觉训练和智力发展，特别是观察力的提高等。

4. 幼儿教育要注意多样性

陈鹤琴认为，幼儿是在“大自然、大社会”中学习的。幼儿需要在游戏、作业、劳动等丰富多彩的活动中成长和发展，教师要竭尽全力为幼儿创造良好的游戏环境和工作环境，并组织幼儿参加一些力所能及的劳动，随时随地通过大自然和社会获取教育资源。他还指出，游戏设备要符合幼儿需求、坚固耐用、卫生安全，游戏用具要达到使用国货、坚固耐用、式样美观、大小合适、没有危险性等要求。在各种活动中，陈鹤琴最重视的是幼儿的室外、园外活动。

5. 教师要对幼儿加以指导

陈鹤琴认为，幼儿是教育的主体。他反对以教师为中心，同时也反对幼儿中心论，强调教师要给予幼儿指导，只有将教师的指导与幼儿的主动性、独立性、创造性有机结合，才能促进幼儿的发展。同时，要让幼儿自由集合、自由合作。为了较好地发挥教师的指导作用，陈鹤琴提出，必须从政治思想、业务修养、教学技术、优良品质等方面加强对教师的培养工作。他曾创建江西省立实验幼稚师范学校，实践自己的教育理论。

6. 幼儿园与家庭要紧密配合

陈鹤琴认为，幼儿教育是幼儿园与家庭的共同责任。家庭是幼儿成长的第一个教育场所，父母是幼儿的首任教师，应尽到教育幼儿的责任。幼儿园可以通过讨论会、报告会、恳谈会等形式，向家长宣传幼儿教育的重要意义，普及心理学、教育学方面的知识。只有家长与幼儿园在教育上密切合作，才能保证幼儿健康活泼成长。

思考・练习

1. 试述陈鹤琴幼儿教育理论的主要观点，并联系当前幼儿教育实践谈谈自己的理解。

2. 有人说，目前中国的幼儿园也存在陶行知先生所提的三大病，即外国病、花钱病和富贵病。请结合实践阐述对这个问题的看法。

3. 蒙台梭利认为，幼儿有发展的需要，为了满足这种需要，教师要从多方面对幼儿进行支持和引导。请举例论述蒙台梭利教育理论中教师的角色及作用。

第二章
幼儿教育的目标

学习目标

◆ 了解幼儿教育目标的作用与制定依据。
◆ 掌握幼儿教育目标的层次与分类。
◆ 理解并掌握我国幼儿教育的目标。
◆ 明确各级幼儿教育目标设定的要求。

第一节　幼儿教育目标的作用与制定依据

教育是一种社会实践活动，这一活动的自觉性、目的性和计划性要求教育者在教育实施之前就要对其结果有一种期望，这种期望就是教育目标。教育目标是一种给教育活动、教育过程设定的要在受教育者身上反映的规格指标，是一种对教育活动结果的规定性。

幼儿教育目标随着社会文化情境的改变而不断地被重新修正和定义，影响着幼儿教育的内容、方法、手段和教育活动的组织形式，指导和支持着幼儿教育过程，同时也制约着幼儿教师的教育理念与教育行为。因此，制定幼儿教育目标是幼儿教育实践活动的第一要素和前提。

一、幼儿教育目标的作用

麦克多纳尔德提出教育目标有五项功能，即明确教育进展的方向，选择理想的学习经验，界定教育计划的范围，指示教育计划的要点，作为教育评价的重要基础。他认为，教育目标的功能可能因目标水平（宏观、中观、微观）的不同而异，但它们有着共同的功能，即通过明示教育活动的目标，提示旨在达到目标最优的内容与方法，并成为评价教育活动结果的一种标准。这一观点对理解幼儿教育目标的作用具有重要的意义。

一般而言，幼儿教育目标的作用有以下几点：

1. 幼儿教育目标指导和支配着教育的全过程

幼儿教育目标是幼儿教育实践活动的起点，指导和支配着整个幼儿教育活动过程。人们总是按照一定的教育目标选择适宜的教育内容，组织并实施教育活动，并采用一定的教育方法与手段促进幼儿的发展。同时，幼儿教育目标也是幼儿教育实践活动的归宿，它指明了幼儿的发展方向与幼儿教育实践活动所要追求的结果。

2. 幼儿教育目标规范着教师的教育理念和行为

幼儿教育目标是通过每个幼儿教师每天的教育工作来实现的，教育目标规范着教师对幼儿的态度、对教育的认识，并指导着教师的教育行为。教师应当树立正确的幼儿观与教育观，正确认识与把握教育目标，并经常有意识地按照教育目标的要求，对照和反省自己对待幼儿的态度与言行举止，自觉地调整自己的教育行为。

3. 幼儿教育目标服务于幼儿的发展

幼儿教育目标最本质、最重要的意义一定是服务于幼儿的发展。在教育实践中，教师要根据幼儿身心发展的特点和幼儿的“最近发展区”制定目标，以适宜的目标提供最佳的教育，引领幼儿在原有水平上发展。另外，幼儿教育目标对幼儿的发展具有规范、评价的意义，这一意义是教育有效性的基础，是教育过程指向幼儿发展的重要标准。这就要求教师制定适宜的教育目标，依此评价幼儿的发展，这种评价要服务于接下来的教学，最终促进幼儿的持续性发展。

二、幼儿教育目标的制定依据

不同时代、不同国家制定的教育目标不同，同一时代、同一国家的不同教育组织或教育研究者也会制定出不同的教育目标。这样就要求在制定幼儿教育目标时，既要考虑所处社会及国家教育总目标的要求，又要研究幼儿身心发展的特点和水平，还需要研究相关幼儿教育领域的特点。只有综合这几方面的因素，处理好它们之间的关系，才有可能提出较为适宜的幼儿教育目标，并依此指导幼儿教育实践。

1. 幼儿的发展

幼儿教育目标最终是要以幼儿的发展表现出来。只有研究清楚幼儿身心发展的实际水平、需要和可能性，才可能确定幼儿发展的“最近发展区”。适宜的教育目标，其最初目标与最终目的一定是指向幼儿的发展。

只有正确认识幼儿身心发展的特点与规律，充分理解幼儿发展的需求和可能，才能制定科学的教育目标。幼儿的生长变化具有普遍性顺序，幼儿的发展具有共同的特点与规律，所以教育者必须研究幼儿的发展需要和发展规律，才能有效地进行幼儿教育，培养出身心和谐发展的幼儿。

幼儿身体、心理发展是互相影响、密切相关的，幼儿的发展是全面、和谐的。幼儿身体、社会性、情感、认知、道德的整合性发展才是真正全面、和谐的发展，各个方面构成一个整体，互相联系，彼此制约。不可以人为割裂幼儿的各方面来看待和评价幼儿，要尊重幼儿作为一个独立个体的整体发展。所以，在制定教育目标时，不仅要从幼儿认知发展的特点和规律上把握，而且要以幼儿整体发展为依据，提出既包含认知，也包含情感、态度、个性及社会性发展等方面的综合性、整体性目标。

2. 社会的要求

教育总是受到社会文化背景的制约，一个国家的政治、经济、文化等因素共同构成了影响教育目标的客观依据。幼儿教育目标从属于国家教育目的，而国家的教育目的是要把幼儿培养成一定社会所需要的人，培养成未来能够积极参与社会生活，参与社会的政治、经济、文化活动，能够为社会与人类发展做出贡献的人。幼儿教育的目标总要反映社会的要求和愿望，并关注社会的变化，关注社会的未来。我国 20 世纪 80 年代颁布的相关文件中，虽然反复强调全面发展教育，但在具体教育目标中则较重视基本知识和技能的掌握。20 世纪 90 年代以来，随着社会、科学、经济的发展，人们逐渐对教育提出了更高的要求，幼儿教育的目标也逐渐需要调整，以适应时代的发展和未来社会的需要。

3. 学科的特性

对于学校教育来说，学科的系统性和内在逻辑是非常重要的目标“生长点”，但对幼儿教育来说，其重要性要低一点。幼儿教育更强调幼儿身心的和谐发展，注重个性养成，知识、能力只是幼儿发展的一个方向。但相关学科的知识体系、结构、学习规律、教育价值还是幼儿教育目标制定的主要依据，能够提供十分重要的参考信息。人为破坏学科的系统性和结构性是不明智的。例如，幼儿的身体发展、幼儿数理逻辑知识等方面的教育还是具有一定的系统性和结构性的。

在考虑上述三方面内容时，应该正确理解幼儿“可能学习”和“应该学习”这两方面的关系。投射在教育目标上，即处理好可能性目标和适宜性目标的关系。从幼儿、社会、学科三方面出发，每一方面都可罗列出非常多的教育目标，即便经由学习心理学理论的筛选，仍可保留众多的教育目标。但这些目标仍然只是可能性目标，还需要加以取舍，才能确定适宜的教育目标。

第二节　幼儿教育目标的层次与分类

一个教育目标体系总是按一定的结构有序组织起来的。从纵向的角度看，教育目标有一定的层次；从横向的角度看，教育目标有不同的分类。

一、幼儿教育目标的层次

幼儿教育目标具有不同的层次。在我国，最高层次的教育目标是通过《中华人民共和国教育法》规定的教育方针提出来的，就是教育目的。我国的教育目的是培养德、智、体、美等方面全面发展的社会主义建设者和接班人，这体现了社会要求与人的身心发展规律的辩证统一。

教育目的下面的各教育阶段的目标是国家教育总目标在各个教育阶段的具体体现，幼儿教育目标就属于这一层次的目标。这个层次的目标是宏观层次的目标，具有抽象、概括、指导范畴大、国家政策指导性强等特点。

如果以幼儿教育目标为幼儿教育目标体系的最高层目标，则可以确定我国幼儿教育目标的系统结构。这一结构以国家教育总目标为指导，由幼儿教育总目标、幼儿园课程目标、年龄阶段目标、单元目标和教育活动目标等组成。这是一种由上而下的分层结构，是经由幼儿的活动而形成的一个纵横交叉、有机结合的目标系统。

1. 幼儿教育总目标

2016年教育部颁布的《幼儿园工作规程》中，第一章第三条以任务的形式明确了我国幼儿教育的总目标，并在第一章第五条较为详细地说明了体育、智育、德育、美育的具体目标。值得注意的是，这一目标以四个方面为主线，但并不意味着幼儿的发展只局限于这些内容。例如，发展幼儿与他人友好相处的交际能力，引导幼儿萌发环保意识，培养幼儿对环境的适应能力等，都属于幼儿发展的内容要求，也都是现代社会的要求。

2. 幼儿园课程目标

我国在《幼儿园教育指导纲要（试行）》中确立了幼儿园课程目标，该文件把幼儿园课程目标划分为健康领域、语言领域、社会领域、科学领域和艺术领域五大领域，并提出了每个领域的发展目标。而在幼儿园教育实践中，教师们往往把幼儿教育分为健康教育、数学教育、科学教育、社会教育、语言教育、音乐教育和美术教育等。无论幼儿园课程目标按哪一种分类来设定，都要落实到幼儿身心发展的各个方面。

3. 年龄阶段目标

由于教育活动和幼儿发展都既有连续性，又有阶段性，是一个循序渐进、螺旋上升的过程，也是幼儿素质不断由“已有发展水平”向“最近发展水平”持续递进的过程。因此，要依据幼儿的年龄特点制定不同阶段的目标。这一目标可以是小班、中班、大班三个年龄班一年的教育目标（即学年目标），也可以是三个年龄班半年的教育目标（即学期目标）。

4. 单元目标

单元目标中的单元，既可以是主题教育活动的单元，也可以是时间的单元。作为时间的单元，这层目标也就相当于月计划、周计划中的目标；作为主题教育活动的单元，则是基于一个主题（或课题），从幼儿的生活经验出发，结合幼儿思维发展的逻辑与主题发展的内在规律，确定循序渐进、有机结合的系列活动，并相应地制定主题教育目标。主题教育活动打破了单次活动、周活动、月活动的时间界限，也打破了不同课程领域的界限，所以主题教育活动的目标具有明显的综合性和整合性。而且因为它是在教育过程中强调幼儿的探究学习，所以主题教育活动的目标还具有生成性的特征。

5. 教育活动目标

教育活动目标也称为教育行为目标，往往指一个具体的教育活动要达到的预期效果，或所引起的幼儿的行为变化。这是主题教育活动目标的具体化，是一种具有可操作性的行为目标。具体的教育活动目标会落实学年、学期教育目标，并贯彻单元主题教育目标，密切针对幼儿身心发展的实际水平和新需求，在“最近发展区”内引领幼儿的发展。教育活动目标应比主题教育目标更突出针对性和活动性。

以上五个层次的目标有机地构成了一个金字塔形的结构，该结构既符合幼儿身心发展规律的系统性特征，也符合教育目标指导过程中逐层具体化的特征。国家的教育目标必须落实到这些层次并层层具体化，才能转化为教师对幼儿实施教育过程中可预期的行为目标，转化为可操作的幼儿发展要求，从而最终实现教育目的。

二、幼儿教育目标的分类

横向分析教育目标就是教育目标的分类。教育目标的分类广泛地应用于国家的课程编制、教师的教学设计和教学评价等领域。在幼儿教育体系中，幼儿教育目标的横向扩展是从课程目标开始的，最先涉及目标的分类问题，因此，从幼儿园课程目标的层面上探讨幼儿教育目标的分类更具实践意义。

1. 国外的教育目标分类理论

教育目标分类的相关理论中，最有影响的是美国心理学家布卢姆的教育目标分类理论，该理论在许多国家得到了广泛的应用。这一理论提出以情感、认知、动作技能三个领域的个体发展构架确定相关的教育目标，其主要观点包括以下几点：

（1）用可见的行为陈述目标

布卢姆认为，制定教育目标是为了便于客观地评价，而不是表述理想的预期。只有具体的、外显的行为目标才是可测量的。

（2）目标可细分为多个类别和层次

布卢姆认为，情感领域包括接受或注意、反应、价值评估、组织、性格化或价值的复合五个主要类别，认知领域包括知识、领会、运用、分析、综合、评价六个主要类别，动作技能领域包括反射动作、基础性基本动作、知觉能力、体能、技巧动作、有意功能六个主要类别。同时，每个主要类别都包括若干子类别。这种分类是将学生行为由简单到复杂按顺序排列，教育目标具有连续性和累积性。

（3）教育目标分类学是超越学科内容的

布卢姆认为，教育目标的分类具有普适性，不受学生年龄和教学内容的局限。可以把教育目标分类学的层次结构作为框架，加入相应的内容，形成每门学科的教育目标体系。

（4）教育目标分类学是一种工具

布卢姆认为，教育目标分类本身并不是目的，而是为评价教学结果提供测量的手段，同时有助于对教学过程和学生变化给出各种假设，激发对教育问题的思考。

20 世纪 70 年代至今，对这一教育目标分类理论的反思与后续研究经久不衰，人们从价值中立、领域划分、累积层次结构等方面对该理论进行了多方面的反思，并对这一分类体系进行修改，提出了新的分类。20 世纪末，国际教育研究界对教育目标分类的研究进入了一个新的阶段。这些研究有着大体相同的理念，它们丰富了教育目标分类的研究，为深化教育改革提供了强有力的武器。

2. 我国的幼儿教育目标分类

我国在《幼儿园教育指导纲要（试行）》中提出："幼儿园的教育内容是全面的、启蒙性的，可以相对划分为健康、语言、社会、科学、艺术等五个领域，也可作其他不同的划分。各领域的内容相互渗透，从不同的角度促进幼儿情感、态度、能力、知识、技能等方面的发展。"这一表述确定了我国教育目标的分类。一方面，我国的幼儿园课程领域目标是整合了幼儿身心发展的目标与学科领域的教育目标而确定的，这一教育目标的分类是从幼儿发展的角度来确定的，但也参照了幼儿教育的学科领域目标，这是基于我国现阶段幼儿教育现实来趋近于"幼儿发展"的分类；另一方面，这一课程目标的分类仍然依据最常应用的布卢姆教育目标分类体系，这就要求幼儿教育研究者还需更关注现阶段幼儿园课程的设计，更关注幼儿学习的开放性和敏感性、程序分类的技巧、道德观念等不在现有三个分类中的相关教育目标。但总之，教育目标的最终归宿必然是幼儿的全面发展。

第三节　我国的幼儿园教育目标

幼儿园教育目标是教育目的在幼儿园阶段的具体化，是幼儿园人才培养的规格和要求。幼儿园的教育目标既要表明幼儿教育对社会发展需求的回应，也要反映幼儿教育的理想。

幼儿园是对3～6周岁（或7周岁）幼儿进行集体保育和教育的机构。3～6岁幼儿的身体生长速度比以前缓慢，但仍较以后阶段迅速；在动作方面，他们的走、跑等动作比以前协调，学会了跳、投、攀登、平衡等各种动作；脑的功能逐渐趋向成熟，但仍然容易疲劳；幼儿三四岁时，语言已有较好的发展，口语能力在整个幼儿期有较大的提高；各种心理过程带有具体、形象和不随意的特点，抽象概括的思维刚刚萌芽；情绪易激动、变化、外露而不稳定，道德情感、美感等高级情感继续发展，行动的目的性、计划性和坚持性逐渐增强；个性倾向开始萌芽，逐渐表现出性格、兴趣、能力等方面的个人特点；逐步参加成人的社会实践活动，游戏是最好的活动形式。所有这些都为幼儿进入小学学习奠定了一定的基础，这也要求幼儿园教育目标要比婴儿教育目标有更高、更深的要求，还要与小学教育目标相衔接。

1949年以后，我国有关部门曾多次颁布文件，对幼儿园教育目标做出明确规定。

一、我国早期的幼儿园教育目标

1. 1952年《幼儿园暂行规程（草案）》中规定的幼儿园教育目标

1952年，教育部颁布了《幼儿园暂行规程（草案）》，这一文件规定幼儿园的教育目标是：

（1）培养幼儿基本的卫生习惯，注意其营养，锻炼其体格，保证幼儿身体的正常发育和健康。

（2）培养幼儿正确运用感官和语言的基本能力，增进其对于环境的认识，以发展幼儿的智力。

（3）培养幼儿爱国思想、国民公德和诚实、勇敢、团结、友爱、守纪律、有礼貌等优良品质和习惯。

（4）培养幼儿爱美的观念和兴趣，增进其想象力和创造力。

《幼儿园暂行规程（草案）》规定幼儿园招收3～7岁的幼儿。幼儿活动项目有体育、语言、认识环境、图画、手工、音乐和计算，不教识字，不进行测验。

2. 1979年《城市幼儿园工作条例（试行草案）》中规定的幼儿园教育目标

1979年，教育部颁布的《城市幼儿园工作条例（试行草案）》中提出，幼儿园教育的主要目标是：

（1）供给幼儿必需的营养，培养他们良好的生活习惯和卫生习惯，发展他们体育运动方面的基本动作，锻炼身体，以增强他们的抵抗力，保证身心健康发展。

（2）教给幼儿初浅的自然常识和社会常识，发展幼儿的智力（注意力、观察力、记忆力、想象力、思维能力，特别是口头语言的表达能力），培养他们对学习的兴趣和良好的学习习惯。

（3）向幼儿进行初步的“五爱”教育（爱祖国、爱人民、爱劳动、爱科学、爱护公共财物），培养他们诚实、勇敢、团结、友爱、活泼、守纪律、有礼貌等优良品德、文明行为和习惯。

（4）教给幼儿音乐、美术、舞蹈等方面初浅的常识和技能，培养他们对艺术的爱好。

二、《幼儿园工作规程》中规定的幼儿园教育目标

1996 年，国家教委颁布了《幼儿园工作规程》。2016 年，教育部颁布了新的《幼儿园工作规程》。这两个文件都规定我国幼儿园的任务是，按照保育与教育相结合的原则，遵循幼儿身心发展特点和规律，实施德、智、体、美等方面全面发展的教育，促进幼儿身心和谐发展。

《幼儿园工作规程》中具体规定，幼儿园保育和教育的目标是：促进幼儿身体正常发育和机能的协调发展，增强体质，促进心理健康，培养良好的生活习惯、卫生习惯和参加体育活动的兴趣；发展幼儿智力，培养正确运用感官和运用语言交往的基本能力，增进对环境的认识，培养有益的兴趣和求知欲望，培养初步的动手探究能力；萌发幼儿爱祖国、爱家乡、爱集体、爱劳动、爱科学的情感，培养诚实、自信、友爱、勇敢、勤学、好问、爱护公物、克服困难、讲礼貌、守纪律等良好的品德行为和习惯，以及活泼开朗的性格；培养幼儿初步感受美和表现美的情趣和能力。

三、《幼儿园教育指导纲要（试行）》中规定的各领域教育目标

2001 年，教育部颁布了《幼儿园教育指导纲要（试行）》。这一文件是根据国家的教育方针和《幼儿园工作规程》制定的，是指导幼儿园教师将《幼儿园工作规程》中的教育思想和观念转化为教育行为的指导性文件。这一文件从健康、语言、社会、科学、艺术等五个领域提出了幼儿园教育目标。

1. 健康领域目标

身体健康，在集体生活中情绪安定、愉快；生活、卫生习惯良好，有基本的生活自理能力；知道必要的安全保健常识，学习保护自己；喜欢参加体育活动，动作协调、灵活。

2. 语言领域目标

乐意与人交谈，讲话礼貌；注意倾听对方讲话，能理解日常用语；能清楚地说出自己想说的事；喜欢听故事、看图书；能听懂和会说普通话。

3. 社会领域目标

能主动地参与各项活动，有自信心；乐意与人交往，学习互助、合作和分享，有同情心；理解并遵守日常生活中基本的社会行为规则；能努力做好力所能及的事，不怕困难，有初步的责任感；爱父母长辈、老师和同伴，爱集体、爱家乡、爱祖国。

4. 科学领域目标

对周围的事物、现象感兴趣，有好奇心和求知欲；能运用各种感官，动手动脑，探究问题；能用适当的方式表达、交流探索的过程和结果；能从生活和游戏中感受事物的数量关系并体验到数学的重要和有趣；爱护动植物，关心周围环境，亲近大自然，珍惜自然资源，有初步的环保意识。

5. 艺术领域目标

能初步感受并喜爱环境、生活和艺术中的美；喜欢参加艺术活动，并能大胆地表现自己的情感和体验；能用自己喜欢的方式进行艺术表现活动。

四、《3–6岁儿童学习与发展指南》中规定的学习与发展目标

2012年，教育部颁布了《3–6岁儿童学习与发展指南》。这一文件以为幼儿后继学习和终身发展奠定良好素质基础为目标，以促进幼儿体、智、德、美各方面的协调发展为核心，通过提出3～6岁各年龄段儿童学习与发展目标和相应的教育建议，帮助幼儿园教师和家长了解3～6岁幼儿学习与发展的基本规律和特点，建立对幼儿发展的合理期望，实施科学的保育和教育，让幼儿度过快乐而有意义的童年。

《3–6岁儿童学习与发展指南》从健康、语言、社会、科学、艺术五个领域描述幼儿的学习与发展。每个领域按照幼儿学习与发展最基本、最重要的内容划分为若干方面，每个方面都分别对3～4岁、4～5岁、5～6岁三个年龄段末期幼儿应该知道什么、能做什么、大致可以达到什么发展水平提出了合理期望，指明了幼儿学习与发展的具体方向。例如，幼儿语言学习与发展的目标主要分为口头语言和书面语言两个部分，口头语言强调倾听与表达，书面语言强调阅读与书写准备，不同年龄阶段的儿童在语言学习与发展方面又有不同的教育期望。具体如下：

1. 倾听与表达

目标 1　认真听并能听懂常用语言

3～4岁	4～5岁	5～6岁
（1）别人对自己说话时能注意听并做出回应 （2）能听懂日常会话	（1）在群体中能有意识地听与自己有关的信息 （2）能结合情境感受到不同语气、语调所表达的不同意思 （3）方言地区和少数民族幼儿能基本听懂普通话	（1）在集体中能注意听老师或其他人讲话 （2）听不懂或有疑问时能主动提问 （3）能结合情境理解一些表示因果、假设等相对复杂的句子

目标 2　愿意讲话并能清楚地表达

3～4岁	4～5岁	5～6岁
（1）愿意在熟悉的人面前说话，能大方地与人打招呼 （2）基本会说本民族或本地区的语言 （3）愿意表达自己的需要和想法，必要时能配以手势动作 （4）能口齿清楚地说儿歌、童谣或复述简短的故事	（1）愿意与他人交谈，喜欢谈论自己感兴趣的话题 （2）会说本民族或本地区的语言，基本会说普通话。少数民族聚居地区幼儿会用普通话进行日常会话 （3）能基本完整地讲述自己的所见所闻和经历的事情 （4）讲述比较连贯	（1）愿意与他人讨论问题，敢在众人面前说话 （2）会说本民族或本地区的语言和普通话，发音正确清晰。少数民族聚居地区幼儿基本会说普通话 （3）能有序、连贯、清楚地讲述一件事情 （4）讲述时能使用常见的形容词、同义词等，语言比较生动

目标 3　具有文明的语言习惯

3～4岁	4～5岁	5～6岁
（1）与别人讲话时知道眼睛要看着对方 （2）说话自然，声音大小适中 （3）能在成人的提醒下使用恰当的礼貌用语	（1）别人对自己讲话时能回应 （2）能根据场合调节自己说话声音的大小 （3）能主动使用礼貌用语，不说脏话、粗话	（1）别人讲话时能积极主动地回应 （2）能根据谈话对象和需要，调整说话的语气 （3）懂得按次序轮流讲话，不随意打断别人 （4）能依据所处情境使用恰当的语言。如在别人难过时会用恰当的语言表示安慰

2. 阅读与书写准备

目标1　喜欢听故事，看图书

3～4岁	4～5岁	5～6岁
（1）主动要求成人讲故事、读图书 （2）喜欢跟读韵律感强的儿歌、童谣 （3）爱护图书，不乱撕、乱扔	（1）反复看自己喜欢的图书 （2）喜欢把听过的故事或看过的图书讲给别人听 （3）对生活中常见的标识、符号感兴趣，知道它们表示一定的意义	（1）专注地阅读图书 （2）喜欢与他人一起谈论图书和故事的有关内容 （3）对图书和生活情境中的文字符号感兴趣，知道文字表示一定的意义

目标2　具有初步的阅读理解能力

3～4岁	4～5岁	5～6岁
（1）能听懂短小的儿歌或故事 （2）会看画面，能根据画面说出图中有什么，发生了什么事等 （3）能理解图书上的文字是和画面对应的，是用来表达画面意义的	（1）能大体讲出所听故事的主要内容 （2）能根据连续画面提供的信息，大致说出故事的情节 （3）能随着作品的展开产生喜悦、担忧等相应的情绪反应，体会作品所表达的情绪情感	（1）能说出所阅读的幼儿文学作品的主要内容 （2）能根据故事的部分情节或图书画面的线索猜想故事情节的发展，或续编、创编故事 （3）对看过的图书、听过的故事能说出自己的看法 （4）能初步感受文学语言的美

目标3　具有书面表达的愿望和初步技能

3～4岁	4～5岁	5～6岁
喜欢用涂涂画画表达一定的意思	（1）愿意用图画和符号表达自己的愿望和想法 （2）在成人提醒下，写写画画时姿势正确	（1）愿意用图画和符号表现事物或故事 （2）会正确书写自己的名字 （3）写画时姿势正确

以上内容分别反映了我国不同时期对幼儿教育目标的理解。这些目标从较多地强调知识到强调能力的培养，从关注幼儿知识和能力的发展，到强调幼儿情感、态度的发展。这也从一定程度上体现出我国幼儿教育改革的理念和所秉持的教育理想。

思考·练习

1. 简述《幼儿园教育指导纲要（试行）》中规定的科学领域的学习与发展目标。

2. 结合《3–6 岁儿童学习与发展指南》中的语言学习与发展目标，谈谈你对“具有文明的语言习惯”这一目标的理解。

3. 目前在幼儿是否应该超前识字的问题上，不同的学者有不同的观点。有的学者反对人为地拔高，而有的学者竭力提倡“起跑线计划”。你如何看待关于幼儿超前识字的争论？请用幼儿教育目标的相关理论进行论述。

第三章 幼儿全面发展教育

学习目标

- 了解幼儿全面发展教育的相关概念，树立科学的教育观念。
- 掌握幼儿园“四育”的意义、目标与内容。
- 能够结合幼儿教育实践，明确促进幼儿全面发展的适宜方法。

第一节　幼儿全面发展教育概述

一、幼儿全面发展教育的含义

幼儿全面发展教育是指以幼儿身心发展的现实与可能为前提，以促进幼儿在体、智、德、美诸方面全面和谐发展为宗旨，并以适合幼儿身心发展特点的方式、方法、手段加以实施的培养幼儿素质的教育。对幼儿实施全面发展教育是我国幼儿教育的基本出发点，也是我国幼儿教育方面的法规所规定的幼儿教育的任务。本章中的幼儿教育多数指狭义的幼儿教育，即在幼儿园中实施的教育。

全面发展是针对片面发展而言的，偏重任何一个方面或忽视任何一个方面的发展都不可能是全面发展。全面发展并不意味着幼儿群体或个体的平均发展，全面发展要求基于对幼儿个体差异的尊重，关注每一幼儿在体、智、德、美诸方面全面发展的基础上，富有个性地发展，同时也应注意到幼儿各方面发展的和谐与协调。

二、幼儿体育、智育、德育、美育的关系

体、智、德、美是人的发展的基本内容或素质。要使幼儿在体、智、德、美各方面得到发展，就有必要对幼儿进行各个方面的教育。体育、智育、德育与美育是幼儿全面发展教育的有机组成部分。体育、智育、德育和美育在全面发展教育中，虽然在任务与功能上具有相对的独立性，但它们又是一个紧密联系、相互作用、相互促进的统一整体。

体育、智育、德育、美育在幼儿的发展中具有各自独特的作用，有各自不同的价值，不能相互取代。体育主要指向幼儿的身心发展，它的主要任务是保护幼儿的生命与健康，促进幼儿身体正常发育，增强幼儿体质，培养幼儿良好的生活、卫生习惯；智育主要指向幼儿的智力发展，它的主要任务是增进幼儿对周围环境的兴趣和认识，发展幼儿智力；德育主要是指向幼儿的社会性发展，它的主要任务是培养幼儿的道德品质，促进幼儿社会性的健康发展；美育主要指向幼儿美感的发展，它的主要任务是培养幼儿感受美、表现美的能力。

同时，体育、智育、德育、美育诸方面统一于幼儿个体的身心结构之中，体育、智育、德育、美育任何一方面的发展都与其他方面的发展相互促进、相互渗透、相互制约、不可分割。对幼儿的全面发展来说，不能偏废任何一个方面，任何一个方面的偏废都将影响其他方面的发展。总之，体育、智育、德育、美育融合在一起，形成一种整体教育力量，落实在幼儿的全面和谐发展之中。只有正确认识“四育”之间的相互关系，实施全面发展教育，才能发挥幼儿教育的最大功效。

第二节　幼儿体育

体育是幼儿全面发展教育的一个重要内容。作为融保育和教育于一体的幼儿教育，在对幼儿实施全面、和谐发展的教育时，必须把体育放在首要地位，以提高幼儿的身体

健康水平，增强幼儿的体质，促进幼儿的全面发展。

一、幼儿体育的概念与意义

1. 幼儿体育的概念

幼儿体育是指遵循幼儿身体生长发育的规律，运用科学的方法，以增强幼儿体质和保证幼儿健康为目的的一系列教育活动。

身体的发展是人的发展的重要内容。身体发展表现为身体的正常发育和机能的协调发展。身体的发展可以用体质来概括与评价。体质即人体的质量，是人体在体能、体格、适应能力等方面表现出来的相对稳定的特征，是身体状况的综合表现。

首先，幼儿的身体发育特点决定了幼儿体育不同于中小学体育。幼儿期是人身体迅速生长发育的时期，幼儿期后，人身体的发育速度变得较为缓慢。这一阶段幼儿体重和身高的成长曲线呈阶梯状，而非斜线形，这符合幼儿期的爆发成长特点。同时，幼儿动作能力的发展是以身体成熟为依据，大体而言，动作发展是由未分化的全身动作逐渐分化至局部的特殊动作。因此，幼儿体育要比中小学体育更细心地关注到这些特点，成人应为幼儿提供合理均衡的营养，保证其充足的睡眠和适宜的锻炼，有针对性地设计幼儿体育活动，满足幼儿生长发育的需要，促进幼儿身体健康发展。其次，幼儿体育更注重良好的生活习惯和卫生习惯的培养。幼儿阶段是人身体发育和机能发展极为迅速的时期，也是形成安全感和乐观态度的重要阶段。愉快的情绪、良好的生活习惯和基本的生活能力是幼儿身心健康的重要标志，也是幼儿其他方面发展的基础。

2. 幼儿体育的意义

世界卫生组织曾提出，健康不仅仅是没有疾病和身体虚弱，而是身体、心理和社会适应的完满状态。20 世纪 90 年代，健康的含义注入了环境的因素，即健康为生理、心理、社会、环境四者的和谐统一。无论哪一种定义，都要求幼儿体育对幼儿的健康成长和发展发挥重要的作用，为幼儿身心全面发展提供良好的条件与基础。

（1）体育是幼儿生长发育不可或缺的条件

幼儿机体的发育不够成熟，机能不够完善，抵抗疾病的能力差，对环境的适应能力也较弱，所以关注幼儿的生命与健康是幼儿体育的首要任务。幼儿正处于生长发育的特殊时期，身体的生长发育速度快，身体各部分器官与系统尚未发育成熟，比较娇嫩柔弱；身体形态结构没有定型，可塑性大；对外界环境的适应能力和对疾病的抵抗能力较差，容易感染疾病，身体易受损害。所以，需要科学合理地安排与组织幼儿的一日生活，保障幼儿的生命与安全，提高他们的健康水平，预防和减少不必要的身体伤害与精神损害。

（2）体育为幼儿的心理发展提供精神基础

身体的发展是人的其他方面发展的重要物质基础，幼儿的身体发展状况也直接影响到其心理健康。幼儿体育的价值既体现在促进幼儿生理的发展，也体现在影响幼儿心理的健康发展。幼儿身体健康，就能够体力充沛、积极热情地参与活动，探索周围环境，就能够主动与伙伴交往。研究表明：凡运动能力发展良好的幼儿，其社会性方面的发展也好；反之，凡运动能力发展迟缓的幼儿，其依赖性较强，在社会性方面的发展也较差。幼儿阶段是自主性、自信等个性品质建立的重要时期，促进幼儿心理健康的发展，有助于幼儿更好地适应社会生活。

（3）体育可以促进智育、德育和美育目标的实现

幼儿大脑和神经系统的生长发育与机能的良好状态是对幼儿进行智育、德育、美育和组织幼儿进行其他领域活动的必要前提。体育活动可以促进幼儿感觉器官的发展，敏锐的神经反应和发展良好的感官能够使幼儿正确地感知周围事物，精力充沛、主动积极地参加各种活动，这就使他们能广泛接触周围环境，认识事物，从而促进智力的发展。在体育活动中要求幼儿认真遵守游戏规则、团结互助，为培养他们良好的道德品质奠定了基础。体育活动要求幼儿姿势优美，动作准确协调，从而培养了他们的审美能力。

幼儿期是自我概念和人格发展的重要时期，身体运动也伴随着意志、情绪、审美等众多心理因素，所有这些都要求幼儿身体的健康发展。

二、幼儿体育的目标与内容

1. 幼儿体育的目标

《幼儿园工作规程》指出，幼儿体育的目标是促进幼儿身体正常发育和机能的协调发展，增强体质，促进心理健康，培养良好的生活习惯、卫生习惯和参加体育活动的兴趣。幼儿体育的上述三项目标不是彼此孤立的，而是相互影响和渗透的。

2. 幼儿体育的内容

幼儿体育主要包括健康卫生和动作发展两大内容。这就要求教师科学护理幼儿生活，开展适宜的幼儿体育活动，对幼儿进行健康教育，关注幼儿的心理健康，并做好幼儿园卫生保健等工作。

（1）促进幼儿身心健康发展

幼儿的身体柔弱、娇嫩，对环境的适应能力较差，容易感染各种疾病。幼儿各部分器官也处在迅速发育时期，需要吸收大量的营养。幼儿体育的首要任务是增强幼儿对环境的适应能力和对疾病的抵抗能力，保护幼儿的生命，促使幼儿身体正常发育和健康成长。因此，教师要创设安全、卫生、充满关爱的生活环境，合理安排与照顾幼儿饮食和睡眠等生活起居活动。

同时，幼儿园必须把保护幼儿的生命和促进幼儿的健康放在工作的首位。教师要树立正确的健康观念，在重视幼儿身体健康的同时，要高度重视幼儿的心理健康，还要创设自由、宽松、民主的精神环境，让幼儿心情愉快地生活与学习。教师要尊重幼儿的人格和权利，尊重幼儿身心发展的规律和学习特点，关注个体差异，使每个幼儿富有个性地发展。

（2）发展幼儿的基本动作

幼儿动作的发展是其身体机能发展状况的重要表现，并与幼儿心理的发展具有内在的关联。锻炼和发展幼儿走、跑、跳、投、钻、爬、平衡、攀登等基本动作，可以使幼儿在进行各项活动时动作协调、姿势正确，从而增强体质。发展幼儿的基本动作，要求教师利用日光、空气、水等自然因素锻炼幼儿身体，增强幼儿对外界环境变化的适应能力和对疾病的抵抗力。在活动中，教师应尽量减少不必要的过渡环节，减少和消除消极等待现象，注意幼儿的安全，但不要限制过多。教师还要注意活动量的适宜性，避免活动不充分或过度疲劳现象的发生。

（3）培养幼儿良好的生活、卫生习惯和生活能力

良好的生活和卫生习惯是保证和促进幼儿健康的必要条件，生活自理能力和安全生活能力是幼儿健康成长的重要保证。成人应帮助幼儿养成良好的生活和卫生习惯，提高自我保护能力，形成使其终身受益的生活能力和文明生活方式。幼儿教育最重要的任务之一就是帮助幼儿养成饭前洗手、穿着整洁、按时睡眠等良好习惯，培养幼儿自我服务的能力。同时，应针对幼儿好奇、好动、自我保护能力差的特点，对幼儿进行必要的安全教育。安全教育要从生活中常见的、与幼儿关系密切的安全知识入手，如关于交通、消防方面的安全教育，以及不跟陌生人走，不吃陌生人的食物，不告诉陌生人自己的姓名、地址等自我保护教育。通过这些教育让幼儿了解应该做什么和怎么做，懂得注意安全的简单道理。

三、幼儿体育的实施

1. 幼儿体育的实施途径

（1）创设适宜幼儿身心发展的生活环境，科学护理幼儿的生活

正确的健康观念要求成人关注幼儿身体和心理两方面的健康。幼儿园要提供良好的生活条件，科学、精心地护理幼儿，同时也需要创设健康的心理环境，促进幼儿身心的和谐发展。

有效促进幼儿身体的健康，要求成人创设一个优美、自然、丰富、安全的生活环境，提供合理、均衡的营养，保证幼儿充足的睡眠和适宜的锻炼，在满足幼儿生长发育需要的同时，也需要增强幼儿对生活环境的适应能力和对疾病的抵抗能力。关注幼儿心理健康，要求成人在家庭、社会和幼儿园中都要提供一个温馨、安全的人际环境，让幼儿得到亲情和关爱，形成积极稳定的情绪情感，让幼儿有适当的社会交往机会，有适当表现自我的机会，促进其自信心和自尊心的发展，增强其社会适应能力。

（2）开展丰富多样、适宜幼儿发展的体育活动

开展丰富多样、适合幼儿发展的体育活动，是增强幼儿体质、促进幼儿健康的积极手段和重要途径。

首先，教师要精心组织各项体育活动，结合各种体育活动发展幼儿的基本动作。教师要基于幼儿的身体发展水平设计幼儿园体育活动，提高幼儿对参与体育活动的兴趣。同时，教师也要重视对幼儿基本动作练习的正确指导。例如，“小兔子跳”这一动作要求幼儿要身体下蹲，屈膝移重心，再起跳，落地时还要屈膝缓冲。如果教师能够在指导时关注这一动作的要求，就能够更好地促进幼儿对这一动作的学习，从而有利于幼儿身体的健康。

其次，教师要组织开展丰富多彩的体育活动，要关注幼儿户外体育活动的多样性和丰富性。体育活动形式多样，散步、广播体操、体能训练、体育游戏等都是幼儿园常见的体育活动。教师要珍视幼儿自发的体育活动，关注不同类型、不同水平的体育活动。像拍球、跳绳、拉手转圈、荡秋千、跳房子等，有的使用幼儿园常规的游戏器材，有的采取中国传统的体育游戏形式。另外，徒手操、轻器械练习、模仿操、队列队形练习等也是幼儿园体育的手段和内容，教师应该根据不同年龄幼儿的特点开展这些活动。

最后，教师要保证幼儿户外活动的时间。《幼儿园工作规程》中规定，正常情况下，幼儿每天的户外活动时间不少于2小时，寄宿制幼儿园不少于3小时，其中户外体育活

动时间不少于 1 小时。幼儿园还可根据气温的变化和幼儿的个体差异，适当调整户外活动时间。

（3）在日常生活中渗透幼儿体育

幼儿体育的许多目标都与日常生活中的吃、住、行、玩有着密切的关联。幼儿生活中的每个环节都包含着许多学习和发展的机会，在此过程中渗透幼儿体育是非常自然的，也很有效。专门组织的体育活动是增强幼儿体质的有效途径，但并不是唯一的途径。幼儿园体育的某些目标，如培养幼儿良好的生活、卫生习惯，仅仅靠体育锻炼是不能完全实现的，还必须通过日常生活进行培养。例如，家长需要要求幼儿在看电视时保持 3 米的距离，在日常生活中指导幼儿了解周围环境中不安全的事物，不做危险的事，等等。幼儿大多通过观察和模仿来学习，所以家长和教师更应该注意自己的言行举止对幼儿的影响。总之，要实现幼儿体育的目标，必须通过多种途径，重视日常生活中的教育渗透。

（4）重视幼儿体育与其他领域教育的有机结合

幼儿是作为一个整体发展的，幼儿体育必须与其他领域的教育互相整合、渗透。幼儿身心的发展促进其他领域的发展，其他领域的发展也影响幼儿身心的发展。例如，幼儿在进行绘画活动的过程中，也会发展手部动作的协调性，这是身心协调发展的一种表现。

2. 实施幼儿体育应注意的问题

（1）教师应树立正确的健康观念

一个人只有身心健康，且具有社会适应性，才可能被称为健康。幼儿体育不应只满足于防病治病的卫生教育，而是要关注幼儿的身心健康。这就要求成人既要为幼儿提供谷物、蔬菜、水果、肉、奶、蛋、豆制品等多样化的食物，均衡搭配，保证幼儿每天睡 11 ~ 12 小时，同时也要营造温暖、轻松的心理环境，让幼儿形成安全感和信赖感，帮助幼儿学会恰当表达和调控情绪。同时，既要重视和满足幼儿受保护、受照顾的需要，又要尊重和满足他们不断增长的独立要求，避免过度保护和包办代替，鼓励并指导幼儿自理、自立的尝试，这也是幼儿心理健康成长的一个重要方面。

（2）应注重幼儿身体素质的提高

提高幼儿身体素质是幼儿体育的重中之重。幼儿体育应以增强幼儿体质为核心，全面、综合地为幼儿拥有一个强壮、健康的身体创造条件。在幼儿体育中，不能把目光盯在技能技巧的训练上，更不允许进行伤害幼儿身体的活动，而是要充分考虑幼儿身体的特点，激发幼儿参加体育活动的兴趣，以游戏为基本活动形式，用丰富多彩、轻松活泼的各种身体活动增强幼儿的身体素质。

（3）应重视幼儿的运动安全与运动卫生

幼儿进行体育活动的过程中，教师要注意幼儿的运动安全。例如，为幼儿提供的塑料颗粒、珠子等活动材料要足够大，材质要安全，要引导幼儿正确使用剪刀、锤子等工具。并不是所有的运动都适合幼儿，要遵循幼儿生长发育的规律，严禁以任何名义进行有损幼儿健康的比赛、表演或训练等。另外，即使是适合幼儿的体育活动，也要考虑幼儿的年龄差异和个体差异，保证运动不会对幼儿的身心造成伤害。

第三节　幼 儿 智 育

智育是全面发展教育的重要组成部分。在全面发展教育体系中，幼儿智育主要指向人的认知发展过程，以增进幼儿对周围环境的认识、培养认识兴趣及习惯、发展智力为目的。

一、幼儿智育的概念与意义

1. 幼儿智育的概念

一般来说，智力是指在获得知识和运用知识解决实际问题时所必须具备的心理条件和特征。它包括在经验中学习或理解的能力、获得和保持知识的能力、迅速而成功地对新情况做出反应的能力，以及运用推理有效解决问题的能力。

智育是指有目的、有计划地使受教育者掌握系统的科学基础知识和基本技能，促进受教育者智力发展的教育过程。幼儿智育是有目的、有计划地让幼儿获得粗浅的知识技能，发展智力，增进对周围事物的求知兴趣，学习如何学习，并养成良好学习习惯的教育过程。幼儿智育是幼儿全面发展教育的重要组成部分。

2. 幼儿智育的意义

从现代心理学的研究成果来看，对幼儿进行智力教育是十分必要的，但必须适应其年龄发展特点，不能成人化和小学化。

（1）智育可以满足幼儿的认知需要，促进幼儿的智力发展

大量研究表明，幼儿期是智力发展最快、最重要的时期，此时的幼儿不仅有身体活

动和交往的需要，也有认知的需要。幼儿对周围环境中的事物与现象感到好奇，也积极地与周围环境相互作用。成人应当在尊重与理解的基础上，积极支持和引导幼儿的好奇心和求知欲，满足幼儿的认知需要。同时，教师应该创设良好的环境条件，施加积极的教育影响，促进幼儿的大脑发育和智力发展，要积极主动、不失时机地引导和支持幼儿的认知活动，满足幼儿的认知需要，丰富和增进幼儿对周围环境的认识，促进幼儿的智力发展。

（2）智育为体育、德育和美育的实施创造良好的条件

智力是顺利进行其他活动的必要条件，智育通过发展幼儿的智力为其他各种教育的实施创造良好的条件。例如，在一个体育游戏中，幼儿只有理解游戏的程序与规则，才能够顺利地进行游戏，才可能在游戏过程中进行正确的社会交往，在形成自我认知的同时也体验到生活中他人与自己的密切关系，也才可能欣赏同伴行为的美。

（3）智育促进社会的进步与发展

智育可以为幼儿的终身发展和未来的学习与工作奠定良好的智力发展基础。它不仅关系到每个幼儿今后的发展，而且也关系到社会的进步与发展。现在的幼儿是将来社会的建设者，对幼儿进行智力启蒙教育是促进社会进步与发展的要求。

二、幼儿智育的目标与内容

1. 幼儿智育的目标

《幼儿园工作规程》中规定，幼儿智育的目标是发展幼儿智力，培养正确运用感官和运用语言交往的基本能力，增进对环境的认识，培养有益的兴趣和求知欲望，培养初步的动手探究能力。而培养幼儿正确运用感官的能力，也就是培养幼儿正确地运用视觉、听觉、触觉等方面感官感知外部世界的能力。

语言能力的发展与思维的发展有着密切的关系，幼儿的语言理解、表达能力对其智力活动的水平影响很大。

动手能力是最基本而又十分重要的学习能力。为幼儿提供各种动手操作的机会，不仅可以给幼儿提供一个比较合适的学习方式，满足他们的动手兴趣，还为幼儿智力的发展创造了条件。

2. 幼儿智育的内容

（1）发展幼儿的智力

发展幼儿的智力，传统上主要是指发展幼儿的观察力、记忆力、想象力和思维力

等。近年来，教育家加德纳等人认为过去对智力的定义过于狭窄，未能正确反映一个人的真实能力。他认为，人的智力应该是一个量度他解决问题能力的指标。

教育实践发现，具有相同知识的幼儿，智力不一定相同。他们在运用知识解决实际问题时表现出来的智力水平，往往差异很大。例如，在“数饼干”活动中，教师先给每位幼儿 5 块饼干，请幼儿点数，然后教师再拿出 3 块饼干给幼儿，请他们报出总数。在这一过程中，有的幼儿从头开始“1，2，3，4……”地数，有的幼儿是“6，7……”地数，有的幼儿直接说“5 加 3 等于 8”，有的幼儿则说“5 和 3 合起来是 8”。可以看出，同样是解决生活中的实际问题，不同的幼儿运用知识解决问题的能力显然是不一样的。因此，教师在传授知识的同时，要注重发展幼儿的智力，培养幼儿从小学会观察，善于发现问题，并通过自己的思考和动手操作去解决问题。

（2）引导幼儿获得粗浅的知识

幼儿年龄小，知识经验贫乏，思维有具体、形象的特点，不可能掌握抽象的知识或从抽象的说教中掌握知识。因此，教给幼儿的知识，必须是他们在周围生活中能接触到的具体的、带有启蒙性的、浅显的知识，如常见的动物和植物、常见的物体、常见的物理现象、天气与季节的变化、科技产品和环境与人们生活的关系等。传授粗浅的知识，可以激发幼儿对客观事物的兴趣和求知欲，培养他们对周围事物的正确态度，为他们今后形成科学的世界观打下初步的基础。

（3）培养幼儿求知的兴趣和欲望，以及良好的学习习惯

对幼儿来说，学习不仅是指对知识经验的掌握、智力与能力的发展，更重要的是学习兴趣的形成，良好学习习惯与学习品质的培养，以及学习方法与策略的掌握，这是幼儿学习能力发展与提高的实质。兴趣和求知欲是发展智力、扩大眼界、获取知识和技能的动力。教师要最大限度地调动幼儿学习的主动性和积极性，培养他们对学习的兴趣和求知的欲望。学习习惯是幼儿获得知识、发展智力和今后继续学习的重要条件，它包括幼儿学习时能否集中注意力、能否积极克服困难、能否认真完成学习任务等。幼儿智育的重点在于培养幼儿求知的兴趣和欲望，以及良好的学习习惯，而不是传授大量的知识。

三、幼儿智育的实施

1. 幼儿智育的实施途径

（1）组织多种形式的教育活动，发展幼儿的智力

幼儿亲自动手动脑的实践活动是进行智育的主要途径，幼儿园的教育活动是发展幼

儿智力的有效途径。幼儿是在活动中成长与发展起来的，他们在动手动脑的过程中，获得关于周围世界的经验与知识，并进一步促进其思维在原有水平上的发展。教师在活动中提供自然宽松的探索氛围，给予幼儿优质的教育支持，就能促进幼儿分析与思考能力、创造能力，以及解决问题能力等多方面能力的发展。

幼儿园的日常生活与游戏活动也是对幼儿实施智育的重要途径。智育应该渗透在幼儿的一日生活之中，应该引导幼儿解决生活中的问题，增进幼儿对周围环境的认识，并在实际生活情境与游戏情境中获得智力的发展。例如：教师可以引导幼儿整理表演区的服装，在此过程中发展幼儿的分类能力与计数能力；通过摆放碗筷，发展幼儿的一一对应以及数的概念；通过"报菜名"的餐前活动，让幼儿学习有关蔬菜与水果等方面的知识，并发展幼儿的语言表达能力。

值得注意的是，与日常生活、游戏相比，幼儿园集体教学是教师有目的、有计划地组织的教育活动，因此对幼儿学习和发展具有积极的促进和引导作用。但是由于幼儿对语言的理解有限，所以较难保证幼儿真正掌握学习内容，而且僵化的集体教学设计有时会导致幼儿重复学习已有经验，且与其生活经验相脱离，导致幼儿因缺乏理解而不得不死记硬背。所以幼儿园的集体教学活动应该准确定位，要分清哪些教育内容需要通过集体教学活动进行学习，哪些教育内容更适宜在幼儿的一日生活和游戏中进行学习，学习过程应尽量游戏化。集体教学活动不宜成为幼儿园主要的智育手段，应配合以参观动物园、采摘、散步、春游等多种形式的教育活动，在日常生活和游戏活动中发展幼儿的智力。

（2）创设宽松、自由、有准备的环境，让幼儿自主活动

幼儿天生好学、好问、乐于探究，但特别需要成人为其创造安全的心理氛围和丰富的生活环境。在这一有准备的环境中，教师要为幼儿提供贴近生活的探索内容、适宜的材料和灵活的活动形式。在这样一个宽松、自由的环境中，幼儿才能够自由思考、自由活动、自由表达、自由想象、自由创造、自由选择、自由探索。教师要提供良好的环境，让幼儿想说、敢说、喜欢说、有机会说。教师应鼓励幼儿主动与环境相互作用，允许幼儿犯错误，重视幼儿的想法，尊重幼儿的经验和创造，让他们有发挥能力的机会和条件。一个支持幼儿探究的物质与精神环境才是真正适宜幼儿发展的环境。

2. 实施幼儿智育应注意的问题

（1）厘清智力与知识、技能之间的关系

知识是人们在改造世界的实践中所获得的认识和经验的总和。技能是人们运用知识和经验进行一定活动的行为方式。智力与知识、技能是相互依赖、相互促进的。

首先，知识的学习是智力发展的基础。知识丰富的人容易产生联想和想象，可以触类旁通。没有知识，就没有思想材料，也就谈不上智力的发展。其次，智力发展可以促进知识、技能的掌握。幼儿智力发展的已有水平制约着他们对知识的学习与掌握。一个注意力集中、积极思考、有着丰富生活经验的幼儿比注意力分散、视而不见、缺乏生活常识的幼儿更容易获取知识。再次，智力是在掌握知识、技能和语言的过程中发展起来的。语言是人们交际的工具、思维的武器，一个人的语言水平在一定程度上标志着他的智力水平。最后，智力的发展与知识的增长不一定同步。知识虽然是发展智力的必要条件，但必须通过合理的方式才能促进智力发展。知识的学习能否成为发展智力的条件，关键在于学习知识的过程中是否运用和锻炼了相应的智力。

（2）关注幼儿的学习品质

学习品质包括学习兴趣、学习态度、学习归因等三个核心品质。学习品质的作用就是通过学习兴趣、学习态度及学习归因等品质实现对学习活动的发动、维持、激励与调节功能。根据已有研究对学习品质的描述，幼儿的学习品质至少包括在活动中表现出来的主动性、目标意识、坚持性、抗挫折能力、想象与创造性、专注程度、好奇心和独立性等多项内容。

幼儿的学习品质是否良好，很大程度上影响着幼儿今后对学习的情感和态度，对幼儿进入小学的准备具有非常重要的作用。幼儿教师要关注幼儿良好学习习惯的形成、学习方法策略的掌握、创新精神的萌发、探究意识与能力等方面的发展，因为这些因素在相当程度上决定着幼儿今后能否独立、自主、积极、主动地获取知识并发展能力，甚至决定着幼儿将来能否取得成功。

（3）注意幼儿知识的结构化

幼儿智力发展的重大进展不是取决于个别知识和技能的掌握，而是看这些个别知识能否结合成一个反映事物或现象之间的规律或联系的结构。奥苏贝尔提出，判断幼儿是否进行了有意义的学习，一是看幼儿能否把新学的内容与已有的经验建立联系，形成知识系统或网络，二是看学习以后能否会用学过的知识来解决问题。这就要求成人既要关注幼儿知识的结构化，又要关注幼儿获得知识与应用知识的方式。

幼儿的知识结构是建立在幼儿感性经验基础上的，因此，它与中小学那种以科学概念为中心的学科知识体系有本质的不同。所以，在向幼儿传授关于现实、事物和现象的知识时，需要引导幼儿理解知识的简单联系和规律性，使幼儿把所获得的知识经验整理形成有机联系的部分和体系。例如，在幼儿学习加减法的过程中，最常出现的误区就是成人只关注数学学科的逻辑，而不考虑幼儿已有的感性经验，用语言的模仿和记忆来强化幼儿对数学的学习，或者是单纯提高题目的难度来进行所谓的“拔高式学习”。事实上，幼儿学习加减运算，需要首先理解基数的含义，然后通过对具体实物的反复操作、反思，才能逐渐理解加减运算的实际含义。

第四节　幼儿德育

德育是全面发展教育的重要组成部分。在全面发展教育体系中，德育主要指向人的社会性发展过程，以引导和促进幼儿社会性发展、培养和塑造幼儿道德人格为目的。

一、幼儿德育的概念与意义

1. 幼儿德育的概念

德育即道德教育。道德是在一定社会条件下形成与发展起来的人们共同生活的行为准则的总和，也是评价人们行为的标准。道德是对个体行为规则的规定，这一规定使个体之间相互协调，以形成一个有机的整体。德育实质上就是社会道德个体化的过程。幼儿德育是道德教育的起始阶段，是根据幼儿身心发展的特点和实际情况对幼儿实施的品德教育。

2. 幼儿德育的意义

幼儿时期是人的社会性、道德品质和个性形成与发展的重要时期。在这个时期，幼儿开始建立对世界、社会、自己乃至身边一切事物的基本概念。在这样一个时期对幼儿进行德育具有重要意义。

（1）帮助幼儿适应社会生活

每个幼儿从出生那一天起就处于一定的社会环境和社会关系之中，特定的社会环境和社会关系构成了幼儿身心发展的基本条件，也构成了其身心发展的重要内容。幼儿在与周围的成人和同伴交往的过程中，必然会遇到或产生如何与人交往、相处，以及应该遵循哪些行为准则的问题，这就为对幼儿进行德育提供了可能性与必要性。德育可以帮助幼儿了解和体验社会生活的基本行为准则，学习和掌握社会交往技能，帮助幼儿适应社会生活。

（2）促进幼儿个性健康发展

幼儿期是人的个性初具雏形的时期。这一时期形成的对人、对事、对己的态度，以及逐渐发展出的个性品质和行为风格，不仅直接影响幼儿童年生活的快乐与幸福，影响其身心健康以及知识、能力和智力的形成，更可能影响其一生的学习、工作和生活。在人的个性结构中，道德品质、性格、意志等都是重要的构成因素，对一个人的发展起着十分重要的作用。幼儿德育的重要任务，就是要培养幼儿诚实、自信、好问、友爱、勇敢、爱护公物、克服困难、讲礼貌、守纪律等良好的品德行为和习惯，以及活泼、开朗的性格，这对于促进幼儿个性健康发展具有重要意义。

（3）促进社会主义精神文明建设

社会主义现代化建设不仅需要物质文明方面的建设，也需要精神文明方面的建设。年轻一代的精神风貌体现社会的文明程度和民族精神，对我国未来的社会风貌有重要影响。幼儿具有良好的道德品质，能够以积极的态度参与未来社会生活，以正向的态度面对社会中的人、事、物，必然可以成为一个优秀的社会公民。德育在社会主义事业接班人和建设者的培养中，起着塑造人灵魂的作用，对于社会主义精神文明建设具有重要的意义。

二、幼儿德育的目标与内容

1. 幼儿德育的目标

《幼儿园工作规程》中规定，幼儿园德育的目标是萌发幼儿爱祖国、爱家乡、爱集体、爱劳动、爱科学的情感，培养诚实、自信、友爱、勇敢、勤学、好问、爱护公物、克服困难、讲礼貌、守纪律等良好的品德行为和习惯，以及活泼开朗的性格。

2. 幼儿德育的内容

（1）发展幼儿社会性

对幼儿进行品德教育的过程实质上就是帮助幼儿实现社会化的过程。广义的社会化是指幼儿从生物人向社会人的转化，狭义的社会化则是指幼儿融入所在的社会环境与社会关系，接受所在的社会群体认可的价值观和行为方式等一系列过程。社会化过程是个体了解社会对其有哪些需要和期望，规定了哪些行为规范，并使自己逐步实现这些需要和期望的过程，是个体适应社会的漫长发展过程。

幼儿社会性发展的内容主要包括人际交往和社会适应。这一内容很大程度上反映了社会对幼儿的道德行为、人际关系方面的要求。幼儿在与成人和同伴交往的过程中，不仅学习如何与人友好相处，也在学习如何看待自己、对待他人。幼儿也需要了解基本的社会行为规则，遵守基本的行为规范，形成基本的认同感和归属感，不断发展适应社会生活的能力。

（2）培养幼儿个性品质

培养幼儿良好的个性品质是幼儿德育的重要内容。良好的个性品质包括自信心、主动性、独立性、诚实、勇敢、意志坚强等，这些个性品质对幼儿成长为一个真正的人有重大意义。教师要引导幼儿参加各种集体活动，使幼儿体验与教师、同伴等共同生活的乐趣。教师要关注幼儿的感受，保护其自尊心，鼓励幼儿自主决定、独立做事，增强其自信心。在生活中，成人应寻找教育的契机，引导幼儿发展诚实、勇敢等良好个性品质。

三、幼儿德育的实施

1. 幼儿德育的实施途径

幼儿道德的发展需要依托、渗透在幼儿的一日生活之中，这是由幼儿道德发展的特点决定的。幼儿的道德是一个综合发展领域，因为幼儿的认知发展水平不高，不能只通过成人对幼儿进行道德知识的说教来使幼儿获得在道德认识、道德情感和道德行为中的发展。幼儿德育的实施途径主要有以下几种：

（1）日常生活中的交往是实施幼儿德育最基本的途径

幼儿德育具有日积月累、潜移默化的特点，这就要求成人把日常生活当作实施幼儿德育最重要的途径。幼儿的社会性和个性主要是在日常生活和游戏中通过观察和模仿，潜移默化地发展起来的。教师与家长要把对幼儿社会态度和社会情感的培养渗透在多种活动和一日生活的各个环节之中。同时，家庭、幼儿园和社会也要共同努力，为幼儿创设温暖、关爱、平等的社会环境。

道德的发展是主体在道德的认知、情感、行为等多方面的建构过程，这一过程实际上是交往过程。对于幼儿来说，他们的道德发展离不开与周围成人、同伴直接、具体的交往。只有通过交往，幼儿才能逐渐了解自己和别人相处的规则，得到与人交往的认知经验和情感体验，了解社会对自己的具体要求，才可能去理解成人的一系列行为准则。

（2）专门的德育活动是实施幼儿德育的有效手段

专门的德育活动并非指集体教学中的上课，而是指教师通过有计划地组织讨论、表演等活动，向幼儿进行道德认识的教育，培养幼儿道德判断的能力，并教育幼儿在实践中引导自己的道德行为。研究表明，幼儿处于他律阶段，这一阶段的幼儿还不能进行主观道德判断，而是以自身以外的成人的规则为标准来评价行为。所以，在这一段时间内，成人需要向幼儿传授一定的道德知识，但需要注意方法，不能只是简单说教，或者选择传统的品德教育行为，说一个故事，讲一个道理。脱离幼儿的实际生活经验来实施道德教育，往往事倍功半。

（3）游戏、故事等方式是实施幼儿德育的必要条件

游戏是幼儿社会学习的重要途径。一方面，幼儿在游戏的情境中，逐渐了解“我”和“他”之间的区别，逐步学会发现自我和他人，了解到与成人、同伴交往的快乐，以及建立亲密的朋友关系、亲子关系和师生关系的重要性。另一方面，幼儿可以在游戏中结合具体的情境学习交往的规则和技能，并且能够逐渐在成人的引导下换位思考，学习理解别人。当幼儿想加入同伴的游戏时，他可以选择扮演一个角色巧妙地加入。当幼儿与别人分享玩具时，他的行为得到成人的认可，他会感到高兴和满足。当幼儿争抢玩具时，成人可以引导他们想想，“如果你的玩具被抢了，你会怎么想”，让幼儿理解别人的想法和感受。

故事是实施幼儿道德教育的重要手段。故事为幼儿的想象和情感提供了无限扩展的空间。幼儿通过理解故事中角色的行为及行为的后果，进行角色体验学习，获得个体道德判断与道德情感的发展，也指导自己现实生活中的行为实践。

2. 实施幼儿德育应注意的问题

幼儿德育过程是教育者根据一定的社会要求和幼儿社会性发展的基本规律，对幼儿有目的地施加教育影响，促进和引导幼儿社会性发展的过程。在这一过程中，幼儿逐渐学会认识自己，认识他人，认识社会环境和社会生活，逐渐接受社会价值规范，形成对人、对己、对事的基本态度与行为。在这一过程中，要注意以下几个基本问题：

（1）尊重幼儿，平等地对待幼儿

对幼儿进行德育时，必须尊重幼儿的主体性和差异性，要以正面教育为主，以不伤害幼儿的自尊心，尊重、热爱幼儿为首要原则。德育不是向幼儿灌输大道理，命令或强迫幼儿服从的教育。在实施德育时，必须牢记幼儿的个体差异远远大于群体差异。幼儿是自身发展的主体，离开了幼儿自身的努力，德育是不会有效果的。

成人要平等地对待幼儿，不要凌驾于幼儿之上。幼儿有着自己的推理形式和价值判断，正如卢梭所说：“儿童是有他特有的看法、想法和感情的，如果想用我们的看法、想法和感情去代替他们的看法、想法和感情，那简直是最愚蠢的事情。”建立于单方面权威的道德教育，不仅缺乏生长的土壤，而且也是有缺陷的教育。

（2）依据幼儿道德发展的水平实施教育

皮亚杰的研究表明，幼儿的道德发展还处于他律阶段，这就要求成人依据他律道德的发展实施德育。幼儿道德发展的第一个过程是成人的道德强制，因为这一阶段的幼儿还不能进行主观道德判断，他们是以自身以外的成人规则作为标准来评价行为的，这就要求成人把道德的知识告知给幼儿。随着认知水平的提高，幼儿在交往与活动中持续学习，逐渐向自律阶段发展时，成人要加强对幼儿的道德判断和道德情感等方面的引导。

幼儿的思维特点是以自我为中心，行为随本能而转移。他们只是感到成人的要求不可抗拒，却并不理解规则。通过成人的告诫和示范，幼儿开始了解一些规则，初步掌握一些道德规范，从而将对权威的敬畏转化为对具体规则的了解和遵守。所以，成人对幼儿的说教要符合幼儿心理发展的规律和特征。

（3）遵循德育的规律实施德育

幼儿德育的过程是以培养道德行为为中心环节，实现道德认识和情感行为统一协调发展的过程。幼儿德育必须从情感入手，重点放在道德行为的形成上。在具体的德育过程中应注意以下几点：

1）要由近到远、由具体到抽象对幼儿实施德育。培养幼儿爱的情感，一定是先从爱自己到爱父母、爱老师……逐渐过渡到爱家乡、爱祖国。抽象地让幼儿在口头上说“我爱妈妈”，不如让幼儿描述生活中妈妈为自己做了什么，自己又能为妈妈做些什么。这样具体的话题讨论，能够引起幼儿道德情感上的共鸣。

2）向幼儿传授的道德规范应该在幼儿能够理解的范围内。例如：告知幼儿爱护花草、友善地对待其他小朋友，这是幼儿能切身体会并遵守的；若直接告诉幼儿要热爱祖国，显然是不能为其所理解和接受的。

3）德育应该在民主、和谐的氛围中进行，教师与家长应该以平和的心态对幼儿实施教育。一味斥责打骂或简单粗暴的命令惩罚或许更容易使幼儿遵守规则，但也会使幼儿对规则产生盲从，不利于他们将来更好地理解道德规范。

4）德育过程中要重视指导幼儿行为的技巧。在教育过程中可以使用多种技巧来指导幼儿，如强化行为的技巧、预估行为的技巧、转移行为的技巧和让幼儿理解行为后果的技巧等。较常采用的方法有以下几种：

①角色扮演法。角色扮演法是模仿现实社会中的某些场景，让幼儿扮演一定的社会角色，使幼儿表现出与这一角色一致而且符合这一角色规范的社会态度和行为的方法。

在此过程中，幼儿感知和理解角色的感受与经验，从而掌握角色所应遵循的社会行为规范，内化成对人道德行为的要求。

②说服法。说服法是通过讲解、谈话、讨论等方式向幼儿讲清简单的道理，并用来指导行为的方法。这一方法要求成人以正面教育为主，提供正面论据，以表扬为主，以情动人，并可组织幼儿进行道德讨论。

③奖励与惩罚法。奖励与惩罚法是指对幼儿行为进行指导时要进行适宜奖励与惩罚的方法。适宜的奖励能够为幼儿提供道德行为的外在诱因，能够增强道德行为发生的频率，但外在诱因逐渐要发展为内因，才能真正促进幼儿道德水平的发展。不适宜的奖励会限制幼儿生命力的真实展现，滋长幼儿对成人权威的盲目服从，促发更深层次的功利行为。同时，要避免体罚，因为体罚不仅伤害幼儿的自尊心，容易引起过度焦虑，影响身心健康，同时也容易引起意外伤害，导致师幼关系、家长与幼儿园关系、教师与家长关系的恶化。而且，体罚树立了攻击性榜样，是对幼儿生命权、健康权和人格的一种侵犯。

第五节　幼儿美育

幼儿美育是幼儿全面发展的重要组成部分。教育者要根据幼儿身心特点，培养幼儿对美的兴趣和爱好，培养美感和初步的审美能力，并通过多种艺术活动，发展幼儿表现美与创造美的能力。

一、幼儿美育的概念与意义

1. 幼儿美育的概念

美是客观事物和现象的属性之一。这种属性具有两个特征：凡是美，都可以直接被人们的感官所感知，具有一定的形象；凡是美，都能使人愉悦，使人动情。

美育是指用特定的途径和手段对人进行审美教育和美感教育。美育的特点是通过美的事物，用具体、鲜明的形象作用于人的情感系统，使人在欣赏美的过程中愉悦、动情，不知不觉地受到感染、影响、熏陶。因此美育对人的情感发展，对形成健全的人格有特殊的重要性。

幼儿美育是美育的一部分，它是根据幼儿身心特点，利用美的事物和丰富的审美活动培养幼儿感受美、表现美的情趣和能力的教育。幼儿对美的感受，从感知出发，以想象为主要方式，以情感的激发为主要特征。幼儿对美的表现与创造具有自发性特点，同时表现出稚嫩感。这就要求教师对幼儿进行美育时，要通过活动，用具体鲜明的形象引导幼儿直接感受美，而不要对美的形象从逻辑上进行过多的理解和分析；以培养幼儿审美的情感、兴趣为主，而不以培养审美观念、概念为主；以培养幼儿表现美的想象力、创造力为主，而不以训练技能、技巧为主。

2. 幼儿美育的意义

首先，人的审美能力主要是通过美育培养的。审美能力的发展是人全面发展的重要内容。我国教育的目的是培养全面发展的人，即在体、智、德、美几方面得到发展的人。一个人如果没有一定的审美能力，对美的事物无法感受和鉴赏，也不知道如何表现美和创造美，甚至美丑不分、以丑为美，就算不上一个全面发展的人。幼儿的思维具体、形象，情感占优势，认识过程常常受情绪和兴趣的支配。而美具有形象、具体、可感知的特点，例如，艺术作品和生活中的美好事物如果有鲜艳的色彩、动听的旋律、生动的形象，就会对幼儿产生巨大的吸引力和感染力，易引起幼儿的注意和兴趣，并为他们所理解和接受。在感知艺术作品和生活中美好事物的过程中，幼儿的审美能力得到自然而然的发展，对他们其他领域的发展也有重要的价值。

其次，美育对幼儿体育、智育、德育等方面的发展也有促进作用。美育是以智育为基础的，美育可以增长幼儿的知识，促进幼儿智力的发展。体育是健和美的有机结合，美育可以促进幼儿体质和身体机能的发展。美育对幼儿的社会性发展有促进作用，美能唤起人的善良情感，如同情心、忠诚、爱、温柔等。教育家苏霍姆林斯基认为，对美的欣赏可以使人变得高尚起来。

二、幼儿美育的目标与内容

1. 幼儿美育的目标

幼儿美育的目标是培养幼儿感受美、表现美的情趣和初步能力。其中，感受美是基础，这与幼儿的发展规律相一致；萌发感受美和表现美的情趣，主要是培养他们对美的健康的兴趣和爱好，这是幼儿接受美育的前提条件，也是幼儿今后成长的重要基础；培养幼儿初步的表现能力，主要是指想象力和创造力。

2. 幼儿美育的内容

（1）感受与欣赏美

美感是人们在审美过程中所激起的具体感受和体验，是一种包括审美感知、审美联想、审美情感和审美思维等多种心理功能的综合性心理过程，是在审美活动中因感受到审美对象的特征符合主体的审美需要而产生的生理、心理、精神上的满足感和愉悦感。幼儿感受美主要有以下特点：

1）幼儿在感受美的过程中具有模仿性。因为幼儿的知识经验积累较少，审美能力不高，所以幼儿在感受美时，一开始较多地表现出对成人的模仿，对一些事物的审美态度与成人对这些事物的态度往往是连在一起的，而且幼儿常常模仿成人在审美活动中的表情、动作和语态。

2）幼儿在感受美的过程中具有活动性。幼儿的美感表现总是同游戏、歌舞、绘画、手工、观察等一系列具体的活动联系在一起。例如，幼儿在欣赏一首歌曲的时候，常常趴在地上，屈起双腿，随着音乐晃动双脚。这鲜明地体现了幼儿感受美的活动性特点。

3）幼儿的美感表现具有表面性。对幼儿来说，形式的、外表的美容易感知，幼儿表现和反映的也主要是形式的和外表的美。幼儿很难感知和表现内在的美，而且对美的感知和表现很肤浅。

感受美是欣赏美的开端和基础。培养幼儿欣赏美就是积极引导幼儿亲身感受、体验现实生活和周围自然环境中的美。使其对美的感知变得敏感起来，能在平常的事物和生活中发现美、感受美。幼儿对美的欣赏与其一般感知和认知的发展相伴随，从无意识地注意美的东西到模仿周围成人对美的感受，直至自觉地认识美、欣赏美、表现美。幼儿欣赏美时具有表面性，也带有行动性的特点。

（2）表现与创造美

幼儿表现美的核心是幼儿的想象和创造，即幼儿以自己的方式，带着自己的特点表现自己对美的独特体验和理解，创造出新的形象和新的想法。幼儿需要积累多种经验，需要自由的学习环境，需要通过绘画、唱歌、舞蹈、语言和身体动作等丰富的活动发展一定的技能。

幼儿对事物的感受和理解不同于成人，他们表达自己认识和情感的方式也有别于成人。幼儿独特的动作和语言往往蕴含着丰富的想象和情感，成人应对幼儿对美的表现和创造给予充分的理解和尊重，不能用自己的审美标准评判幼儿，更不能为追求结果的完美而对幼儿进行千篇一律的训练，以免扼杀其想象力与创造力。

三、幼儿美育的实施

1. 幼儿美育的实施途径

（1）艺术教育是幼儿美育的主要途径

艺术是幼儿感性地理解世界的一种方式。幼儿的艺术教育主要通过音乐活动、绘画活动、手工制作、文学作品欣赏和表演活动等实施。这些活动可以发展幼儿的听觉、视觉、触觉和身体感觉等综合审美感知，让幼儿被音乐、舞蹈、绘画、工艺品、诗歌和故事等所感染，产生情感体验，并激发幼儿用节奏、色彩、线条和形体等表达美、创造美。艺术教育是实施美育的重要手段和途径，但无论内涵还是外延，美育的追求都比一般艺术教育要广泛得多。不能仅是用简单的唱歌、跳舞、弹琴等一些艺术技能的习得和艺术知识的积累作为美育的主要目标。

（2）日常生活是幼儿美育的重要途径

日常生活是美育的丰富源泉，幼儿最初的美感是从生活中获得的。对幼儿实施美育时，应该创设一个优美的环境，使幼儿潜移默化地受到熏陶，这是对幼儿进行美育的重要途径。幼儿园是幼儿学习、生活的主要场所，幼儿园的日常生活包括从幼儿入园到离园的各个环节，生活环境包括园舍、教室、寝室等各种场所的设计及装饰，这些都应该注意按照美的规律进行构思，同时还要注意童趣的特点。另外，也要注意引导幼儿发现、认识周围生活中平凡的人和事物的美。这种潜移默化的方式对幼儿精神美的形成有巨大作用。

（3）大自然和社会是幼儿美育的广阔天地

大自然是进行幼儿美育取之不尽、用之不竭的源泉。黎明的朝霞、黄昏的落日、夜空的星斗，都会引起幼儿美的想象；地上的小虫、空中的飞鸟、水中的游鱼、花间的蝴蝶，都对幼儿有极大的吸引力。因为自然界的美是真实的美、多样的美、变化的美，符合幼儿发展特点，所以最容易被其感知。在实施美育的过程中，首先要创造条件，使幼儿有更多的机会接触大自然，经常带领幼儿到千姿百态、气象万千的大自然中去，让他们呼吸新鲜空气，领略鸟语花香的美好景色；其次要创造美的生活环境，给幼儿以最经常而持久的美的感受，使幼儿从中感受、欣赏美，表达、创造美。

社会是美育的大课堂，选择一些美好的社会事物对幼儿进行美育，可以培养幼儿美好的道德情操。社会生活中的美育是引导幼儿认识、感受、观赏社会中的美好事物，激发幼儿的美感。在实施过程中，首先要引导幼儿认识和欣赏社会美，欣赏美的景象和美的行为，其次要培养幼儿文明的行为举止。例如，参观工农业生产可以培养幼儿热爱劳动人民的情感，在公共场所进行社会公德教育可以培养幼儿自觉遵守社会规范的美好行为品质，参观游览天安门、长城等景点可以培养幼儿热爱祖国、热爱家乡的美好情感。

2. 实施幼儿美育时应注意的问题

（1）幼儿美育应面向全体幼儿

每个幼儿心里都有一颗美的种子。幼儿美育关键在于充分创造条件和机会，在大自然和社会文化生活中萌发全体幼儿对美的感受和体验，丰富其想象力和创造力，引导幼儿学会用心灵去感受和发现美，用自己的方式去表现和创造美。幼儿美育的目的是培养每一个幼儿美的情感和心灵，促进每一个幼儿人格的健全发展，而不是培养艺术家。因此，教师在美育活动中要面向全体幼儿，要针对他们的不同特点和需要，让每个幼儿都得到美的熏陶和培养。对有艺术天赋的幼儿，要注意发展他们的艺术潜能，但这不应当以牺牲其他幼儿应有的发展为代价。在幼儿美育过程中必须贯彻“面向全体，关注个体差异”的原则。

（2）重视通过美育培养幼儿健全的人格

幼儿美育应当着眼于引导幼儿人格向积极方面发展，特别是幼儿情绪体验和情感的发展，应充分发挥艺术的情感教育功能，促进幼儿健全人格的形成。但是长期以来，美育受“重理智，轻情感”的倾向影响，部分偏向于重视表现技能或艺术活动的结果，而忽视幼儿在活动过程中的情感体验和态度。例如，在艺术活动中偏重于追求艺术活动的结果，仅仅关心幼儿作品是否达到成人的标准，而不重视幼儿活动中的情感体验和态度等。世界著名的“铃木小提琴教学法”的创始人——日本的铃木镇一先生曾经说，他的教学不是要培养了不起的人物，而是要培养孩子成为一个品德高尚的人，成为一个具有美好心灵的人。

（3）重视培养幼儿的表现力与创造力

幼儿美育的重点在于培养幼儿的表现力和创造力，这就要求对幼儿进行艺术教育时，要注意保护幼儿的艺术天性，顺其自然，适当引导。经常向幼儿提供自由表现的机会，鼓励幼儿用不同艺术形式大胆地表达自己的情感、理解和想象，尊重每个幼儿的想法和创造，肯定和接纳他们独特的审美感受和表现方式，分享他们创造的快乐。

评价幼儿的作品要以幼儿努力表达的过程为重点，而不能以像不像为标准。幼儿表现美的灵魂是幼儿的自由想象和创造，而绝不仅仅是依样画葫芦般地模仿。因此，教师在实施美育的过程中，必须注意启发式引导而非命令式要求，克服以教师为中心的倾向，克服过分强调表现技能、技巧的偏向，不能把艺术活动变成机械式的训练。

教师在实施美育的过程中要因材施教，考虑每个幼儿的发展特点，强调通过艺术教育促进幼儿全面和谐发展。每个幼儿都是艺术家，他们以自己的方式表达对美的感受。成人要保护幼儿的想象力和创造力，以培养幼儿艺术创造的主动性为教育过程的评价标准。成人要支持幼儿感受美和欣赏美的行为，鼓励和接纳幼儿表现美和创造美的过程。

思考·练习

1. 人们常说“体育是基础，德育是根本”，请谈谈你对这句话的理解。

2. 简述幼儿体育、智育、德育、美育的关系，并结合幼儿园教育实例进行分析。

3. 一位幼儿园实习教师对家长说：“智育就是让幼儿多开口说话，多学知识。”你认为这位教师说得对吗？你认为应该怎样对幼儿实施智育？

4. 结合实例，谈谈你对“通过美育培养幼儿健全的人格”这句话的理解。

第四章 幼儿园教师

学习目标

- 了解幼儿园教师的职业特点，明确幼儿园教师的权利和职责。
- 树立正确的教师观，明确幼儿园教师应具备的职业素养。
- 了解幼儿园教师专业化发展的影响因素，掌握提高幼儿园教师专业化水平的方法。

第一节　幼儿园教师的职业特点与权责

一、幼儿园教育的特点

教育是有目的、有意识地对人身心施加影响并促进人向社会要求的方向发展的一种社会实践活动。幼儿园教育把幼儿教育从父母抚养年幼子女的生活中分离出来，创设专门的幼儿教育机构，为的是及早向幼儿提供一种较优的教育环境与条件，促进幼儿的良好发展。幼儿园教育的主要对象是幼儿，主要场所是幼儿园，幼儿园教育有其自身的特点。

1. 幼儿园教育的生活化

幼儿园教育的对象是 3 ～ 6 岁的幼儿。幼儿的这种年龄特点和伴随而至的身心发展需要，决定了幼儿园教育目标和内容不仅具有教育性，而且应该与幼儿的日常生活密切联系，即幼儿园教育要注意“保教合一”的教育教学原则。

幼儿年龄较小，知识经验缺乏，往往通过感知和依靠表象来认识事物。因此，在幼儿园教育工作中，除了认识周围世界、启迪心智的学习内容以外，一些基本的生活和做人所需要的基本态度和能力（如卫生习惯、生活自理能力和交往能力等）都需要让幼儿学习。这样广泛的学习内容不可能仅仅依靠教师设计和组织的教育活动来完成，也不可能通过口耳相传的方式来实现，幼儿只能在生活中习得各种生活能力，在交往中学习交往。即使是认知方面的学习，也要紧密结合幼儿的生活经验，才能被幼儿理解和接受。因此，幼儿园课程具有浓厚的生活化特征。例如，课程的内容来自幼儿的生活，课程实施贯穿于幼儿的一日生活。《幼儿园教育指导纲要（试行）》明确指出，科学教育应密切联系幼儿的实际生活进行。要让幼儿在一日生活中感受和体验科学的现象，感受学习的趣味与价值，让幼儿对学习知识产生亲切感，激发他们的好奇心和探究热情，让他们在生活化的学习中，轻松自然、主动快乐地获得经验，健康成长。

2. 幼儿园教育的活动性与直接经验性

游戏符合幼儿的年龄特征，能够满足幼儿的各种身心需要，是幼儿园的基本活动，也是幼儿教育的基本原则之一。游戏的本质是幼儿自身的一种自由自发的主体性活动，对幼儿的发展有着多方面的价值。游戏是幼儿的基本活动形式，也是幼儿基本的学习方式。所以，游戏在幼儿园工作中应该成为教师工作的一种常用方法和手段。幼儿园教育工作是有目的、有计划地引导幼儿主动活动的多种形式的教育过程，幼儿必须通过自身积极主动的活动，才能获得必要的经验。幼儿园教师一定要正确认识和把握幼儿教育的目标、内容、要求和任务，并通过游戏化的教育活动，在愉快的游戏和活动中培养幼儿学习的兴趣，使幼儿掌握各种知识，习得各种技能，同时获得愉快的童年生活体验。

游戏和活动是幼儿发展的基础和源泉。幼儿身心发展的特点决定了他们不能像中学生和小学生那样，主要通过课堂上学习书本知识来获得发展，而必须通过各种感官来认识世界。要让幼儿通过活动去接触各种事物和现象，与人交往，实际操作物体。只有在获得丰富的感性经验的基础上，幼儿才能理解事物，才能对事物形成相对比较抽象概括的认识。幼儿这种行动性和形象性的认知方式和认知特点，使得幼儿园教育必须以幼儿主动参与的教育性活动为基本形式和构成成分。对幼儿来讲，只有在活动中的学习才是有意义的学习，只有在直接经验基础上的学习才是理解性的学习。可以说，幼儿离开了实际操作和体验的活动和游戏，就没有发展。

3. 幼儿园教育的潜在性

幼儿园教育的潜在性体现在两个方面。

一是教育目的隐含在各种活动中。从本质上讲，幼儿园教育是有目的、有计划的教育过程，幼儿园课程也有明确的课程目标和基本的学习领域，但是由于幼儿身心发展和学习的特点，幼儿园课程不是体现在课程表、教材和课堂中，而是体现在幼儿的一日生活、游戏和其他幼儿喜闻乐见的活动形式中。虽然怎样创设环境，怎样支持幼儿的探索学习，都是教师根据幼儿园课程的目的、内容和要求精心设计的，但这些内容、目的和要求仅仅存在于教师的意识和行动中，幼儿并不能清楚地认识到。幼儿感受到的更多的是环境、活动、材料和教师的行为，而不是教育者的教育目的和期望。也就是说，幼儿园教育蕴含在环境、材料、活动和教师的行为中，潜移默化地对幼儿产生作用。

二是教育效果的长期性。幼儿园教育的效果不是立竿见影的，而是具有长期性。在幼儿园养成的很多日常行为规范、生活习惯和社会交往技能，会对幼儿一生的发展都产生影响。因此，幼儿园教育一定要从幼儿长期发展的角度出发，为幼儿未来的发展做好准备，不能急功近利，追求短期的效果。

二、幼儿园教师的职业特点

幼儿园教育由于对象的特殊性，具有很多不同于其他阶段教育的特点。而幼儿园教育中的一个重要元素——幼儿园教师群体，作为幼儿成长和发展中的重要他人，也具有许多不同的特点。

1. 职业对象的不成熟性与主动性

在幼儿园教师的工作中，幼儿是教育的对象。这些幼儿的年龄大多在 6 岁以下，具有不成熟性。幼儿机体各部分的功能发育尚不成熟，注意力不够稳定和持久，以无意记忆和形象记忆为主，思维发展以具体形象性为主，坚持性和自制力还较差，高级的社会情感也刚开始萌芽。幼儿这些不成熟的特点使得幼儿园教师的工作较为艰巨，幼儿身心的进一步发展主要依赖于教师的正确引导。

但是幼儿又是一个有意识的人、一个主动发展的人，在教育过程中既是教育的客体，又是学习的主体。在幼儿园的一日生活中，幼儿通过自身的内部作用来主动选择和接受外界的影响，形成自己的认知结构，发展自己的思想感情。幼儿的这种主动性导致其活动又是不断发展变化的，活动的范围有时会超出教师所预想的范围，这就使教师会遇到许多经常变动着的不可控制的因素（偶发事件）。教师需要时时考虑各种因素，随时进行动态调节。同时，幼儿的主动性导致幼儿园教师的工作不是单向性的，而是双向性的，因此，幼儿园教师必须了解幼儿，针对幼儿发展的特点和水平，激发其主动学习的动机和兴趣，向幼儿施加正确的影响，并根据幼儿的反馈，调整教育的内容和方法，使教育工作取得良好的效果。

2. 职业内容的全面性与细致性

幼儿园教师的工作任务是根据幼儿教育目的和任务的要求，对幼儿进行体、智、德、美几个方面的教育，促进幼儿身心和谐发展。教育工作具有全面性，幼儿园教师对幼儿各方面的发展都要全面负责，不仅要照顾幼儿的生活，指导幼儿体育锻炼，促进幼儿健康，做好保育工作，而且要对幼儿进行教育，通过精心设计的活动，传授给幼儿粗浅的知识和技能，发展他们的智力，还要通过合理安排幼儿的一日生活，培养幼儿良好的道德行为和习惯，完成促进幼儿全面发展的教育任务。幼儿园教师需要对幼儿每个方面的发展都进行精心设计和合理规划，这体现出幼儿园教师工作的全面性。

另外，幼儿园教师的工作不仅需要全面，而且需要非常细致。因为幼儿独立生活和进行活动的能力较差，还不会照顾和保护自己，需要教师给予细心的照料和教育。在幼儿园中，幼儿一日生活的每个环节都离不开教师的关心、照顾和引导。幼儿园教师不仅要关心幼儿的吃、喝、拉、撒、睡、穿和玩，还要设计、组织和实施教学活动。例如洗手这个环节，教师不仅要让幼儿学会正确的洗手方式，还要让幼儿知道为什么要洗手，了解洗手和健康之间的关系，以及节约用水、节约能源和环保等内容。由此可见，幼儿园教师的工作十分琐碎和具体，需要教师付出更多的耐心和细心。

3. 职业过程的创造性

在幼儿教育中，教育活动过程不能单纯模仿或机械重复，幼儿园教师的工作不是靠单纯模仿或机械重复所能完成的。幼儿园教师工作的过程与一般的工作过程相比，具有更大的创造性。

首先，幼儿是鲜活的个体。幼儿具有不同特点，是有着不同发展需要的独立个体。他们有着不同的兴趣和爱好、不同的能力和性格、不同的行为和习惯。教师需要针对每个幼儿的特点，考虑幼儿的兴趣，创造性地选择教学内容和原则，创造性地运用教学方法，设计教学活动，因材施教，避免“一刀切”“一锅煮”的做法，使每个幼儿都能健康成长和发展。

其次，教育情境具有复杂性。幼儿处在迅速发展变化的阶段，这使得幼儿园教师的工作过程和教育情境异常复杂和多变，也决定了幼儿园教师的工作过程具有更大的灵活性和创造性。这种创造性主要并不在于对未知领域的探索和发现，而在于创造性地运用教育和教学规律，采取多种多样的教育方法，在复杂多变的教育情境中培养发展中的幼儿。因此，幼儿教育过程需要教师的教育机智。概括地说，教育机智就是一种对突发性教育情境做出迅速、恰当处理的随机应变的能力。教育幼儿的工作并不是千篇一律的，教育的条件不可能毫无差异地重复出现。因此，幼儿园教师的工作过程绝没有固定的程序和模式。教育是心灵的撞击，是情感的交融和呼应。在幼儿教育和幼儿的交互作用中，教育情境往往是难以控制的，事先预料不到的偶发事件随时可能发生。这就需要幼儿园教师善于观察和捕捉教育情境的细微变化，灵活机动地采取恰当的措施，解决教育过程中出现的新问题，使教育收到最佳的效果。

4. 工作方式的主体性

任何职业都需要以一定的手段，使用一定的工具作用于工作对象。幼儿园教师的教育手段带有很大的主体性，这是教师工作与其他工作一个很大的不同。幼儿的模仿性和可塑性极强，幼儿园教师的知识、技能、思想感情、行为习惯和生活方式等，都是幼儿模仿和学习的榜样，会影响、熏陶幼儿。也就是说，幼儿园教师自身的活动和言行变成了重要的教育手段和资源。同时，目前幼儿园教育活动内容和阶段并不如义务教育阶段那么严格，幼儿园教师可以自定目标，自选内容，自己组织安排教学活动。因此，幼儿园教师的工作在很大程度上需要教师发挥主观能动性和自主性。

三、幼儿园教师的职责与权利

1. 幼儿园教师的职责

幼儿园教师是幼儿园中全面负责幼儿生活与教育的人员。我国在《幼儿园工作规程》中明确规定了幼儿园教师的主要职责。幼儿园教师的职责主要包括以下几项：

（1）观察了解幼儿，依据国家有关规定，结合本班幼儿的发展水平和兴趣需要，制订和执行教育工作计划，合理安排幼儿一日生活。

（2）创设良好的教育环境，合理组织教育内容，提供丰富的玩具和游戏材料，开展适宜的教育活动。

（3）严格执行幼儿园安全、卫生保健制度，指导并配合保育员管理本班幼儿生活，做好卫生保健工作。

（4）与家长保持经常联系，了解幼儿家庭的教育环境，商讨符合幼儿特点的教育措施，相互配合共同完成教育任务。

（5）参加业务学习和保育教育研究活动。

（6）定期总结评估保教工作实效，接受园长的指导和检查。

2. 幼儿园教师的权利

《中华人民共和国教育法》和《中华人民共和国教师法》通过法律的形式规定了幼儿园教师的权利，这是维护幼儿园教师利益，保证幼儿园教师顺利工作的必要条件。根据规定，幼儿园教师享有以下权利：

（1）进行幼儿教育教学活动，开展幼儿教育教学改革和实验。

（2）从事幼儿教育的科学研究、学术交流，参加幼儿教育专业的学术团体，在学术活动中充分发表意见。

（3）指导幼儿的学习和发展，评定幼儿的身心发展水平。

（4）按时获取工资报酬，享受国家规定的福利待遇以及寒暑假期的带薪休假。幼儿园教师的平均工资水平应当不低于或者高于国家公务员的平均工资水平，并逐步提高。

（5）对幼儿园教育教学、管理工作和幼儿教育行政部门工作提出意见和建议，通过教职工代表大会或者其他形式，参与学校的民主管理。

（6）参加进修或者其他方式的培训。

第二节　幼儿园教师的职业素养

职业素养是幼儿园教师能否踏上工作岗位的必要条件。2012 年，教育部出台了《幼儿园教师专业标准（试行）》。该文件从专业理念与师德、专业知识、专业能力三个方面提出了幼儿园教师的标准。

一、幼儿园教师的职业道德

《幼儿园教师专业标准（试行）》明确指出：幼儿园教师应该热爱学前教育事业，具有职业理想，践行社会主义核心价值体系，履行教师职业道德规范，依法执教；关爱幼儿，尊重幼儿人格，富有爱心、责任心、耐心和细心；为人师表，教书育人，自尊自律，做幼儿健康成长的启蒙者和引路人。幼儿园教师的职业道德具体包括以下几个方面：

1. 热爱幼儿教育事业，具有职业理想和敬业精神

《幼儿园教师专业标准（试行）》要求幼儿园教师“理解幼儿保教工作的意义，热爱学前教育事业，具有职业理想和敬业精神”。作为专业的幼儿教育工作者，幼儿园教师应该充分认识幼儿期是人生命周期中独特且重要的阶段，要尊重幼儿的权利与独特性，履行照顾与保护幼儿的责任，提供适宜幼儿发展的保教方案，坚信自己实施的符合幼儿身心发展规律的教育一定能对幼儿的身心健康发展起到积极作用，并把保教工作看作是一种具有独特社会价值的公共服务，激发起做好保教工作的热情与信心。对事业的热爱是建立在对事业认识的基础上的，幼儿教育质量的提高，关系到国家的兴旺和民族素质的提高。幼儿园教师首先应该热爱幼儿教育事业，这是幼儿园教师的基本道德准则，也是其做好本职工作的前提条件。

在认可幼儿教育价值和具有从事幼儿教育工作热情的基础上，幼儿园教师还要具有强烈的敬业精神，并对自己的职业有目标、有理想、有规划。敬业精神和职业理想会让幼儿园教师产生不受营利性动机驱使的奉献精神，对从事幼儿教育工作的动机不是停留在待遇和兴趣层面，而是上升到热爱专业、忠于职守的层面。敬业是幼儿园教师事业进取的原动力，敬业才能尽心尽力、尽职尽责、不怕挫折、敢于创新。敬业精神和职业理想是幼儿园教师在对职业意义和人生意义的不断体验中逐渐产生的。

2. 热爱幼儿，尊重幼儿

教育和培养幼儿是长期、复杂、细致的工作，只有真诚地爱护幼儿，才能了解和亲近幼儿，才能采取适当的教育内容和方法，调动幼儿的积极性。爱是幼儿和教师心灵之间的通道，是打开幼儿心智的钥匙。

（1）教师对幼儿的爱不仅基于感情，也基于责任

教师只有爱每一个幼儿，了解、关心和体贴幼儿，不论种族、民族、性别和家庭出身，对所有的幼儿（特别是对那些有缺点或接受能力较差的幼儿）一视同仁，才能使幼儿获得一个健康成长的良好环境。只有出自对幼儿真诚的爱，教师才能获得幼儿的信任，幼儿才会信赖和依恋教师，愿意听教师的话。幼儿园教师只有热爱幼儿，才会在自己的工作中践行职业道德，才会在自己的一言一行中为幼儿做出良好的榜样，才能取得良好的教育效果。

（2）教师对幼儿的爱是理智的爱

教师对幼儿的爱是理智的，而不是盲目的。这种“教育爱”是建立在教师对教育、对幼儿发展深刻理解的基础上的。这种爱不是代替幼儿做他们自己能做的事情，或者放纵幼儿做他们不应该做的事情。教师的爱必须有利于幼儿向着自立自强、富有爱心和责任感的方向发展。

（3）尊重幼儿的人格和自尊心

幼儿虽然年龄小，但也有自己的愿望和需要，也有自己独立的人格，教师应给以满足和尊重。教师不能因为幼儿年少无知，而任意讽刺、挖苦或责骂幼儿，更不能恐吓和体罚幼儿。每个幼儿都是独特的个体，具有不同的特点，都需要教师尊重和爱护，并据此因材施教，使每一个幼儿都能得到发展。

（4）尊重幼儿的主体性

幼儿的主体性是指幼儿在其对象性活动中表现出来的自主性、能动性和创造性，是幼儿在教育活动中的特点、权益、需要等各方面的体现。教师一定要了解并尊重幼儿的意愿和发展需要，在教育的各个环节都应体现幼儿的参与。幼儿只有在主动参与的过程中才能得到更好的发展。

3. 对待同事要学会精诚团结

幼儿园教师要正确处理与其他教师之间的关系，做到谦虚谨慎、相互尊重、互相学习、团结一致、密切配合，维护其他教师在幼儿中的威信，维护集体荣誉，共同促进幼儿教育事业的发展。幼儿园教师在工作中应做到以下几点：

（1）与同事相互支持和配合。

（2）尊重同事，虚心倾听同事的想法，不挫伤同事的感情，不训斥他人，能够宽容同事。

（3）遇到困难要用协商的语气与人沟通，别人有难主动帮助，别人有误悄悄提醒。

（4）正确对待和开展竞争，在各种竞赛中展现自我、相互学习、共同提高。

（5）服从领导安排，支持领导工作，恪守岗位职责。

（6）关心园所发展，善于接受领导的建议和意见。

4. 严于律己，注重言行

一个具有人格魅力的幼儿园教师，总能使幼儿乐意亲近，并视为楷模，从而形成强大的“向师性”。这种“向师性”对塑造幼儿健康高尚的人格具有暗示性、自我教育性和潜移默化性。幼儿在教师人格的唤醒、鼓舞和激励下，能逐步确立基本的道德规范、崇高的理想和信念，以及高尚的情操等。因此，幼儿园教师要注意为人师表，坚持严于律己，增强自控能力，始终保持良好、平和的心态，精神饱满地投入工作。幼儿园教师的言谈应该和颜悦色、循循善诱，举止应该优美文雅，穿着应该朴素、大方、得体，要在实现自身价值的同时，表现出智慧的迸发、道德的判断与审美的追求。

二、幼儿园教师的知识结构

幼儿园教师自身的知识结构会对幼儿的发展产生很大的影响，因此需要有合理和相对完善的知识结构。

1. 教师知识结构的类型

一般来说，教师的知识结构有以下几种类型：一是“I”型知识结构，这类教师有纵向知识深度，有特长，但其知识面却过于狭窄，只专不博；二是“—”型知识结构，这类教师的知识面比较宽广，什么都懂一点，但都懂得不深，没有专长，没有特色；三是“T”型知识结构，这种知识结构中的横线表示有比较宽广的知识面，竖线表示有一门钻研较深的专业知识，“博”和“专”结合；四是“H”型知识结构，是在“T”型知识结构的基础上，精通一门以上的专业知识，能在两个以上的学科领域有所研究。

2. 幼儿园教师合理的知识结构

幼儿园教师合理的知识结构也应该含有“横向”和“纵向”两方面因素，才能更好地发挥教育作用。

其中，涉及幼儿发展和幼儿保育教育等方面的专业知识属于幼儿园教师知识结构中的“纵向”线，需要教师在任职前就了解和掌握。这些知识有助于教师掌握幼儿教育规律，提高工作的目的性、计划性和工作效率，也有助于教师树立正确的教育观念。事实上，每个教师都是根据自己对幼儿发展和教育的理解来组织教育教学的。教育观念决定了教师在教育过程中的教育目标和教育内容、采用的教育策略，以及对幼儿的态度。可以说，有什么样的教育观念，就会有什么样的教育行为。因此，这些专业知识是幼儿园教师知识结构中最为重要也最为基础的知识，它们构成了幼儿园教师从事幼儿教育工作的基础。

幼儿园教师还应该拥有必要的通识性知识。幼儿园教育是促进幼儿体、智、德、美诸方面全面发展的教育，教师个人的综合素质和文化底蕴也会影响幼儿园保育和教育的质量。幼儿园教师教育幼儿的内容涉及自然、社会、语言、艺术和健康等各个领域，教师除了要有较为深厚的专业知识外，还需要掌握比较丰富的多学科知识，才能满足幼儿发展的需要，才能胜任幼儿园教师的工作。

3. 幼儿园教师专业知识有关规定

根据《幼儿园教师专业标准（试行）》中的规定，幼儿园教师的专业知识应该包括以下几类：

（1）幼儿发展知识

1）了解关于幼儿生存、发展和保护的有关法律法规及政策规定。

2）掌握不同年龄幼儿身心发展特点、规律和促进幼儿全面发展的策略与方法。在不同年龄阶段，幼儿会形成和表现出一般的、典型的和本质的心理特征。例如，小班、中班、大班幼儿会表现出不同的年龄特征。

3）了解幼儿在发展水平、速度与优势领域等方面的个体差异，掌握对应的策略与方法。同一个年龄段的幼儿由于各种原因也会有不同的表现，需要幼儿园教师区别对待，因材施教。

4）了解幼儿发展中容易出现的问题与适宜的对策。幼儿园教师要全面分析幼儿出现问题的原因，对症下药，同时创设各种积极的环境，努力预防幼儿出现这些问题。

5）了解有特殊需要幼儿的身心发展特点及教育策略与方法。这些方法包括观察、谈话、记录等方法。

（2）幼儿保育和教育知识

1）熟悉幼儿园教育的目标、任务、内容、要求和基本原则。例如，幼儿园保育和教育的主要目标和任务是实行保育与教育相结合的原则，对幼儿实施体、智、德、美诸方面全面发展的教育，促进幼儿身心和谐发展。

2）掌握幼儿园各领域教育的学科特点与基本知识。例如，在幼儿园教育中，既可以通过分领域教学，把性质基本相同的学习内容分为若干领域，使得该领域的相关知识达到统一整合，也可以将各个领域进行整合，开展主题教学。以主题教学形式组织的课程与教学加强了各领域之间相关知识的联系，可以促进幼儿整体的发展。

3）掌握幼儿园环境创设、一日生活安排、游戏与教育活动、保育和班级管理的知识与方法。例如，幼儿园教师应当了解幼儿生活作息制度安排、健康检查和分析评价、卫生免疫和疾病防治、合理膳食、饮水、户外活动等方面的卫生保健知识。

4）熟知幼儿园的安全应急预案，掌握意外事故和危险情况下幼儿安全防护与救助的基本方法。例如，幼儿园教师应当了解和掌握幼儿园房屋、设备、消防、交通安全防护和检查制度，以及食品、药物等管理制度和幼儿接送制度等。

5）掌握观察、谈话、记录等了解幼儿的基本方法和教育心理学的基本原理和方法。例如，幼儿园教师应当知道游戏是幼儿的基本活动，环境可以给幼儿带来潜移默化的教育，知道如何合理安排幼儿的一日生活以及如何进行班级管理等。

6）了解 0 ~ 3 岁婴幼儿保教和幼小衔接的有关知识与基本方法。

（3）通识性知识

1）具有一定的自然科学和人文社会科学知识。幼儿园教师应该了解基本的自然科学知识和人文社会科学知识。

这些自然科学知识包括：自然科学发展的历史轨迹和自然界的物质特性，如人类赖以生存的地球，以及水、空气等物质的特性等；自然界的运动特性，如运动、重力、大气和气候的变化，以及地球的自转和公转等；生命与自然的一般特性，如植物的光合作用、生命的起源，以及生物进化学说等；资源、能源及其利用，如一些金属和非金属，以及煤、石油、天然气等能源的开发利用；生活中的一些科学与技术，如热量的传导及光、声现象；人类活动和地球环境之间的关系，如环境保护和减灾、人口增长与分布、人类活动对环境的影响、生态平衡等；人类科学技术的进步及其对生活的影响，如信息技术、生物技术及其对现代生活的影响等。

人文社会科学知识包括：一些简单的哲学知识，如中外哲学发展概况和主要哲学思想等；历史知识，如中外历史发展主要进程等；文学知识，如中国文学和外国文学的一些代表人物和作品等；艺术知识，如几种常见艺术的门类和艺术流派等；经济学知识，如一些与日常生活相关的经济规律等；社会学知识，如中外社会学的发展概况等。除此之外，幼儿园教师还应了解政治学和法学等方面一些简单的知识。

2）了解中国教育基本情况。例如，中国教育发展的一些统计数据、方针政策，以及教育改革的一些新进展。

3）具有相应的艺术欣赏与表现知识。幼儿园艺术欣赏活动是幼儿园艺术教育的基础，是让幼儿从发现、感受、体会等审美活动入手，遵循审美教育的规律，使幼儿在艺术美的感染、熏陶中成长和发展。幼儿园教师需要了解一些艺术欣赏与表现方面的知识，如节奏、音色、旋律、比例、姿态、对称和色彩等方面的知识。

4）具有一定的现代信息技术知识。随着科学技术的进步，尤其是计算机网络技术的发展，人类已经进入信息社会，人们的生活方式、工作方式和教育方式也发生着日新月异的变化。现代信息技术与各学科的结合，将会改变传统的教育思想、观念、内容和方法。因此，幼儿园教师也需要了解一定的现代信息技术知识，例如，将幼儿成长档案进行电子化、网络化方面的知识，幼儿园多媒体技术方面的知识，信息化办公平台使用方面的知识，以及幼儿园网络教育资源开发等方面的知识。

三、幼儿园教师的能力结构

教师职业能力是指从事教师职业，符合教育活动要求，直接影响教育活动效果的各种心理特征的总和。对于从事幼儿教育工作的幼儿园教师来说，其职业活动对象及工作性质决定了其具有与其他类型教师不同的能力结构。因为幼儿园教师不仅是教育者，也是幼儿身体健康的护理者、认知发展的促进者、适宜环境的营造者，以及游戏的同伴等。这种职业性质和多重角色期待决定了幼儿园教师必须具备多元的职业能力。

1. 环境创设与利用能力

幼儿园是一种特殊的社会环境，幼儿园环境给予幼儿的影响是有目的、系统性的。幼儿园教师应该了解幼儿园环境创设的特殊要求，能根据需要为幼儿提供儿童化、教育化的户外环境、活动室、走廊和墙面等，并有利用环境进行教育的自觉意识，让环境作为隐性课程（隐性课程是指那些在学校政策和课程计划中没有明确规定，但又实实在在地构成了学生在学校或幼儿园的学习经验中常规、有效部分的教育实践和结果）进入幼儿教育中。幼儿园环境对于幼儿身心发展的价值，是通过教师创设环境并引导幼儿积极与环境相互作用而实现的。教师是环境创设中的重要因素。

2. 一日生活的组织与保育能力

幼儿园一日生活是指幼儿一日活动中的生活环节和一些每天都要进行的日常活动，包含着保育和教育因素。在一日生活的各种活动中，幼儿需要直接感知和动手操作生活用品来为自己服务，解决生活的各种实际需要，因此，幼儿园课程应该融于幼儿的一日生活之中。幼儿园教师要合理安排和组织各种活动，保证既能满足幼儿身心健康发展的需要，又能顺利完成幼儿园的保教任务。

3. 游戏活动的支持与引导能力

在幼儿游戏活动的过程中，教师不仅是观察者和记录者，而且还应该是幼儿游戏的尊重者、支持者、参与者、引导者和干预者。教师要尊重幼儿游戏的倾向、幼儿对游戏的选择和幼儿对游戏的创造，尽量满足幼儿对游戏材料的需求，满足幼儿充分游戏的心理需要，关心幼儿游戏的意愿，成为幼儿游戏的伙伴，注意在游戏中向幼儿提出合理化的建议，通过提出开放性问题，巧妙地扮演游戏角色，促进幼儿游戏的发展。教师还要注意矫正幼儿游戏中不正确的做法和想法，使幼儿的思维、想象逐渐科学化、合理化，符合现实生活的逻辑，以保证幼儿的健康成长。

4. 教育活动的计划与实施能力

幼儿园教师教育能力的高低，直接关系到教育任务能否完成和幼儿园的办园质量。教师需要在对幼儿过去的了解，以及对幼儿未来发展的预测基础上，制订阶段性的教育活动计划和具体活动方案。教师要在教育活动中观察幼儿，根据幼儿的表现和需要调整活动，给予适宜的指导，保证计划的稳定性，这样才有利于塑造幼儿良好的个性特征和行为习惯，符合幼儿成长发展的要求。同时，教师要注意计划的灵活性。幼儿教育活动受到多种因素的影响，幼儿身心也在不断发展变化，幼儿园教师要注意根据具体教育活动实际修改和调整计划，在教育活动的设计和实施中体现趣味性、综合性和生活性，灵活运用各种组织形式和适宜的教育方式，提供更多的操作探索、交流合作和表达表现的机会，支持和促进幼儿主动学习。

5. 鼓励与评价能力

在幼儿教育中，教师是最主要、最有权威的评价者。因此，教师的激励与评价对幼儿非常重要。幼儿园教师应该从以下几个方面对幼儿进行激励与评价：关注幼儿日常表现，及时发现和赏识每个幼儿的点滴进步，注重激发和保护幼儿的积极性和自信心；有效运用观察、谈话、家园联系和作品分析等多种方法，客观而全面地了解和评价幼儿；有效运用评价结果，指导下一步教育活动的开展。

6. 沟通与合作能力

沟通是指人与人之间信息的给予和接受。幼儿园教师的沟通对象不仅包括幼儿，也包括家长和其他教师。

首先，教师在与幼儿进行沟通时，要注意使用符合幼儿年龄特点的语言进行保教工作，要善于倾听，和蔼可亲，同时注意自己身体的姿势，以及运用和强调的词语。

其次，教师的沟通与合作能力还包括能与同事合作交流，分享经验和资源，共同发展。

再次，教师的沟通与合作能力还包括能与家长进行有效沟通合作，共同促进幼儿发展。家庭是幼儿园重要的合作伙伴，教师应本着尊重、平等、合作的原则，争取家长的理解、支持和主动参与，并积极支持和帮助家长提高教育能力。

最后，教师还要协助幼儿园与社区建立合作互助的良好关系，积极利用与家长沟通、交流的便利条件，为幼儿生活的社区服务，发挥教育的多种功能，如宣传科学知识、传授技能、提供现代信息、帮助社区居民提高生活水平等。

7. 反思与发展能力

幼儿园教师的专业化发展是个长期的过程，每个人都应该具有专业学习的自觉意识和能力，不断在幼儿教育实践中汲取专业化发展的营养，尽快适应幼儿园工作，成为一名合格的幼儿园教师。反思是教师对自己教育过程进行监控、提高自己的专业素养、改进教育实践的一种方式，是使教师由单纯的教育者成长为研究型教师和专家型教师的重要途径。

四、幼儿园教师的道德品质与心理素质

要成为一名合格的幼儿园教师，不仅要具备以上的知识和能力，而且还应该具备良好的道德品质与心理素质。在幼儿教育中，由于教育对象的特殊性，幼儿园教师的道德品质与心理素质对幼儿身心健康发展有着重要影响，同时与教育工作的成败关系密切。具体来说，幼儿园教师应该具备以下道德品质与心理素质：

1. 健全的人格与高尚的道德品质

在幼儿教育过程中，教师的人格以其真实内在的自我品质和精神面貌呈现在幼儿面前，始终潜移默化地影响、吸引和塑造着幼儿，发挥着至关重要的教育影响力。教师的言行对幼儿有一种不可抗拒的影响，在幼儿眼中，教师是无所不能的权威，幼儿总是不知不觉在模仿教师的言行。在幼儿人格萌芽、形成和逐步发展的整个过程中，教师的言行是一种自觉的、非权力性的、非强制性的教育影响力，影响着幼儿道德信念体系的形成和道德行为模式的建立。因此，幼儿园教师必须具有良好的修养、健全的人格和高尚的道德品质。

2. 积极的创新精神

一个具有创新精神的教师首先要热爱自己的工作，只有保持这种积极主动的态度，教师才会有教学灵感和教学热情，创造性思维才能发挥，才能充满热情地用自己创造性的智慧解决教育教学中遇到的问题。其次，创造型教师应该多参与充满不确定性、高挑战性的活动，相信自己有能力克服可能出现的各种困难，通过自身的不懈努力而不是借助外力来达到目标。最后，顽强的意志力也是创造性活动不可缺少的，只有意志坚强，才能将创新过程进行下去。

3. 较强的调节适应能力

随着现代社会生活节奏加快，社会竞争日趋激烈，人际关系更加复杂。幼儿园教师每天面对众多幼儿和家长，面对各种可能出现的变化，一定要善于根据所在幼儿园的客观条件、管理模式、幼儿状况和人际关系等调整自己的行为方式和心理习惯，保持自身

与园内环境的动态平衡，力求教育效果与自身发展达到最优化。

4. 较强的抗挫折能力

幼儿园教师在工作和生活中难免要遇到各种挫折，面对各种不公正的待遇，因此，幼儿园教师需要有较强的抗挫折能力。

首先，幼儿园教师要正视现实，淡泊名利，看到这一职业的崇高和无可替代性，保持心理平衡。

其次，如果遇到挫折，一定要选择合理的方式宣泄，或是向他人倾诉，或是求助于心理医生，还可以通过丰富的体育文化活动来转移情绪，如体育锻炼、听音乐、看电影、旅行等，通过这些方式保持乐观的情绪和豁达的人生态度。

最后，提高自我效能感，自我构建一套客观的认知评价体系，始终以乐观、平和的心态面对生活。

第三节　幼儿园教师的专业化发展

一、幼儿园教师专业化发展的内涵

幼儿园教师专业化发展是我国当前幼儿教育研究的重点课题，特别是随着《幼儿园教师专业标准（试行）》的颁布，幼儿园教师的专业化发展问题日益成为人们关注的焦点。

1. 幼儿园教师专业化发展的定义

我国学者对幼儿园教师专业化发展内涵的理解，多是围绕着教师专业化发展来进行的。有的学者认为，幼儿园教师专业化发展的实质是幼儿园教学的品质和幼儿园教师的主要行为表现。也有学者认为，幼儿园教师专业化发展主要是指幼儿园教师在严格的专业训练和自身不断主动学习的基础上逐渐成为一名专业人员的发展过程。还有学者认为，幼儿园教师专业化发展是幼儿园教师不断专业化的过程，是幼儿园教师在整个职业生涯中，通过终身专业训练，习得教育专业知识技能，并逐步提高自身从教素质，成为一名具有丰富专业知识，富有敏锐的专业洞察力，能够高效率地解决教学中遇到的各种问题的优秀幼儿教育工作者的专业成长过程。

2. 幼儿园教师专业化素质的结构

我国学者对此问题进行了大量的研究。比较有代表性的研究成果主要有：一是把幼儿园教师专业化归纳为学科知识和专业知识、实践智慧、合作和反思能力、人文素养、批判理性五个方面；二是提出幼儿园教师专业素质包括对幼儿和幼儿发展的承诺、全面理解幼儿发展的能力、有效选择和组织教育内容的能力、创设和发展支持性环境的能力、领导和组织能力，以及不间断的专业学习。

二、幼儿园教师专业化发展的现状

当前，幼儿园教师在社会中的专业认同度不高，有的人把幼儿园教师看作是一个职业，却没有把幼儿园教师看作是一个专门化的职业，甚至还有人称之为“高级保姆”。目前，幼儿园教师专业化发展的现状也确实不尽如人意，多种因素会影响幼儿园教师的专业化发展。

尽管幼儿园教师队伍无论是数量还是质量都较过去有积极的变化，但也存在很多问题。例如，社会地位和待遇普遍偏低，工作压力偏大，部分教师职业倦怠明显，农村幼儿园教师身份不明且基本权益没有保障，等等。从整体上来说，幼儿园教师的专业性有待加强，专业能力需要提高。

三、幼儿园教师专业化发展的影响因素

1. 幼儿园教师自身的因素

从自身来看，影响幼儿园教师专业化发展的因素主要有专业化发展的自我意识不足，观念与社会不同步，思维方式单一，知识更新速度慢等。一名教师能否实现从最初的新手型教师到专家型教师的飞跃，根本原因在于个人的成就动机。成就动机是指个人在学习、工作、科研等事业中力求成功的内部动因，可以表现为一个人的事业心、进取精神、自我实现的需要等外在形式，是人们激励自我成就感和上进心的心理机制。由于个体的差异，个人成就动机的水平有所不同。高成就动机的教师倾向于为自己确立的高目标而努力，他们的专业化发展相对快一些；相反，低成就动机的教师倾向于为自己确立的低目标而努力，其专业化发展就会慢一些。崇高的职业理想是优秀幼儿园教师献身教育事业的根本动力，具体表现为对幼儿和工作的热爱，想方设法解决工作中遇到的困难，主动思考教育教学中的问题，积极投入各种教育教学科研，积累各种知识和经验，使自己的工作越来越得心应手，表现出很高的教育机智。可见，教师自身的因素是教师专业化发展的内在动力，教师必须有专业化发展的意识和愿望，才能

主动去实现专业化发展。

2. 社会因素

从社会大环境来说，幼儿园教师的专业地位还没有形成共识，社会公众对幼儿园教师职业的认同度和期望值还比较低，幼儿园教师的社会地位也有待提高，这些都是影响幼儿园教师专业化发展的重要因素。但是，随着《幼儿园教师专业标准（试行）》等一系列专业化标准的出台，配合《幼儿园工作规程》和《幼儿园教育指导纲要（试行）》等文件的相关要求，幼儿园教师的专业性将得到进一步的加强，幼儿园教师的专业地位也会被更多的人认可。《国家中长期教育改革和发展规划纲要（2010—2020 年）》指出要"积极发展学前教育"。这些措施有望为幼儿园教师专业化发展创造良好的社会契机和条件，规范与幼儿园教师专业化发展有关的政策、法规和相关制度。例如，完善幼儿园教师资格制度，将幼儿园教师的社会地位和经济待遇予以规范化、法制化，改革目前幼儿园的人事管理体制，实现公办、民办幼儿园教师统一待遇和管理等。通过一系列措施努力营造幼儿园教师专业化发展的积极氛围，鼓励幼儿园教师提升自身专业素质。

3. 机构因素

幼儿园教师成长的机构——幼儿园也会影响其专业化发展。

首先，幼儿园的管理会影响教师的专业化发展。如果幼儿园管理较为封闭，不鼓励教师进行在职学习，不向教师提供各种外出进修和学习的机会，教师就没有时间和机会进行专业化的提升。而且，如果管理者在管理过程中不了解教师的专业化发展情况，对教师专业化发展的优势和劣势没有进行深入分析，可能提供的专业化发展机会也不会取得良好的效果。

其次，在园所文化中，如果不倡导终身学习，不提供给教师学习的氛围，也不利于教师的专业化发展。例如，很多民办幼儿园不进行任何形式的教研活动，不鼓励教师对自己的教学活动进行反思，不营造教师专业化发展的积极氛围。在这种环境下，除非教师自身具有高成就动机，否则教师的专业化发展也将只是空话。

最后，幼儿园开展的教师专业化发展活动如果形式化、效率低下，也会限制教师的专业化发展。

四、幼儿园教师专业化发展的途径

幼儿园教师专业化发展的途径一直是近几十年来幼儿园教师专业化发展研究的焦点，研究者也提出了很多有效的途径。这些途径主要从三个大的维度出发，讨论了幼儿园教师的专业化发展。

1. 从社会层面促进幼儿园教师专业化发展

要走出幼儿园教师专业化发展的困境，需要各方面的协同努力。最为关键的是，政府要重视幼儿教育，把幼儿教育作为政府的责任，真正纳入当地社会发展的整体规划之中，建立制度化的终身专业化发展体系。同时，还应加强学前教育方面的立法工作，完善幼儿园教师资格考试制度和后续的配套改革，将幼儿园教师真正纳入国家的教师序列，在工资待遇、职称评定、岗位编制等一些问题上，给予幼儿园教师和中小学教师相同的待遇。这样才能提升幼儿园教师的社会地位，创设幼儿园教师专业化发展的良好外部环境。

2. 从教师自身层面促进幼儿园教师专业化发展

幼儿园教师自身的成就动机是影响其专业化发展的核心因素，因此，幼儿园教师的专业化发展说到底还是需要幼儿园教师自身有意识，付出努力。要实现专业化发展，幼儿园教师首先要有明确的专业化发展的自我意识，进行清楚明确的自我规划，并在实施过程中不断反思，不断调整。

（1）幼儿园教师应具有专业化发展的自我意识

教师专业化发展的自我意识是指教师对于自身职业生涯中专业现状的总体认识、评价、规划和期望。幼儿园教师的成长首先来源于对自我的认同，即对自己的职业有一个客观、全面的认识。在这个基础上，以主人翁的姿态对待工作，让自己成为专业化发展的主人。虽然幼儿园教师自己可能不能改变社会大环境和幼儿园小环境，但可以主动去应对，以在职业认知和履行职业行动上形成好的心态，加强对未来成功的期待，以积极的心态面对未来。

幼儿园教师专业化发展的自我意识对其专业化发展具有明确的制约作用。在时间维度上，幼儿园教师的自我意识包括对自己过去专业化发展过程的意识、对自己现在专业化发展状态和水平的意识，以及对自己未来专业化发展规划的意识；在内容维度上，它包括幼儿园教师的专业精神、教育理念、专业知识、专业能力和专业智慧等方面的自我意识。幼儿园教师的工作是一种特殊的劳动，必须全方位、多角度地审视和调节教师的自我行为。

（2）幼儿园教师应对专业化发展进行自我规划

任何教师的专业化发展都需要经历一个从量变到质变的过程，因此需要教师进行专业化发展的自我规划，即教师本人为自己的专业化发展设计一个蓝图，为引导、监督和反思自身专业化发展提供一个参照框架。

幼儿园教师的专业化发展有阶段性，每个阶段各有独特的需求和要完成的工作。第一个阶段是求生阶段，这个阶段教师最关心的问题是“我能不能生存”。这个阶段，教师要逐渐学会负责保育和教育一群年幼而精力充沛的幼儿，还要应付家长的种种需求，这容易引起教师内心的恐慌和焦虑。第二个阶段是强化阶段，这个阶段，教师对幼儿的行为特征及能力已有初步的了解，能辨别出幼儿的特殊行为或者问题行为，能逐渐将精力集中在处理幼儿个别的困境上。第三个阶段是求新阶段，教师在这个阶段开始去探索幼儿教育的新趋势、新观念和新教学方法等，同时收集、研究新教材和教具，以调整、更新和充实自己的教学内容。第四个阶段是成熟阶段，这个阶段的教师已能肯定自己的能力及角色，并且有足够的见解去探索更高层次的问题。

在了解幼儿园教师专业化发展阶段性理论的基础上，教师可以全方位分析自身状况，正确判断自身目前所处的发展状态，确定自己的发展方向，根据发展目标，制订发展计划。幼儿园教师专业化发展阶段性理论要求幼儿园教师在制定专业化发展规划时应做到：首先，分析自我，全面认识自己的能力、兴趣、优势和缺陷；其次，分析环境，把握专业化发展的大方向，使自己的发展与学校、社会和学生的需求结合起来；再次，确立目标，形成专业化发展愿景，列出优先发展领域、短期目标与长远规划等；最后，拟定专业化发展路径，精心设计行动方案。

（3）反思是幼儿园教师专业化发展的有效方法

反思是幼儿园教师不断获得专业化发展的必经之路。反思是思考的一种方式，是在头脑中对大量丰富、具体、生动的感性材料加以梳理，并运用总结、判断、推理等思维形式进行去粗取精、去伪存真、由此及彼、由表及里的思维方法。专业知识是建立在专业经验的基础上的，但是如果不能对自身经验进行积极的体验和反思，经验对专业知识的增长就不会有多大贡献。

积极的体验和反思可以让幼儿园教师从经验中学到一些情境化、个人化的实践性知识，领悟教育的意义并提出新的教育方法。在幼儿教育工作中，教师每天都实践着具体、丰富、生动的教育活动，有很多感受和经验。只要做个有心人，就能善于捕捉教育问题的切入点并进行反思，就可以在实践、反思、调整、再实践的过程中不断促进自身行为的转变，获得专业化发展。

在具体实践过程中，教师可以通过反躬自问进行反思。反思是从问题开始的，面对教育实践中出现的问题或麻烦，教师可以通过反思这些问题，发现症结，力求找到解决问题的方法。例如，班里的幼儿常常做出违背常规的行为，教师就该反思：为什么会这样？是自己对规则的表述不清楚，还是所制定的规则不适合本班的幼儿？这些规则是否以幼儿为中心？通过这样的反思，教师就能很快找到问题所在，解决问题。

教师也可以通过交流合作进行反思。一个人的反思是有局限性的，教师想要拓展思路，还必须多和他人进行沟通和交流，或者多读书，获取各种信息，丰富自己的思路，同时要善于学习专家、同行的经验，学会反思别人的成果，并结合自身实际进行运用。

教师还可以通过总结进行反思。对于在教学活动中发现的问题、发生的事件和自己的感受等，教师要及时记录下来，抓住瞬间的思想火花，在记录中梳理清楚问题的头绪，在思考中提高自己的理性思维能力。

3. 从幼儿园层面促进幼儿园教师专业化发展

教师专业化水平的高低和专业化发展的快慢，往往取决于其发展空间和平台。创建适合教师专业化发展的环境和氛围，是促进教师专业化发展的重要手段。

（1）加强理论学习，拓宽教师视野

目前我国大多数幼儿园教师文化基础相对薄弱，理论根基不深。在这样的情况下，幼儿园应该通过各种活动加强教师的理论学习，扩大教师的视野，为教师的专业化发展打下坚实的基础。例如，幼儿园可以向教师推荐一些有关教育教学理论前沿的书籍，给教师提供学习和阅读的时间，让教师围绕日常教育教学中的问题组织相应的教研活动，聘请专家开展教育教学理论专题讲座，以及利用校园网为教师提供各种信息等。

（2）通过业务研讨和交流促进教师专业化发展

业务研讨和交流是教师专业化发展的重要途径，也是教师发挥主观能动性的平台。研讨交流应以教育教学过程中的问题为主，让广大教师把自己在教学实践中遇到的问题和困惑提出来，再发挥集体的力量一起想办法解决。要利用教研组活动，组织教师讨论，让教师各自对问题发表见解，提出解决方案和策略。对于还存在困惑的问题，可以根据大家的提议在实践中尝试解决，之后再分析效果。要让每个教师在平等、主动、合作的学习环境中开展多方位的互动，从不同的角度和立场与他人交流沟通，重组认识。通过这样的循环往复，推进教师的专业化发展。

（3）组织以教师为中心的培训

教师是专业化发展的主体，每个教师的专业化发展可能处在不同阶段，各自的需求是不一样的。幼儿园应该充分让教师自己思考，制订适合自己、可行的成长计划和学习方案，系统地思考自己应该学习什么、如何学习、何时开始学习，并选择适合自己的学

习方式。幼儿园应根据教师的成长计划或学习方案，结合幼儿园自身的实际情况进行培训安排，提供相应的学习条件、学习活动和机会供教师进行选择，协助教师成长。

（4）引入竞争激励机制，激发教师自我成长的动力

幼儿园要引入竞争机制，引导教师树立危机意识，明确专业化发展与个人发展之间的关系，让教师树立“为自己未来投资”的理念，变“要我学”为“我要学”，同时建立相应的激励机制。例如，有的幼儿园通过设立“思考创意奖”“特色教学奖”“学历提高奖”和“优秀论文奖”等，奖励在专业化发展上有突出表现的教师，促进教师专业化发展。幼儿园还可以鼓励教师积极参加园内外的各种比赛活动，给予参赛教师时间和物质上的便利，通过各种比赛提升教师的专业化水平。这些具有激励性的措施也能在一定程度上促进教师的专业化发展。

1. 一名合格的幼儿园教师需要具备哪些道德品质与心理素质？

2. 结合一个具体的案例，谈谈如何在教育活动中综合运用教师的观察能力和沟通能力。

3. 有人说，幼儿园教师会唱歌、会跳舞就行。请结合幼儿园教师职业素养的内涵，谈谈你的看法。

4. 当前，社会对教师提出越来越多的角色要求。《幼儿园教育指导纲要（试行）》中指出，幼儿园“教师应成为幼儿学习活动的支持者、合作者、引导者”。请联系幼儿园教育实践解释这一观点。

第五章
幼儿园课程与教学活动

学习目标

- 了解幼儿园课程的定义、结构与几种著名的课程模式。
- 结合幼儿教育实践，掌握幼儿园课程的特点。
- 能应用幼儿园课程编制理论，设计适宜幼儿发展的幼儿园课程。
- 掌握幼儿园教学活动的设计与组织指导方法，并能够设计和组织指导幼儿园各类教学活动。

第一节　幼儿园课程概述

一、幼儿园课程的定义

目前，人们对幼儿园课程并没有一个统一的定义。归纳起来，学者们倾向于从以下三个方面对幼儿园课程进行定义：

一是学科倾向的定义，即以学科来组织课程的内容，如音乐、美术、语言、常识、体育、计算等，这在我国20世纪50年代至80年代的幼儿园教育中是比较普遍的。二是活动倾向的定义，认为幼儿园课程是为幼儿安排的有组织、有计划的各种活动的总和。例如，张宗麟认为，幼儿园课程即“幼稚生在幼稚园一切之活动”。当代幼儿教育学者冯晓霞等人都秉持这一观点。三是经验倾向的定义，强调幼儿园课程是为促进幼儿身心和谐发展所提供的有益的经验。例如，陈鹤琴先生、张雪门先生都认同经验论。张雪门提出，幼儿园课程就是给三足岁到六足岁的孩子所能够做而且喜欢做的经验的预备。虽然陈鹤琴先生并未正式定义幼儿园课程，但究其教育理念内涵，他也认同幼儿园课程的经验说。

目前我国幼儿园课程的主导性定义是活动论，即认为，幼儿园课程是实现幼儿园教育目的的手段，是帮助幼儿获得有益的学习经验，促进其身心全面和谐发展的各种活动的总和。不同时期人们对幼儿园课程定义理解的变化反映了人们对幼儿园课程本质认识的变化：幼儿园课程重心由“学科”向“经验”转变，实质上是课程由重物到重人的转变；幼儿园课程形态由静态走向动态；幼儿园课程的目的更关注幼儿身心的全面和谐发展。所有的变化都说明，幼儿园课程的涵盖性在不断增强，幼儿园一切有教育性的活动都是课程。

二、幼儿园课程的特点

幼儿园课程是专门为 3 ~ 6 岁幼儿设计与开发的课程，其特点是由幼儿身心发展的规律、特点及幼儿教育的性质所决定的。明确幼儿园课程的特点，有助于把握幼儿园课程的大方向。

1. 幼儿园课程的基础性与启蒙性

课程是学校教育的核心和载体。幼儿园教育在整个教育体系中的位置，决定了幼儿园课程在整个课程体系中的位置。幼儿园课程是整个基础教育乃至学校教育课程体系的基石。幼儿园课程的基础性可以从教育体制和人的发展这两个角度来认识。

从教育体制的角度来看，幼儿园教育是学制教育的最初环节。《幼儿园教育指导纲要（试行）》指出：“幼儿园教育是基础教育的重要组成部分，是我国学校教育和终身教育的奠基阶段。城乡各类幼儿园都应从实际出发，因地制宜地实施素质教育，为幼儿一生的发展打好基础。”这就非常明确地说明了幼儿园教育和幼儿园课程的基础性。

从人的发展角度来看，幼儿园课程的对象是 3 ~ 6 岁的幼儿。幼儿正处于人生发展的起始阶段，在这个时期，他们的身体迅速发育，心智逐渐开化，个性开始萌芽。他们的自然生命正在接受人类社会文化的熏陶，进行着社会化的过程。他们在这一阶段所获得的学习经验不仅影响幼儿当时的发展，更会影响幼儿今后乃至一生的发展。因此，为幼儿提供学习经验的幼儿园课程，其基础性不言而喻。

幼儿园课程的基础性，尤其是它在人一生发展中的奠基地位，与幼儿园课程的启蒙性息息相关。幼儿园课程的对象是 3 ~ 6 岁的幼儿，处于这个年龄阶段的幼儿，身体发育迅速，好奇好问，表现出强烈的求知欲望，这些都为他们探索周围奇妙的世界提供了基本的条件。但是对于这个神秘而复杂的世界，幼儿毕竟是懵懵懂懂，一个引导者是不可或缺的。幼儿园教育应该成为这样的引导者，幼儿园课程也就自然担负起启蒙的任务——开启幼儿的智慧与心灵，塑造他们优良的个性品质。

2. 幼儿园课程的生活化与游戏化

幼儿的年龄特点和身心发展需要决定了幼儿园教育目标和内容的广泛性，也决定了“保教合一”的教育教学原则。对于幼儿来讲，除了认识周围世界、启迪其心智的学习内容以外，其他如卫生习惯、生活自理能力、交往能力等，都需要学习。但是这样内容广泛的学习不可能仅仅依靠教师设计、组织的教育活动来完成，也不可能通过口耳相传的方式来实现，幼儿只能在生活中学习生活，在交往中学习交往。即使是认知方面的学习，也要紧密结合幼儿的生活经验，才能被幼儿理解和接受。因此，幼儿园课程具有浓厚的生活化特征，课程内容来自幼儿的生活，课程实施贯穿于幼儿的每日生活。

游戏符合幼儿的年龄特征，能够满足幼儿的各种身心需要，是幼儿园的基本活动，也是幼儿教育的基本原则之一。从本质上来看，游戏是幼儿自身的一种自由自发的主体性活动，对幼儿的发展有着多方面的价值。游戏是幼儿的基本活动形式和基本学习方式。所以，游戏在幼儿园课程当中处于非常重要的位置。

3. 幼儿园课程的活动性与直接经验性

幼儿主要通过各种感官来认识世界。只有在获得丰富的感性经验的基础上，幼儿才能理解事物，才能对事物形成相对比较抽象的认识。幼儿的这种具有行动性和形象性的认知方式和认知特点，使得幼儿园课程必须以幼儿主动参与的教育性活动为其基本的存在形式和构成成分。对幼儿来讲，只有在活动中的学习才是有意义的学习，只有在直接经验基础上的学习才是理解性的学习。

4. 幼儿园课程的全面性与整体性

幼儿园课程是实现幼儿教育目的的手段，是实现幼儿全面发展的中介，因此，幼儿园课程必须以实现幼儿在身体、认知、情感、社会性等方面和谐发展为目标，要具有全面性。幼儿身心发展的水平和学习特点决定了幼儿园课程应该是高度整合的课程，不应追求将现实生活割裂的或与现实生活不一致的知识系统，而应使多个学科、多个发展领域之间相互联系、相互促进，从而构成一个有机发展的整体，更好地促进幼儿的发展。幼儿园课程分为健康、语言、社会、科学、艺术五大领域，各领域的内容要有机联系、相互渗透，从不同角度促进幼儿的全面发展。

5. 幼儿园课程的潜在性

从本质上讲，幼儿园教育是有目的、有计划的教育过程，幼儿园课程也有明确的课程目标和基本的学习领域。但是，幼儿身心发展和学习的特点使得幼儿园课程不是体现在课程表、教材、课堂中，而是体现在生活、游戏和其他幼儿喜闻乐见的活动中。虽然怎样创设环境、怎样支持幼儿的探索学习都是教师根据幼儿园课程的目的、内容、要求精心设计的，但这些目的、内容和要求仅仅存在于教师的意识和行动中，幼儿并不能清楚地认识到。幼儿感受到的主要是环境、活动、材料和教师的行为，而不是教育者的教育目的和期望。也就是说，幼儿园课程蕴含在环境、材料、活动和教师的行为中，潜移默化地对幼儿起作用。

三、幼儿园课程的结构

结构即事物或客体内部各要素、各成分合乎规律的组织形式。课程的结构是指课程的存在和表现形式。课程的本质决定着课程的结构，反过来，透过课程的结构，又可以加深对课程本质的理解。幼儿园课程有课程概念的一般形态与结构，也遵循课程的一般分类标准。但在形式上，幼儿园课程的结构分类方式和课程类型又有其独有的幼儿教育特殊性。

不同的分类角度会产生不同的课程结构。例如，按教育目标不同，幼儿园课程可分为体育课程、智育课程、德育课程、美育课程等；按教育内容的性质和组织方式不同，幼儿园课程可分为分科课程（如数学、音乐、美术等）、广域课程（指能够涵盖整个领域的课程整体，如健康、语言、社会、科学、艺术）、综合课程、活动课程等；按课程表现形式不同，幼儿园课程可分为显性课程与隐性课程等。此外，还可以根据学习经验的性质或课程决策的层次等进行分类。

总体来看，幼儿园课程以活动课程为主要形式，同时隐性课程的特点非常突出。“通过环境教育幼儿”“保育与教育相结合”“寓教育于一日生活当中”“以游戏为基本活动”，以及“在生活中，在游戏中，在幼儿的自主活动中指导幼儿的学习”等提法都反映了幼儿园课程的这些特点。

活动课程是以实际问题解决为组织形式，以幼儿自主学习和直接体验为基本学习方式，以个性养成为基本目标的一种课程类型。活动课程以幼儿的学习与个性发展为教育过程的重心，强调实践是知识和智慧的真正源泉，注重活动过程自身的教育价值，强调幼儿的直接经验和体验，注重教育与现实生活的联系，注重知识的整合与能力的迁移。幼儿以自主操作和活动为主要的学习方式，通过动作和活动过程获得直接经验和相关知识，活动课程符合幼儿的学习特点。

对于中小学来说，潜在课程或隐性课程也是存在的，但是毕竟显性课程的力量要大得多，课程表、教材、作业无一不表明直接教学、显性控制是中小学实施教育的主渠道。所以，中小学课程是以外显性为特征的。虽然幼儿园环境的创设、诱发的活动是教师根据幼儿园课程的目的、内容、要求精心设计的，但它们仅仅存在于教师的意识和行动中，幼儿感受到的更多是环境、材料、活动及教师的行为。从幼儿的角度来看，幼儿园更像是一个大家共同生活、游戏、交往的地方，而不是“学校”。因此，幼儿园课程潜移默化地发挥着促进幼儿健康成长的作用，教育者控制课程的主要方式是间接的。

国外著名的幼儿园课程方案是按其创立者或所依据的儿童发展理论创始人的名字来命名的，如“蒙台梭利教育方案”或“皮亚杰早期教育方案”等，也有一些幼儿园课程是根据某种价值追求或教育内容、教育方法上的某种特色来确定名称的，如“生存课程”“游戏课程”和“素质教育课程”等。这些不同名称的幼儿园课程从教育理念到实施方法都各有特色，但就其课程结构和形态而言，似乎并没有严格按照课程分类标准进行设置，而是在一个课程体系中所采用的课程类型、不同类型课程之间的比例关系，以及具体的组织方式和策略上各有不同。

第二节　幼儿园课程的编制

目前比较有影响力的幼儿园课程编制模式主要有目标模式和过程模式。按照泰勒的理论，课程目标、课程内容、课程组织、课程评价是幼儿园课程的四大要素，课程编制的目标模式就是将这些要素组织起来，转化为相对具体的静态的课程计划或动态的教育活动。

一、幼儿园课程的目标

1. 幼儿园课程目标的来源

确定课程目标是课程开发的出发点，幼儿园课程目标是幼儿教育工作者对幼儿在一定学习期限内学习效果的预期，是幼儿园教育目的的具体化。一般认为，幼儿发展、社会生活和人类知识是制定幼儿园课程目标的依据，也是幼儿园课程目标的“来源”。因此，要科学地制定幼儿园课程目标，就必须研究幼儿、社会和人类知识，从三个方面的研究信息中寻求支持。通过对这三个来源进行分析，获得大量有关课程目标的资料，然后进行哲学和心理学层面的筛选。

2. 幼儿园课程目标的层次

幼儿园课程目标的层次也可称为纵向结构，一般从上到下可分为以下四个层次：

（1）幼儿园课程的总目标与课程领域目标

在我国，《幼儿园教育指导纲要（试行）》中的教育目标相当于幼儿园课程的总目标。这一层次的目标一般比较宏观，表述得相对比较抽象、概括。《3–6 岁儿童学习与发展指南》中有关于幼儿园各领域课程目标的详细描述和说明。

（2）年龄阶段目标

这一层次的目标是小、中、大三个年龄班的一年性目标，即中期、中观的目标。这三个一年性的目标之间衔接性要强，分阶段地保证着目标的实现。例如，《3–6 岁儿童学习与发展指南》中规定的艺术领域各年龄阶段目标如下：

《3–6 岁儿童学习与发展指南》中艺术领域各年龄阶段目标

1. 感受与欣赏

目标 1　喜欢自然界与生活中美的事物

3 ~ 4 岁	4 ~ 5 岁	5 ~ 6 岁
（1）喜欢观看花草树木、日月星空等大自然中美的事物 （2）容易被自然界中的鸟鸣、风声、雨声等好听的声音所吸引	（1）在欣赏自然界和生活环境中美的事物时，关注其色彩、形态等特征 （2）喜欢倾听各种好听的声音，感知声音的高低、长短、强弱等变化	（1）乐于收集美的物品或向别人介绍所发现的美的事物 （2）乐于模仿自然界和生活环境中有特点的声音，并产生相应的联想

目标 2　喜欢欣赏多种多样的艺术形式和作品

3～4岁	4～5岁	5～6岁
（1）喜欢听音乐或观看舞蹈、戏剧等表演 （2）乐于观看绘画、泥塑或其他艺术形式的作品	（1）能够专心地观看自己喜欢的文艺演出或艺术品，有模仿和参与的愿望 （2）欣赏艺术作品时会产生相应的联想和情绪反应	（1）艺术欣赏时常常用表情、动作、语言等方式表达自己的理解 （2）愿意和别人分享、交流自己喜爱的艺术作品和美感体验

2. 表现与创造

目标 1　喜欢进行艺术活动并大胆表现

3～4岁	4～5岁	5～6岁
（1）经常自哼自唱或模仿有趣的动作、表情和声调 （2）经常涂涂画画、粘粘贴贴并乐在其中	（1）经常唱唱跳跳，愿意参加歌唱、律动、舞蹈、表演等活动 （2）经常用绘画、捏泥、手工制作等多种方式表现自己的所见所想	（1）积极参与艺术活动，有自己比较喜欢的活动形式 （2）能用多种工具、材料或不同的表现手法表达自己的感受和想象 （3）艺术活动中能与他人相互配合，也能独立表现

目标 2　具有初步的艺术表现与创造能力

3～4岁	4～5岁	5～6岁
（1）能模仿学唱短小歌曲 （2）能跟随熟悉的音乐做身体动作 （3）能用声音、动作、姿态模拟自然界的事物和生活情景 （4）能用简单的线条和色彩大体画出自己想画的人或事物	（1）能用自然的、音量适中的声音基本准确地唱歌 （2）能通过即兴哼唱、即兴表演或给熟悉的歌曲编词来表达自己的心情 （3）能用拍手、踏脚等身体动作或可敲击的物品敲打节拍和基本节奏 （4）能运用绘画、手工制作等表现自己观察到或想象的事物	（1）能用基本准确的节奏和音调唱歌 （2）能用律动或简单的舞蹈动作表现自己的情绪或自然界的情景 （3）能自编自演故事，并为表演选择和搭配简单的服饰、道具或布景 （4）能用自己制作的美术作品布置环境、美化生活

（3）单元目标

单元目标是年龄阶段目标的再分解。这个单元既可以是主题活动的单元，也可以是时间单元。当它作为时间单元时，这层目标也就相当于月计划或周计划中的目标。例如，以“三只小猪盖房子”主题活动为单元的课程目标设定参见案例 5-1。

三只小猪盖房子（大班主题活动）

语言目标：熟悉故事，了解《三只小猪盖房子》的故事内容，理解“得意、金灿灿、嘲笑、小心翼翼、龇牙咧嘴、兴高采烈”等词汇的含义，学习有表情地讲述和表演故事。

科学目标：了解稻草的来源，以及水稻变成米的生长和生产过程，丰富生活经验；认识不同材料房子的结构和特点，产生探索的兴趣。

数学目标：掌握 10 以内数的分解与组合；根据形状或颜色找出规律，学会排序和比较；计算 10 以内数的应用题。

社会目标：理解勤快与懒惰的含义，热爱劳动，乐于做勤快人。

健康目标：发展基本动作能力，遵守游戏规则，体验游戏及团队合作带来的快乐。

艺术目标：学会唱小猪系列歌曲，用动作表现小猪形象；用不同的手工材料制作小猪和房子。

本次主题活动的教学活动计划见下表。

大班主题活动“三只小猪盖房子”教学活动计划

周次	集体活动	区域活动
第一周	（1）故事讲述：三只小猪盖房子 （2）我喜爱的猪宝宝 （3）快乐小猪 （4）协同讲述：三只小猪盖房子 （5）小猪吃得饱饱的	（1）角色游戏区：三只小猪的家 （2）美工区：画小猪 （3）语言区：绘本阅读及讲述
第二周	（6）小猪变变变 （7）三只小猪的歌 （8）勤劳与懒惰 （9）寻找小猪的家 （10）我们一起表演吧	（4）美工区：制作三只小猪的家 （5）美工区：小猪沙画 （6）美工区：小猪印章画 （7）表演游戏区：三只小猪盖房子
第三周	（11）稻草从哪里来？ （12）有用的稻草 （13）水稻变大米 （14）各种各样的米 （15）律动活动	（8）科学区：稻草从哪里来？ （9）数学区：量米 （10）科学区：米中取物 （11）美工区：稻草画 （12）美工区：制作米制品 （13）表演游戏区：T 台秀

续表

周次	集体活动	区域活动
第四周	（16）各地的房子 （17）我给小猪造房子 （18）房子变变变 （19）比赛造房子	（14）数学区：房子匹配 （15）美工区：造房子 （16）语言区：世界各地的房子

（4）教育活动目标

教育活动目标即某一教育活动所期望达成的效果。它比较具体、微观，涉及的范围比较小，比单元目标更为具体和详细。例如，某幼儿园大班老师组织的一次语言活动“金鸡冠的公鸡”的目标参见案例 5–2。

金鸡冠的公鸡

活动目标：

1. 喜欢听故事，了解故事中各角色的性格特点。例如，公鸡贪吃、爱听奉承话，狐狸狡猾，猫和画眉鸟机智、勇敢。

2. 学说故事中各角色的主要对话，丰富词汇，如黑黝黝、急腾腾、热烘烘等。

3. 能积极动脑筋讲述故事情节，喜欢表演。

一般来说，课程研究人员负责制定的是第一、第二层次课程目标，而幼儿园教师参与制定的目标主要是第三、第四层次课程目标，有时也要参加第二层次课程目标的制定工作。

3. 幼儿园课程目标的结构

课程目标的层次是从纵向的角度来探讨课程目标体系的构成问题，课程目标的结构则是从横向的角度对该问题进行研究。布卢姆等人的《教育目标分类学》以人的身心发展的整体结构为框架，将教育目标分为认知、情感、动作技能三大类。这一理论被人们广泛接受和采用。

（1）认知领域的教育目标

认知领域的教育目标包括知识的掌握和认知能力的形成、发展等。

（2）情感领域的教育目标

情感领域的教育目标包括兴趣、态度、习惯、价值观念的形成和发展，以及社会适应能力的发展等。

（3）动作技能领域的教育目标

动作技能领域的教育目标包括感知动作、运动协调、动作技能的发展等方面的目标。

上述每一领域又按其性质由简到繁、由易到难、由具体到抽象、由低级到高级分为若干层次。布卢姆等人提出的教育目标分类标准，体现了对人的发展价值的重视。对于幼儿园课程来说，强调这一点尤为重要，因为受教育者的年龄越小，教育的着眼点越应放在促进其身心的一般性发展，教育目标也越应体现出这一点。

由于幼儿的特殊性，建构幼儿园课程目标时，既要考虑幼儿的心理发展结构，又要考虑幼儿园课程的内容和结构，还要考虑幼儿的心理发展水平。只有全面兼顾，才能制定出适宜的幼儿园课程目标。

二、幼儿园课程的内容

课程目标确定后，就要选择相应的学习内容以达到所定目标。课程编制的目标模式提出了五条原则：第一，为了达到某一目标，学生必须具有使他有机会实践这一目标所隐含的那种行为的经验；第二，学习经验必须使学生由于实践目标所隐含的那种行为而获得满足感；第三，学习经验所期望的反应在学生力所能及的范围之内；第四，有许多特定的经验可以用来达到同样的教育目标；第五，同样的学习经验往往会产生几种结果。

1. 幼儿园课程内容的范围

幼儿园课程内容是根据幼儿园课程目标和相应的学习经验选择的，蕴含或设置在幼儿的各种活动中的基本知识、基本行为和基本态度。相应地，幼儿园课程内容的范围应该由这三个方面的基本学习内容构成。

（1）有助于幼儿发展基本知识的内容

知识是智慧和文化的结晶，具有多种价值。它不仅能帮助幼儿认识自己生活的环境，还会通过这种认识影响他们的行动。在对待基本知识时，一方面，如果过于强调知识的作用，一味对幼儿进行知识的灌输，会给他们带来巨大的学习压力，使幼儿对学习产生无能感，甚至丧失自信心；另一方面，也不能忽视必要的知识学习。因此，在选择课程内容时需要克服两种极端的倾向，将幼儿必须掌握或具有发展价值的基础知识纳入幼儿园课程。例如，选择课程内容时不能完全从幼儿的兴趣出发，既要考虑哪些知识是幼儿必须掌握的，也要考虑如何帮助幼儿整理、扩充、提升其自然、零散的日常经验，使之概括化、系统化。

（2）有助于幼儿掌握基本行为方式的内容

幼儿的基本行为活动从大类上看，包含生活、交往和学习等，具体又可分为自我服务、身体锻炼、游戏、观察、探索、交流和表达等。各种活动都包含着一些基本的方式方法和技能技巧。幼儿需要了解和掌握的基本活动方式往往存在于他们经常进行的活动中。例如，交往的方式既存在于幼儿和父母、教师、同伴、社区服务人员甚至陌生人的日常交往中，也存在于游戏及其他活动中。

学前阶段的幼儿求知欲强，学东西快，游戏是幼儿学习知识最为有效的方式和手段。幼儿期是重要的游戏期，游戏不仅带给幼儿快乐，而且能够帮助幼儿按照自己的方式去学习和发现感兴趣的事物和问题。

（3）有助于幼儿发展基本情感态度的内容

情感态度是伴随着活动过程而产生的体验，类似的体验积累得多了，就形成了比较稳定的倾向性。因此，情感态度不是“教”出来的，它的形成是潜移默化的结果，更多地属于隐性课程。

但这并不等于说课程无法对幼儿的情感态度倾向施加影响。心理学的有关研究表明，态度一般可以通过以下三种途径形成：

1）环境的同化作用。周围人对某事的评价会不知不觉影响幼儿，使他也持有同样的观点。

2）经验的情绪效应。幼儿对使自己体验到愉快、满意的事物会形成积极的态度，如喜爱；对使自己感到痛苦的事物则形成相反的态度，如厌恶。

3）理智分析。当幼儿认识到并真正理解了某种事物或特定行为的实际含义时，会根据这种认识对它们形成“好”或“恶”的态度。

只要依靠研究所揭示的有关规律，选择适当的内容，提供关键性的学习经验，幼儿的情感态度同样可以按照预想培养出来。

2. 幼儿园课程内容的选择原则

要从上述范围中选择合适的、适合幼儿发展的内容，就要以一定的原则或标准作为依据。

（1）目的性原则

课程内容是实现课程目标的手段，目标为内容的选择提供了一个基本的标准。依据这一标准选择内容时需要注意以下两点：

1）选择时应有目标意识。教师有时是先设定课程目标再选择内容，思考这一目标的达成可以选择哪些内容；有时却是先找到内容再设定目标。这就要求教师思考选择这一内容指向哪一个或哪几个目标，针对这一内容可能包含的教育价值进行分析，设定一个幼儿发展的目标。

2）了解幼儿的“关键经验”。课程内容包含的关键经验可以指向幼儿园课程的目标，也可扩展出幼儿学习经验的网络。学习经验是幼儿在与学习环境的相互作用中获得的，教师可以提供合适的活动，为幼儿创造获得这些学习经验的有利条件。因此，教师要根据目标选择学习经验，构建能使幼儿获得这些经验的课程情境和课程活动，在构建课程过程中再回归到幼儿发展的目标。

（2）基础性原则

幼儿园教育的基本任务是帮助幼儿学习人生发展最基本的问题，获得有益身心发展的经验，学习知识，学习生活，学习做人。因此，教师所选择的课程内容应该是幼儿所必须具备的最基础的知识和最基本的技能，同时也要为幼儿未来一生的可持续发展奠定基础。事实上，基础性是幼儿教育最重要、最基本的特征。

（3）适宜发展性原则

幼儿园课程内容既要基于幼儿现有的发展水平，又要能够促进其进一步发展，即适宜的课程内容是在幼儿的“最近发展区”内。应该让幼儿能够在成人的协助下达到更高的水平，而不是怎么也完不成。幼儿园课程内容难度不能过大，不能超出幼儿所能接受和理解的程度。同时，幼儿园课程的内容又不能过多。内容过多，会剥夺幼儿应有的自由游戏和自主活动的时间，不符合适宜幼儿发展的要求，使得幼儿负担过重，学习焦虑值过高，从而伤害幼儿的自信心。总之，教师应努力使课程内容保持适当的容量和难度。

（4）趣味性原则

兴趣是一种幼儿学习的动机系统，幼儿园课程内容的选择必须考虑幼儿的兴趣，而幼儿的兴趣又离不开幼儿的日常生活。趣味性原则要求教师选择的内容是幼儿感兴趣的，幼儿在探索过程中是愉悦的，课程的内容需要具有直观性、情境性和活动性，这样幼儿能够乐意去感知、操作和体验，将学习内容内化为自己的经验。

这一原则也要求幼儿园课程的内容与社会生活相联系。只有来源于幼儿实际生活的内容，才有利于激发幼儿的积极性，提高幼儿解决问题的能力，拓展幼儿的视野，增强幼儿的社会责任感。课程内容可以基于幼儿的经验与生活，既可以由教师预设，又可以由师生共同引发或由幼儿自发生成。生活是幼儿园课程的重要资源，是幼儿园课程取得成效的保证，也是幼儿园课程的立足点。

（5）逻辑性原则

幼儿园课程的内容有一定的学科性，需要注意课程的结构，同时也需要与小学课程内容衔接。幼儿的生活经验多是零散的、无系统的，幼儿园课程的内容要帮助幼儿提升和整合这些经验，所以也要关注某些学科的结构。但过于关注学科结构的课程，容易远离幼儿的生活，所以选择幼儿园课程内容首先要注意幼儿发展的逻辑和幼儿生活的逻辑，然后再注意学科的逻辑。

同时，幼儿园的课程内容需要与小学内容衔接，这一逻辑性原则需要教师反思幼儿园课程小学化的问题。幼儿园提前教授小学课程内容，将使小学面临一批基础参差不齐的学生，增加教学的难度。同时，“提前教”导致“重复学”，使得一些幼儿反而丧失了学习的新鲜感和兴趣，以及认真学习的态度。

三、幼儿园课程的组织

课程组织是一项极具整体性的工作，涉及的因素很多，其中有一些比较重要的因素。

1. 幼儿园课程内容的组织

（1）幼儿园课程内容的组织方法

1）论理组织法。论理组织法是根据知识的内在逻辑联系而组织课程内容的一种方法。例如，20 世纪 80 年代幼儿园使用较多的“六科”教学，就是按照这种方法组织课程内容。该方法的优点是注重知识本身的系统性和逻辑性，计划性比较强，一般有统一的教材和教学要求，教师较容易把握，也有利于完成预定的教学任务。该方法的缺点是容易忽视学生的学习兴趣和需要，难以照顾到学习者的已有经验和学习能力方面的个体差异，很容易形成一种教师中心、教材中心、课堂中心的课程模式。

2）心理组织法。心理组织法是根据幼儿的经验、能力、兴趣、需要来组织编排课程内容的方法。该方法的优点是较适合幼儿的身心发展规律和个别差异，容易调动学习者的积极性、主动性和理解力，教学内容具有较大的灵活性和变通性，容易及时增补有价值的内容。该方法的缺点是较难形成系统的经验，加之幼儿真正的兴趣难以预先确定，因此，教师把握起来有较大的难度。心理组织法关注的焦点是幼儿，是一种以幼儿（学习者）为本位的课程模式。

（2）幼儿园课程内容的组织形式

1）以学科为中心的学科课程形式。这种形式考虑问题的出发点是知识本身的逻辑性和系统性，采用的是论理组织法。虽然在知识分类的标准（强调分类的严格程度）上也有很大的差别，但着重于知识本身仍是它们的共同点。按知识分类的程度不同，它具体可分为分科形式、广域形式和综合形式。

2）以社会问题为中心的核心课程形式。这种形式围绕着有关的“社会问题”来组织内容。对幼儿来说，所谓社会问题就是他们生活中的各种问题，包括认识、情感、交往等方面的问题。

3）以幼儿为中心的活动课程形式。以幼儿为中心的课程是根据心理组织法设计的一种课程类型，活动课程是这种组织形式的典型代表。它围绕幼儿的兴趣或需要来组织学习经验，注重“做中学”，没有统一的内容，也没有统一的教学进度。幼儿可以根据自己的兴趣、需要和能力自由选择活动任务，自主地进行学习。教师的角色是支持者、合作者和引导者。活动课程为幼儿提供了更多自主活动的机会，有利于幼儿思维能力和动手操作能力的提高，也有利于幼儿个性的发展。但是幼儿获得的学习经验或知识基本上是零散的，缺乏衔接性和顺序，难以形成较系统的知识网络。因此，如何使幼儿的经验概括化，并在此基础上实现心理结构的复杂化，是这类课程进一步完善的关键。

2. 幼儿园教育活动的组织

（1）幼儿园教育活动的类型

1）教学活动。教学活动即教师专门组织的教育活动，这是狭义的教育活动。它是指教师按照明确的课程目标和课程内容，有计划、有组织、循序渐进地引导幼儿获得有益学习经验的一种教育途径。无论课程内容是以分科形式、广域形式、单元主题形式还是其他形式组织的，都称为教学活动。相对而言，教学活动具有目标明确、内容精当、计划性强、教师的组织指导作用明显等特点。这类活动的主要作用在于帮助幼儿获得新知识和新技能，并整理、扩展和提升幼儿的已有经验。

2）游戏活动。游戏是一种复杂的社会文化现象，常常和幼儿、娱乐联系在一起。

游戏在幼儿身心全面发展中的价值与功能不言而喻。作为幼儿园的基本活动，游戏是幼儿最感兴趣，最能发挥并发展其主体性的活动形式。重视游戏的教育功能，把它视为教育的重要途径，目的是给幼儿充分的游戏自由，让他们在享受游戏的自由和快乐时自然地获得发展。

3）生活活动。生活活动是指满足幼儿基本生活需要的活动，包括入（离）园、进餐、盥洗、如厕、午睡、起床、做操、各种值日活动，以及过渡环节的转换活动。幼儿园的教育目标和内容中有很多是通过生活活动完成的，尤其是幼儿的文明卫生习惯、生活自理能力，以及一些社会行为规范方面的目标和内容。特别是考虑到幼儿教育的养成教育性质和该类活动占幼儿在园时间的比例，应该把生活活动作为幼儿园教育的一个重要途径。

（2）幼儿园教育活动的组织形式

根据幼儿参与活动的规模不同，幼儿园教育活动的组织形式可分为集体活动形式、小组活动形式和个别活动形式。

1）集体活动（全班活动）形式。集体活动由全班幼儿共同参与，教师面向全体幼儿。集体活动在短时间内提供大量共同经验，注重教育内容的逻辑性和条理性，幼儿在活动中相互启发，发展自律和合作意识。集体活动的缺点是不能充分考虑每个幼儿的特点、兴趣和需要，幼儿的表现机会少，不利于有针对性地培养各种能力。

2）小组活动形式。小组活动由幼儿分小组进行活动，教师提供环境和材料，发挥间接指导的作用。这种活动形式中，幼儿自主探索和协作的机会更多，可以充分表现自己，有利于独立、自主、协作等精神的培养。幼儿小组合作能力的培养是小组活动有效进行的前提条件。

3）个别活动（区角活动）形式。个别活动是指幼儿独自活动，教师予以个别指导，它有利于因材施教，发挥幼儿的主体性。个别活动对师资、设备有更高的要求，对教师的教育技巧要求很高。

目前，幼儿园常用的教育活动组织形式主要就是以上三种形式。它们各具特点，适合不同的教育内容和教学需要。

四、幼儿园课程的评价

评价是课程开发中一个重要的、不容忽视的环节。课程评价是对课程的价值做出判断的过程，目的是检查课程的实际效果和预期的教育目标之间的差距。评价至少要进行两次，分别在课程方案实施前期和后期。课程编制的目标模式认为，任何方法，只要能提供有关课程目标所期望的行为变化的有效证据，就是合适的评价方法，因此，除笔试之外，还可以通过观察、谈话等方法进行评价。

1. 幼儿园课程的评价主体与客体

（1）幼儿园课程的评价主体

评价主体即评价者。管理人员、教师、幼儿和家长均是幼儿园课程的评价者。评价过程是他们共同参与、相互支持与合作的过程。特别需要指出的是，教师和幼儿既是课程评价的对象，又是课程评价的主体。

幼儿园课程评价应该充分发挥教师作为评价主体的作用，以自评为主，园长、其他教师和家长参与评价，组成一个平等互助的合作群体，一起研究、改进课程，同时相互沟通，共同提高。幼儿作为评价的主体，不是通过语言，而是通过自己的行为反应和发展变化来“发表”对课程的看法。他们的行为和变化具有重要的评价意义，教师应把它看作重要的评价信息和改进工作的重要依据。

（2）幼儿园课程的评价客体

评价客体即评价的对象。课程评价的对象包括课程方案、实施过程和课程效果。这些都是“事”，而不是“人”。以幼儿为例，在课程评价中，幼儿发展状况既是课程设计的重要依据之一，又是课程效果的主要体现者，因此，幼儿园课程评价无论如何都会涉及对幼儿的评价。但课程评价中，评价幼儿不是为了鉴别幼儿，而是为了检核课程，即为了了解课程是否适合幼儿，是否能有效地促进幼儿发展。同理，评价教师的教育行为也不是为了给教师评定等级、划分优劣，而是为了探讨教育教学的规律，改进教学。因此，课程评价本质上应该是一种“对事不对人”的评价。

2. 幼儿园课程评价的原则

（1）评价要服务于改进和发展课程

幼儿园教育实践中的课程是有生命的，要经过“设计——实施——评价——研讨——再设计”的循环往复的过程。幼儿园课程评价要服务于课程的调整和改进，不断提高教育质量，而不是仅评价教师与幼儿。课程评价的根本任务是发现课程中的问题，找出原因，提出改进的建议和措施，解决问题，完善课程。课程评价本质上应该是一种“对事不对人”的评价，因此，要着重发挥其诊断、改进课程的作用，不宜把评价仅仅作为对教师工作或幼儿发展水平的鉴定手段。如果忽略课程评价的主要目的，处理不好，就会使被评价者产生消极抵触情绪和应付行为，导致不良效果。

（2）要以教师自评为主，发挥教师的主体性

课程评价活动要尊重教师的主体地位，以教师的自评为主，充分发挥教师的主体性。评价的过程是教师运用专业知识审视教育实践，发现、分析、研究、解决问题的过程，也是其自我成长的重要途径。有些教师在每一次教育活动结束后，都自觉地对活动过程进行分析与评价，这正是其主体性的反映。幼儿园课程的评价应该实行以教师自评为主，园长、有关管理人员、其他教师和家长等参与评价的制度，因为任何“外部评价”所提出的改进措施或建议都要通过教师理解、接受和创造性地应用才能落实。

（3）评价要有利于幼儿的发展

涉及幼儿学习情况与发展水平的课程评价，在《幼儿园教育指导纲要（试行）》中有详细的阐述，其中要特别注意以下几点：

1）明确评价的目的是了解幼儿的发展需要，以便提供更加适宜的帮助和指导。

2）全面了解幼儿的发展状况，防止片面性，尤其要避免只重知识和技能，忽略情感、社会性和实际能力的倾向。

3）在日常活动与教育教学过程中采用自然的方法进行。平时观察所获得的具有典型意义的幼儿行为表现和所积累的各种作品等，是评价的重要依据。

4）承认和关注幼儿的个体差异，避免用统一的标准评价不同的幼儿，在幼儿面前慎用横向比较。

5）以发展的眼光看待幼儿，既要了解现有水平，更要关注其发展的速度、特点和倾向等。

（4）评价应该科学、有效

1）科学的评价首先要有正确的指导思想和评价标准。幼儿园课程评价的指标要与《幼儿园教育指导纲要（试行）》和《3-6岁儿童学习与发展指南》的精神和原则相一致，防止用不适宜的评价指标干扰幼儿园课程。

2）幼儿园课程评价虽然涉及幼儿发展评价，但幼儿发展评价不能代表一切，更不能代替对课程本身的评价，不要把二者等同起来。

3）幼儿园课程评价应讲求实效性，为改善和提高教育质量提供有用的信息，防止形式化。

4）评价虽然重要，但其结果的分析和运用更为重要。这需要教师、园长、教研员及有关人员的合作，才能达到改进课程和帮助幼儿有效学习的目的，否则将前功尽弃。

第三节　幼儿园课程的模式

课程模式和教育方案都是一种关于课程目标、内容与方法的理想化的结构，体现了理论与实践的融合。任何一种课程模式和教育方案的倡导者，都希望通过这种富有特色的实践，向教师和家长展示一种教育理想和信念，说明幼儿园应当做什么、怎么做，以及为什么这么做。众多课程模式和教育方案的出现，使得幼儿教育理论与实践的发展呈现出一派欣欣向荣的景象。其中，较为著名的学前教育课程模式和教育方案有以下几种：

一、蒙台梭利课程模式

该课程模式是以蒙台梭利的教育思想为基础发展起来的。20 世纪初，蒙台梭利首先把这一课程模式运用于智障幼儿，获得了极大的成功。于是她把她的课程模式扩展到所有幼儿。随着蒙台梭利著作的出版和国际蒙台梭利协会的成立，该课程模式在全球开始普及。蒙台梭利课程模式至今仍活跃在世界的教育舞台上，成为国际上著名的早期教育模式之一，同时也渗透到其他各种课程模式之中。

蒙台梭利课程模式以把幼儿培养成身心均衡发展的人为目标，通过作业的方式，让幼儿把内在的生命力表现出来，培养幼儿的注意力，在自由和主动的活动中让幼儿自我纠正，使幼儿在有准备的环境中健康发展。教育内容主要是日常生活练习、感觉教育、语言教育、数学教育和文化科学教育等。

教育的方法由三要素组成，即有准备的环境、教师和教具。蒙台梭利指出，幼儿学习过程中自由发挥的程度是由教师媒介作用的质量所决定的。她认为：教师是环境的提供者，是幼儿的示范者，是细致的观察者，同时也是幼儿发展的支持者和协助者；教师不是自上而下教授，而是协助幼儿自下而上自我发展。

蒙台梭利课程模式至今仍在世界范围内有相当的影响，因为该模式注重对幼儿的爱、信任和尊重，以及细致而耐心的观察和机智及时的指导，强调个性化的学习，尤其是蒙台梭利设计的教具使个性化教学的实施成为行之有效的手段。但是，蒙台梭利的课程模式毕竟是脱胎于智障幼儿的训练方案，再加上时代的限制，其不可避免地存在着一些局限性，带有相当程度的机械和形式化的色彩。该模式中教师的作用是比较被动和消极的，这不利于发挥教师的主导作用。此外，该模式强调孤立的感官训练，过于强调读、写、算等智力训练，忽视幼儿实际的生活经验，忽视情感陶冶和社会互动。同时，幼儿的行为常被高度结构化的活动所限制，不利于发挥幼儿的主体性和创造性。

二、高瞻课程模式

高瞻课程模式也称高宽课程模式，由美国儿童心理学家戴维·韦卡特创立的高瞻教育研究机构研制。高瞻课程模式源于韦卡特对处境不利幼儿的干预计划，其基本目的是帮助这些幼儿能在未来的学校学习中获得成功，因而它最初是一个以认知为中心的课程。经过三十多年的修正和完善，今天的高瞻课程模式是一个以幼儿的自然成长为基础，把幼儿的主动学习和强调知识建构作为课程核心思想的开放性课程框架，它强调由幼儿和成人共同解决问题和制定决策。正因为这种强调，该模式被认为是皮亚杰式课程中最重视教师作用的一种。

高瞻课程模式最主要的目的在于有效促进幼儿智力和认知能力的发展，为今后的学习奠定基础，主动学习是其整个课程模式的核心和根本。高瞻课程模式的内容是围绕着关键经验所提供的各种类型的活动。关键经验是高瞻课程设计者们根据皮亚杰论述的有关“前运算阶段”幼儿最为重要的认知特征所确定的 49 条关键经验，它是制定课程和进行评价的指导。这些关键经验包括创造性表征、语言和文字、主动的社会关系、运动、音乐、分类、排序、数字、空间和时间等几个方面，每个方面由一些具体的关键经验组成。

高瞻课程模式采用了“开放教育”的做法，实现关键经验的各种活动往往是以各个兴趣区或活动区为中介展开的。教师有意识地将关键经验物化为活动材料和活动情境，幼儿在活动区中充分地与材料、环境和他人互动，以获得学习与发展。高瞻课程模式十分注重对幼儿发展的评估，评估的目的是了解、分析幼儿当前的发展水平，并以此为依据指导下一步的教育工作。

高瞻课程模式被认为是“适宜幼儿发展的教育实践”的一个例证。这一课程模式以结构化的关键经验作为建构课程的框架，而且这些关键经验在不断改变和增加。该课程模式注重对幼儿发展的全面情境性评估，重视语言在幼儿思维活动中的作用，在强调幼儿主动学习、主动建构的同时，突出了教师的指导作用。该课程模式注重提供材料和挑战性情境来锻炼幼儿的思维能力，注重环境的教育作用。该课程模式的每一部分既有指导性原则，又有具体应对的策略，并列举了大量的实例。正因为如此，它具有较强的可操作性。

三、凯米－德芙里斯课程模式

凯米－德芙里斯课程模式的最大特色，是运用皮亚杰的思想，对各种传统的幼儿教育活动进行重新考察与审视。这既使皮亚杰的理论获得了具体、生动而丰富的内涵，也使教育实践被赋予了新的理解和意义。

该课程模式以发展整体的人格为主要目标，特别强调个体在智力和道德上的自主。就短期目标而言，该课程模式包含两方面的内容：一是社会情绪方面的发展，二是认知方面的发展。课程内容分为自然、社会和数理逻辑三方面的经验，建立了一个分析各种活动的框架。这些活动主要包括日常生活知识、传统活动，以及皮亚杰理论所建议的活动，如一些以丰富幼儿物理知识、社会性知识等为主要目标的活动。

在课程的组织与实施过程中，该课程模式运用了独自操作物体的活动、群体讨论、小组规则游戏等多种教学活动形式。在课程的设计与实施过程中，教师的主要作用不仅体现在创造有助于学习的环境和气氛，提供材料，对幼儿提出活动建议，并明确幼儿应继续学习的内容，还体现在根据不同类别的知识，采取不同的方法，指导幼儿的学习，协助幼儿扩展自己的见解。

与其他皮亚杰课程相比，凯米－德芙里斯课程模式定型较晚，但该课程模式最大限度地发掘出教育内涵，引出三条设计课程的原则——能动性原则、充实性原则和结构性原则，形成独有特色并获得发展。凯米－德芙里斯课程模式的特点是重视幼儿的生活和自发活动，重视幼儿认识发展与社会性发展的密切结合，重视过程与内容的统一，重视课程内容的结构化。

四、瑞吉欧教育体系

瑞吉欧·艾米里亚位于意大利。20 世纪 60 年代以来，依靠当地政府、社区和民众的大力支持，专业人员经过数十年的艰苦努力，推出了一套颇具特色、堪称影响了世界的幼儿教育体系，即瑞吉欧教育体系。

当地教育者认为，对于幼儿的正确理解是教育得以成功的最关键因素。他们坚信：幼儿是一个拥有充分的生存和发展权利的人，是发现及创造生活内涵的主体；幼儿是主动的、有能力的学习者；幼儿的学习是一种互动的、以某种相互关系为基础的社会建构过程；在各种关系中，师生关系最为直接地影响着幼儿的学习与发展，教师是以专业的眼光赋予学习者和学习以价值的人。

瑞吉欧教育体系没有明确规定课程内容，更没有固定的教材或预先设计好的教育活动方案。其课程的内容来自周围的环境，来自生活中幼儿感兴趣的事物、现象和问题，以及他们的各种活动。在该体系中，日常生活是取之不尽的课程内容资源。除了围绕自己感兴趣的事物和问题开展研究（项目活动）外，幼儿特别是年龄小一些的幼儿还从事许多其他活动，如积木游戏、角色游戏、听故事、游戏表演、家务活动，以及穿衣打扮等自发性的活动，还有许多如颜料画、拼贴画和黏土手工等活动。

瑞吉欧教育体系的课程与教学主要是以项目活动的方式展开的。在项目活动中，幼儿在教师的支持、帮助和引导下，像研究人员一样，围绕某个大家感兴趣的生活中的课题或认识中的问题进行研究和探讨，在共同的研究和探讨中发现知识，理解意义，建构认识。瑞吉欧教育体系在课程和教育方面具有鲜明的特色，这表现在弹性计划、合作教学、档案支持、小组工作、深入研究和图像语言等方面。

瑞吉欧教育体系被视为欧洲教育改革成功的典范，它对世界其他国家的幼儿教育产生了重要的影响。

五、学前知识系统化教学

在维果斯基的理论影响下，苏联的研究者经过多年努力探索，逐渐形成了颇具特色的幼儿园课程理论与实践——学前知识系统化教学。

苏联幼儿园的活动分为日常生活活动和作业两大类。这两类活动各有相应的大纲，两类大纲既有区别又相互联系。幼儿园教学的方法从教学形式上看，包括直观法、口授法、游戏法和实践法；从教师影响幼儿的方式上看，包括直接影响法、间接影响法和问题法。随着幼儿年龄的增长，口授法的比例逐渐增大。进行教育评价时，以《幼儿园教育大纲》作为评估教育工作质量的标尺。

20 世纪 90 年代初，随着苏联社会意识形态的变化，包括学前知识系统化教学在内的传统教学模式受到了尖锐的批评。批评者认为这种教学模式严格按照统一的大纲进行，过于强调幼儿园课程的入学准备功能，过分注重集体作业教学，过分强调教师的作用，既束缚了教师的主动性和创造精神，又压制了幼儿的积极性，不利于幼儿健康个性的形成。这些的确是幼儿园采用学科课程模式最容易出现的问题。学前知识系统化教学对我国幼儿园教育影响很大，然而，我们所学习的知识系统化理论只能代表该理论在 20 世纪 50 年代和 60 年代初期的发展水平，这也影响了人们对知识系统化教学思想进行客观、公正的评价。

六、五指活动课程

20 世纪 20 年代，陈鹤琴先生以南京鼓楼幼稚园为基地，努力研制适合中国国情、适合幼儿身心发展特点的课程，最终创建了五指活动课程。

五指活动课程的目的在于发展幼儿的心智和身体，包括做人、身体、智力和情绪四个方面。五指活动课程的内容以自然和社会为中心进行选择，形成了包括健康活动、社会活动、科学活动、艺术活动和语文活动在内的五类活动。这五类活动就像五个手指一样通过手掌形成一个互相联系的整体，故称五指活动课程。

在课程的组织上，虽然课程由五类活动组成，但这并不意味着它们应该单独组织。教师可以从幼儿所处的自然环境和社会环境中选择他们感兴趣且又适合学习的物和事作为主题，组织和融合五类活动。自然和社会环境中的这些主题就像人的手掌，将五指自然地连成了一个整体。陈鹤琴将这种课程内容的组织方法称为“整个教学法”，后来改称为“单元教学法”。在课程实施过程中，五指活动课程十分注重计划性与灵活性相结合，注重物质环境的创设和材料的提供，采用游戏式的教学法教导幼儿，采用小组教学法，提供户外活动的机会，主张教师应当成为幼儿的朋友，使幼儿不害怕、肯接近。在教育评价方面，陈鹤琴主张幼儿园应当有可以随时考查幼儿学习成绩的标准。

五指活动课程是我国在幼儿园课程上第一次本土化研究的成果，它的影响远远超出了某一个时代。在我国 20 世纪 80 年代到 90 年代兴起的幼儿园课程改革运动中，五指活动课程得到了继承和发扬。虽然五指活动课程在实践层面上出现了一些问题，如被误解为五个学科分科进行等，但是，五指活动课程中的一些思想、观点和方法对我国现阶段幼儿园课程的改革和编制仍有指导意义，这在《幼儿园教育指导纲要（试行）》中即有所体现。

如此众多的课程模式和教育方案引发了关于其本身优劣的比较研究，但是这些研究并没有发现某种课程模式或教育方案更优秀。研究者发现，单个教师对幼儿的影响可能超过课程模式或教育方案对幼儿的影响。同一种课程模式或教育方案对不同的教师和不同的幼儿园可能会产生不同的效果。此外，社会建构主义、多元智能理论的影响以及多元文化和反偏见教育运动的兴起，使得人们开始研究社会文化背景对幼儿发展的影响，关注每一个幼儿学习与发展的特殊性。这种研究趋向的出现，否定了试图追求一种可以运用于任何环境之中、适宜于任何幼儿的“最好”或“最理想”的“超文化背景”的课程模式和教育方案的倾向。在这种背景下，研究者已不再像过去那样致力于寻找哪一种课程模式或教育方案更好、更有用，实践工作者也不想把自己的实践固定于某一种课程模式或教育方案上。

第四节　幼儿园教学活动概述

一、幼儿园教学活动的概念与分类

1. 幼儿园教学活动的概念

幼儿园教学活动是教师与幼儿的双边活动，是教师根据幼儿园教育目标，有计划、有目的地指导幼儿学习的活动。它主要指集体（全班或分组）的正规教学活动，以及教师对个别幼儿的专门指导。幼儿园教学活动是幼儿园教育活动的类型之一，与幼儿的日常生活活动、游戏区域活动和自发活动等多种多样的学习活动有机结合、相互联系，促进幼儿身心和谐发展。

《幼儿园教育指导纲要（试行）》中指出，幼儿园的教育活动是教师以多种形式有目的、有计划地引导幼儿生动、活泼、主动活动的教育过程。目前，我国关于幼儿园课程的主流概念是活动定义，即是实现幼儿园教育目的的手段，是帮助幼儿获得有益的学习经验，以促进其身心全面和谐发展的各种活动的总和。从广义的角度理解，幼儿园课程包含幼儿在园的一切活动。从此意义上讲，幼儿园课程与幼儿园教育活动是两个等同的概念。从狭义的角度理解，如果幼儿园课程是一门学科，那么幼儿园课程与幼儿园教育活动则是两个互为关联的概念。幼儿园课程是幼儿园教育活动设计及实施的依据和基础，幼儿园教育活动则是幼儿园课程得以实现的中介和途径。

从活动概念的角度来理解，广义上讲，幼儿园一日生活中，凡能促进幼儿各方面发展的，具有教育作用的活动都可以称为教育活动。而幼儿园教学活动由教师的“教”和幼儿的“学”共同构成，其中“学”是活动的中心，“教”是为“学”服务的。许多幼儿园一线教师认为幼儿园的教学活动就是过去所说的“上课”，这显然是错误的。20世纪80年代，我国就出现了综合主题活动，也把“活动”作为幼儿园的常用教育教学词汇，但实践中却常常换汤不换药，仍然把幼儿园教学活动窄化为传统意义的上课活动。本书中所指的教学活动，从活动概念的角度来理解是广义的，其基本含义是幼儿教育工作者为了实现幼儿园的教育目标，在幼儿园一日生活中所安排的各种教学活动的总和。

2. 幼儿园教学活动的分类

幼儿园教学活动可以从不同的角度来分类。从参与活动的幼儿人数来看，可以分为集体的、小组的和个别化的活动；从教学内容的组织方式来看，可以分为以问题为中心的综合性教学活动（项目教学活动）、以科目为线索的纵向性教学活动（集体教学活动），以及以某一主题为中心，打破分科界限，在一段时间内围绕中心而展开的系列教学活动；从幼儿学习活动的类型来看，还可以分为接受式学习活动和发现式学习活动。

二、幼儿园教学活动的构成要素

幼儿园教学活动是教师以多种形式有目的、有计划地引导幼儿生动、活泼、主动活动的过程。这一过程是在一定的环境条件下，教师与幼儿进行平等对话和交流的过程，其中最重要的因素是教师与幼儿，此外还包括内容、方法、手段、环境、材料等因素。

1. 教师

幼儿园教师是设计、组织与实施幼儿园教学活动的重要因素。教师作为幼儿园教学活动的参与者与指导者，其教育观念和教育能力将直接影响幼儿园教学活动的组织与实施进程，进而影响到幼儿的发展。

首先，在积极有效的教育过程中，教师必须具有正确的教育角色意识，并在教学实践中处理好教师与幼儿之间的平等对话关系，正如《幼儿园教育指导纲要（试行）》所述，教师应成为幼儿学习活动的支持者、合作者、引导者。

其次，幼儿园教师的教学能力也非常重要。教师依据一定的教育目标，通过有计划、系统地为幼儿提供相应的学习环境和材料，帮助幼儿获得有益其身心发展的经验，引导幼儿全面和谐地发展。这一过程中，教师在幼儿园教学活动中的教学能力直接关系到幼儿园教学活动的成败。其中既包括教师个人的特征（如教师的仪态、语言、榜样性行为等），也包括教师观察、了解幼儿，与幼儿积极互动的能力，以及教师的反思能力等。其中，师幼互动是通过幼儿园教学活动促进幼儿发展的关键因素，也是教师内在的教育观念、教育能力和外显的教育手段、教育行为相结合的综合表现。

2. 幼儿

幼儿是幼儿园教学活动中最积极的因素，从许多方面影响教学活动的成效。如果主体游离于活动对象之外，活动及活动对象对于主体都毫无意义。同时，活动的发生、发展、持续进行都离不开主体对客体的操作。在幼儿园教学活动中，幼儿的积极性、主动性是全部活动顺利进行和相互协调的根本前提。只有确保幼儿在活动中处于主体地位，才能保证活动的良好效果。幼儿对活动的影响一方面是直接影响，如幼儿的语言、情绪、注意力、行为特征等；另一方面是通过对教师的影响来实现对活动的影响，即幼儿的语言、神情、气质、行为方式、认知水平与风格等。这些因素也会对教师的行为产生微妙的影响，进而间接地实现对活动的影响。

3. 内容

幼儿园教学活动的内容既与幼儿园教育目标相关，又直接与幼儿的发展相关。教学活动的内容是教师对幼儿施加教育影响，完成教育目标的中介。教师所选择的内容是否适宜，直接影响教育目标的实现程度。我国现阶段幼儿园教育活动内容可以划分为健康、语言、社会、科学和艺术五个领域（各国、各课程模式都有不同的分类）。各领域的内容相互渗透，从不同的角度促进幼儿情感、态度、能力、知识、技能等方面的发展。

教师在选择幼儿园教学活动内容时应该考虑幼儿发展的实际需要，选取生活中常见的、幼儿感兴趣的、对他们的发展有价值的内容，同时还应该注意挖掘内容中蕴含的各种可能的教育价值，促使幼儿得到综合的发展。

4. 方法与手段

幼儿园教学还必须借助一定的教学方法与手段来激发幼儿的学习兴趣，帮助幼儿理解学习内容，保证教学过程的顺利进行。因此，教师必须具备选择和运用幼儿园常用教学方法与手段的技能，研究如何以方法与手段为中介，促使幼儿对学习内容产生兴趣，积极主动地投入有效的学习活动中，进而获得充分的发展。幼儿园常用的教学方法有操作体验法、示范法、范例法、游戏法、探索发现法、讲解演示法等。教学手段则包括教师运用教具和现代教育技术，提供操作材料等，以有效传递教育信息，激发幼儿学习兴趣。教师应该根据幼儿的具体需要和实际情境灵活使用教学手段，基于幼儿的年龄及发展特点，研究如何促使幼儿对学习内容感兴趣，积极主动地投入有效的学习活动中，让幼儿真正成为学习活动的主体。

5. 环境与材料

环境与材料是幼儿操作和互动的对象，是幼儿园教学活动中十分关键的因素。幼儿与环境相互作用才能促进幼儿身心发展，所以，只有在有准备的、材料丰富的环境中积极地活动，才能够让幼儿高效地投入学习活动中。良好的环境与材料应和教学活动的目标内容一致，并具有安全性、适宜性和发展性。其中，和教学活动的目标内容一致，是指环境与材料是幼儿现实的教学活动所需要的；安全性是指环境与材料对幼儿的身心健康没有潜在的危害；适宜性是指环境的丰富以及材料的数量和特征适合不同年龄阶段的幼儿和不同的教育活动；发展性是指环境与材料有利于发展幼儿的创造性，能够促进幼儿在原有水平上的进步。

总之，幼儿园教学活动是一个复杂的多因素的过程。了解幼儿园教学活动过程中的主要因素及其相互关系，对幼儿园教学活动的设计、实施和评价都非常重要。

生成设计是指教师在教学活动现场，针对活动中出现的问题，进行有针对性的调整，临时进行活动设计。这既可能是对某些环节的临时调整，也可能是针对幼儿的反应而做出的临时修整。在幼儿园教学实践中，必要的预成设计是基础，但需要留有教师生成的空间，高质量的幼儿园教学活动应该在预成与生成之间找到平衡点，灵活有效地促进幼儿的发展。

三、幼儿园教学活动的设计原则

不同类型的教学活动设计体现了不同的教育理念和课程设计思想，但首要的和贯穿始终的设计原则是以幼儿为本，使他们在快乐的童年生活中获得有益于身心发展的经验。

1. 主体性原则

活动中的主体是相对于客体而言的，一般来说，它是指有目的、有意识地从事实践和认识活动的个体。教学活动既是一种认识活动，也是一种实践活动。幼儿园教学活动的特点决定了教师与幼儿在教学活动中要共同参与、相互配合，他们都是教学活动的主体。

把幼儿看作是教学活动的主体，这要求教师在教学活动设计过程中，无论是幼儿园教学活动的目标、内容，还是活动形式，都要注重激发幼儿的主动性、自主性和创造性。幼儿有求知、愉悦的需要，有探究、体验的需要，而幼儿的活动是受需要、兴趣驱使的。只有满足幼儿的需要，激发幼儿的兴趣，引导幼儿自觉、主动地参与活动，与物质、人际环境积极互动，幼儿的主体性才有可能发挥。所以在活动过程中，要尊重幼儿的活动选择和活动意愿，因材施教，引导幼儿通过自身的实践活动、探索活动来学习并主动构建自己的知识体系，并在幼儿自己发现和解决问题的过程中发展幼儿的能力。

教师要注重幼儿的主体性，同时也要适时、适地、适宜地发挥教师的主体性。幼儿园教学活动中，教师为了支持幼儿更有效地学习，要把预先规划和组织好的可操作方案，变成一个现实的可操作的活动。这一过程的实施是一个对幼儿产生影响并促进幼儿发展变化的过程，同时也是教师正确认识自己的角色，体认自己的教育责任，提高自己的教育能力，实现个人专业化发展的过程。教师要以饱满的热情投入幼儿的活动之中，设计、组织幼儿的教学活动，将直接指导与间接指导相结合，提供适宜幼儿探索的环境和材料，创设一种民主、平等、宽松的氛围。这一过程既体现了幼儿发展的主体性，同时教师也以幼儿活动和学习的支持者、合作者、引导者的身份发挥了自己的主体性。

2. 发展性原则

发展性原则是指在教学活动中，必须基于幼儿的原有水平，促进每一个幼儿身体、认知、情感、个性及社会性等方面的全面、整体的发展。

首先，幼儿园教学活动的根本目标是促进幼儿在原有水平上的发展，所以要把活动适宜幼儿发展作为最重要的要求。在设计幼儿园教学活动时，要以幼儿原有的基础和水平为出发点引导幼儿发展，这要求幼儿园教学活动目标不能过高或过低，教学内容、方法、活动的顺序都需要以幼儿身心发展成熟程度及可接受的水平为基础，既不人为拔高也不滞后。只有提供“最近发展区”内的教学，才能够更好地促进幼儿的发展。

其次，幼儿园教学活动要促进幼儿的全面发展。发展性原则要求促进幼儿在原有水平上的全面和谐发展，既要促进幼儿的身体发展，又要促进幼儿在智力、情感和社会性等方面的全面发展。教学活动要追求幼儿素质的全面提高，不能偏重于某一方面。活动应该以一个有机结合的整体体现在幼儿园教学活动的设计之中。

再次，幼儿园教学活动要促进每个幼儿在不同水平上得到发展。这是幼儿园教学活动的出发点，也是活动设计的落脚点。幼儿园教学活动的设计要让每个幼儿在不同水平上得到发展，它不是指在同一条起跑线上，达到同一水平的发展，而是指幼儿存在着差异，起点不同，水平不同，要通过教学活动促进他们在各自原有水平上向前发展。虽然最终不可能达到同一水平，但每个幼儿都获得了最佳的发展，他们的潜能得到了最大的发挥。

3. 活动性原则

活动性原则是指在幼儿园教学活动中，应以幼儿直接参与的具体活动为基本形式。

首先，幼儿的发展不是由教师言语劝说和强制灌输所能完成的，而是在幼儿与周围世界相互作用的过程中实现的。幼儿的发展是幼儿通过不断获得各种经验实现的，而经验的获得是幼儿通过自身的操作，与人、物交互作用实现的。因此，要给幼儿提供各种活动的机会，让其在活动中动手动脑，获得经验，得到发展。要注重教师与幼儿、幼儿与幼儿、幼儿与环境之间有效的互动和作用。

其次，活动是幼儿的存在方式。教师需要提供多种不同的活动，鼓励幼儿在做中学，在玩中学。

在做中学，要求教师更多关注幼儿的实践活动。实践活动是幼儿了解周围环境和事物的主要途径，也是发展幼儿各种能力，培养良好社会情感的契机。因此，在设计幼儿园教学活动时，应该创造机会让幼儿更多地进行实践活动，开展有益的自由活动，让幼儿的综合能力、潜在能力得以发挥，促进幼儿身心的可持续性发展。

在玩中学，要求教师把游戏作为幼儿园的基本活动。在设计幼儿园教学活动时，要充分运用游戏这一活动形式。对幼儿来说，游戏可以唤醒其愉快的情绪体验，是他们进行丰富、生动探索的路径。幼儿园教学活动要尽可能选择新颖多样的操作材料和适宜幼儿年龄特点的游戏情境，充分尊重幼儿选择游戏的意愿，确保游戏能够提供多样性的学习和交往经验。总之，活动性原则要求教师注重激发幼儿活动的兴趣，引导幼儿全身心参与、多感官参与、多渠道感知，以充分达到活动目的。

4. 整合性原则

教学活动是实现教学目标的手段，幼儿园教学活动的目标、内容、方法、形式、手段、环境等方面都要具有全面性和整合性。要把教学活动设计看作一个完整的系统工程，看作一项把各种教学因素联系起来的整体性工作。在实践过程中，也要把单个教学活动设计整合到整个课程的活动设计之中，使具体的教学活动真正成为整个课程的有机组成部分。

首先，幼儿园教学活动的目标本身就是一个完整的体系，是由多个方面、多个层级整合而成的系统。在幼儿园教学活动中，幼儿获得的不仅是知识，而且是情感和态度、知识和技能的整合体。

其次，幼儿园教学活动的内容要协调统一地蕴含在活动的全过程之中。它可以是在同一活动领域内的整合，也可以是在不同活动领域间的有机整合。教学内容相互联系，相互渗透，体现了幼儿园教学活动过程中教与学的整体性。

最后，整合性原则也体现在幼儿园教学活动的形式、方法、手段和环境等方面。例如：将上课、游戏、休息、日常生活的安排加以整合，将集体活动、小组活动、个别活动整合；整合幼儿园班级内环境、园内环境，优化和整合室内室外环境，并且注重环境中物质因素、精神因素的整合。

5. 开放性原则

幼儿园教学活动是开放的，以促进幼儿可持续性发展为终极目标。开放性原则要求幼儿园教学活动既要有预成的设计，又要留有生成的空间。同时，幼儿园教学活动必须在开放的教学生态环境中进行，既要关注幼儿园中的师幼互动，又要开展家园合作和社区协同。

开放性原则要求在教学活动设计过程中，教师要根据一定的教学目标和内容，预测、分析幼儿的学习需要及年龄特点，积极主动地为幼儿创设和提供促进其学习的环境和资源，即对教学活动进行必要的预设。同时，更应当调动幼儿的兴趣，支持幼儿的探究，满足幼儿的需要，给教学活动设计留有足够的空间，这种空间是随时随地为幼儿偶发的、自然生成的、即时体验的活动而准备的。

人的发展离不开教育的生态环境，幼儿正是在与其生活的环境相互作用中获得发展的，这就要求幼儿园教师要结合家庭、社区、社会等幼儿的成长环境进行开放的幼儿园教学活动设计与实施。教师在教学活动过程中，要多开展家园合作的活动，以平等的态度，帮助家长树立主人翁意识，鼓励家长积极地参与活动。同时，教学活动要融入社区、社会的教学因素，以社区实践为依托，设计多种合作形式和合作方法，鼓励教师进行联合、合作的幼儿园活动，优化幼儿的生长环境，促进幼儿的身心发展。

总之，开放性原则要求在设计幼儿园教学活动过程中，目标是开放、灵活的，且不断进行调整，内容、形式是开放、多元的；同时，活动设计的环境也是开放、适宜的。

第五节　幼儿园教学活动的设计与组织指导

一、幼儿园教学活动设计的含义

幼儿园教学活动设计是指教师在思考如何将幼儿的兴趣、需要与幼儿园教育目标有机地结合，以及如何通过教学活动利用、扩展幼儿的生活经验的基础上，制订或修订教学计划的过程。一般来说，幼儿园教学活动包括集体教学活动、单元主题教学活动、项目教学活动。教学活动不同，其设计与实施的要求也不相同。

幼儿园教学活动设计过程中，教师既要在活动开展之前预先设计，也要在活动实际进行中观察幼儿的活动情况，根据幼儿的表现与反应，灵活调整原有的计划，及时进行修正。因此，幼儿园教学活动的设计就包括预成设计与生成设计。

预成设计是指教师在分析幼儿已有知识能力发展特点和需要的基础上，结合幼儿园教育目标的要求，选择适宜的内容与方法，预先计划活动的环节、步骤，以及可能出现的问题，并写出活动方案的过程。预成活动的设计强调活动的目的性、科学性及可操作性。

二、幼儿园教学活动的设计方法

1. 集体教学活动的设计方法

集体教学活动是指教师有目的、有计划地组织的，班级所有幼儿都参加的教育活动。集体教学活动是幼儿园课程的重要组成部分，它不只是一种课程实施形式，也体现了幼儿园教学的发展性目的。在幼儿园中，集体教学活动与生活活动、游戏活动是相辅相成的关系。集体教学活动的任务在于帮助幼儿丰富扩展、归纳整理、概括提升其自发学习所获得的经验，使幼儿经验系统化，达到新的认识水平。

集体教学活动方案一般包括以下几个部分：

（1）活动目标

活动目标是指一个具体活动中幼儿应获得哪些情感体验与态度，掌握怎样的学习技巧与方法，得到哪些方面的能力发展，学习哪些知识和技能等，它是对活动提出的期望。

（2）活动准备

活动准备指为保证活动顺利进行，在活动开展之前所需要做的精神和物质方面的准备。精神准备是指幼儿参加活动需要具有的知识经验和体验，物质准备包括活动场地的选择与布置、教具的选用和制作等。

（3）活动过程

活动包括开始部分、基本部分和结束部分。

开始部分的主要任务是创设情境，导入活动，引发幼儿的兴趣。导入活动的方法多种多样，例如，从问题导入，运用直观手段（录像、图片、材料、游戏等）导入，运用故事、谜语、歌曲导入，从知识之间内在联系导入，等等。

基本部分是核心部分，是引导幼儿主动学习、积极探索，实现活动目标的过程。教师应灵活熟练地厘清活动的环节步骤，基于对幼儿兴趣与水平的了解，关注幼儿的学习方式，灵活调整组织形式，积极有效地进行师幼互动，促进幼儿积极主动地学习与探索。

结束部分的主要任务是对幼儿学习过程进行总结与评价，并引导幼儿在其他时间继续探索，以保证幼儿进行持续性的学习与探索。

（4）活动延伸

在活动结束之后可以组织其他的活动，以促使该活动目标更好地达成，并把这一活动的经验进一步延伸，引导幼儿持续探索。可以延伸至下次教学活动，或一日活动的其他环节，也可以延伸至家庭或社会生活之中。

某小班故事学习活动“小老虎的牙齿”

一、设计意图

设计本次活动，主要是根据小班幼儿身心发展的特点，力图充分利用故事、表演的形式来吸引幼儿，帮助幼儿理解故事的内容，体验参与活动的乐趣，养成良好的卫生习惯。

二、活动目标

1. 引导幼儿理解故事内容，启发幼儿想出各种保护牙齿的方法。结合班级“讲卫生的好孩子”的课程主题，促使幼儿养成刷牙等良好卫生习惯。

2. 针对本班幼儿在动脑和动口方面较为被动的特点，通过有趣、形象的故事情节，激发他们爱想、爱说、敢想、敢说的欲望。

3. 让幼儿通过生动的唱歌表演，体验参与活动的乐趣。

三、活动准备

1. 知识准备

全班学习并掌握刷牙的方法。

2. 材料准备

（1）小老虎和虎妈妈的手偶各一个、各种小动物的指偶。

（2）歌曲《刷牙歌》及播放设备。

（3）电话玩具一个。

四、活动过程

1. 情境导入，激发幼儿的好奇心

“电话”响了，教师拿起“电话”，说：“喂，你好！是小老虎啊，你怎么了？哦，你别着急，我们班的小朋友一定会帮你想办法的。”

过渡语：“小朋友们，我们来看一下小老虎发生了什么事？”

2. 教师通过手偶表演，让幼儿初步感知故事内容

（1）教师生动地表演故事，幼儿欣赏。

（2）教师通过提问，引导幼儿进一步理解故事的内容。

问题一：小老虎为什么这么难受？

问题二：小老虎为什么会牙齿疼？

3. 师幼共同讨论，教师鼓励幼儿大胆说出心中的想法

（1）教师鼓励幼儿开动脑筋帮助小老虎想办法

教师：“小朋友们，小老虎知道错了，我们就帮帮它吧。大家想一想，怎样做小老虎的牙齿才不会疼呢？”

（2）教师扩展幼儿的经验，启发幼儿想出各种各样的办法

教师：“小朋友们再想想，还有什么跟其他人不一样的办法，可以保护我们的牙齿？”

过渡语：“小朋友们，我们和小老虎一起来表演‘刷牙歌’吧！”

4. 幼儿通过唱歌表演“刷牙歌”，体验参与活动的乐趣

（1）教师播放歌曲《刷牙歌》，鼓励幼儿做简单的刷牙动作

教师：“牙齿是我们的好朋友，我们一起把牙齿刷得白白的、亮亮的。”

（2）活动自然结束

教师小结：“小老虎很感谢我们教了它这么多保护牙齿的好方法。它说以后要好好爱护自己的牙齿。”

五、活动延伸

1. 组织科学活动“认识我们的牙宝宝”。

2. 在语言区投放指偶，鼓励幼儿尝试模仿小老虎说话的声音。

2. 单元主题活动的设计方法

单元主题活动是在一定时间内围绕一个事先选择的中心内容（主题）展开的一系列教育活动。每个主题下的系列活动构成一个时间上和内容上的完整单元。单元主题活动打破了学科之间的界限，将各种学习内容围绕一个中心（主题）有机地联结起来。它从幼儿的兴趣和需要出发，紧密跟随现实生活发生的新变化和新形势，让幼儿通过对这一

主题的探索和学习，获得与该主题相关的比较完整的经验。

单元主题活动的方案一般包括以下几个部分：

（1）选择与确定主题

主题一般有三个取向：一是兴趣取向，以幼儿的兴趣和求知需要为出发点，较好地满足幼儿的发展需求和探索兴趣；二是目标取向，在课程目标中寻找教师或幼儿感兴趣的主题内容；三是现有资源取向，根据幼儿园的特色、本土课程，开发适合幼儿学习、探索的园本、班本、生本课程。主题有时是教师和幼儿共同感兴趣的，有时则结合当前发生的事情（如幼儿园的活动、节日活动和地方民俗活动等），也可以利用当地的资源，或者配合时令、季节的变化选取主题。

（2）确定活动目标

确定主题后，需要进一步分析主题的潜在价值，思考主题的潜在方案，然后确定适宜的主题活动目标。主题活动目标应该较集体教学活动目标更为概括，但也需要具体可行。

（3）设计活动内容

接下来，要根据单元主题活动的目标、幼儿的需要和兴趣、可以利用的教育资源等因素，设计一系列活动内容。可以初步确定每个活动的名称、目标，还可以标明每个活动主要涉及的领域。

（4）设计具体活动方案

最后，需要设计具体的活动方案，依据活动类型，设计集体教学活动、区角游戏活动、户外体育活动等，也可以就活动的区域、环境等提出建议。

3. 项目教学活动的设计方法

项目教学活动是指幼儿在教师的支持、帮助和引导下，围绕某个他们感兴趣的生活中的课题（事物）或认识中的问题进行深入探究，在合作探究的过程中发现知识，理解意义，建构认识。项目教学活动注重幼儿主体性的发挥，注重形成幼儿持续学习的意愿，使幼儿成为活动的真正主人。它要求教师以合乎人性的方式，鼓励幼儿跟环境中的人、事、物产生有意义的互动。

项目教学活动一般分为以下几个阶段：

（1）萌芽期

在这一阶段，教师要从幼儿对主题相关的旧经验出发，激发出他们对主题相关学习的动机。教师要关心每个幼儿已具备哪些知识及能力，以及哪些第一手经验构成他们目前理解能力的基础。幼儿则需要充分地回忆、表达、分享其与主题相关的已有经验，并逐渐意识到自己经验中的问题。

（2）发展期

在这一阶段，教师要引导幼儿针对提出的问题或计划，通过阅读、讨论、操作、实地参观等方式，作进一步的探讨，并且尝试将过程以绘画、文字、影像等方法记录下来。教师要关注如何向幼儿提供新的直接经验，以及收集其他资源。幼儿则需要经由探索获得并理解新的经验，同时梳理和延展需求和兴趣。

（3）统整期

在这一阶段，教师要引导幼儿将先前的第一手经验和收获（包括相关的知识技能和情感上的满足），整合成为对幼儿个人产生不可替代意义的学习模式。教师要关注哪些活动能使幼儿获得的新知识“个人化”，幼儿则需要评估、反思、分享自己及他人的哪些学习经验是最有价值的内容。

三、幼儿园教学活动的组织与指导

教学活动组织是指将构成教学活动的各种要素科学地加以安排、联系和排列的过程。幼儿园教学活动实施是指把一项教学活动计划付诸实践的过程，幼儿园教师通过实践活动计划，实现预期的教学目标。为了保证幼儿园教学活动的有效性，教师需要认真研究幼儿园教学活动的组织策略与指导策略，使教师高质教，使幼儿主动学。

1. 幼儿园教学活动的组织策略

首先，在幼儿园教学活动组织过程中，教师需要科学地运用直接教学和间接教学方式。运用直接教学方式时，教师应注意在了解幼儿兴趣和原有经验的基础上，充分调动幼儿的情感体验，利用直观教具和材料，较多地运用启发、暗示和游戏的方法，与幼儿进行言语和非言语的多种方式的沟通，充分调动幼儿的多种感官，引导幼儿主动思考，切忌简单地灌输。教师运用间接教学方式时，应注意灵活地协调物质环境、幼儿同伴和教师自身的关系，准确把握和抓住幼儿的兴趣所在，给以及时有效的支持。总之，在教学过程中，教师应将直接教学与间接教学有机结合起来。

其次，教师在教学组织过程中需要关注幼儿的自主学习。自主学习是指学习者在对自己学习过程进行调控的基础上开展的学习活动。自主学习强调幼儿调动自己的学习兴趣，保持注意力，有良好的任务意识和目标意识，善于发现问题并积极寻找解决问题的途径和方法。在这一过程中，教师需要为幼儿创设适宜探索的环境，提供可操作材料，通过问题情境、开放性问题，引导、促进幼儿学习，并观察幼儿，了解幼儿的兴趣与需要，促使幼儿与环境相互作用，为幼儿学习提供及时有效的支持。

再次，教师要关注教学内容的整合与组织形式的多样化。幼儿的学习内容应该是有联系的、综合的知识，这需要教师充分挖掘活动中所蕴含的各种教育因素进行综合教育，并关注各领域、各方面教育内容的综合。这种综合应该是将教育内容进行合理编排和组合，让系列教育活动不是简单的“拼盘”，而是一个有机的整体，以综合地促进幼儿的全面和谐发展。

组织教学活动时，教师需要将不同的组织形式有机结合起来。集合活动可作为一种以全班幼儿统一进行学习为主要特征的活动，能够较好地保证教学的有效性与目的性，小组活动则强调幼儿之间相互帮助、支持合作。有效的互动能够让幼儿在观念共享、情感交流、资源互补的基础上得到共同发展。在实际工作中，教师还应该注意针对幼儿的个性特点设计和实施个别教育，以满足每个幼儿学习与发展的需要。

最后，教育教学也需要有机地渗透在游戏和日常生活环节中，并争取家长对教学的支持。在游戏和日常生活中有机地渗透教育的任务，能够强化幼儿对知识的学习与经验的掌握。教师在游戏与日常生活中的指导，利用生活中的突发事件进行的随机教学，更易引发幼儿的兴趣和探究欲望，更易使幼儿获得情境性理解。家长作为教师的合作者，对幼儿园教学活动有着重要的影响。

2. 幼儿园教学活动的指导策略

幼儿园教学活动的指导是教师为了促进幼儿发展，在与幼儿互动过程中所采取的一系列特定的指导方式和方法。对于幼儿园教师来说，幼儿园教学活动的组织与指导既是具有创设性的一项工作，又具有一定艺术性。教师指导幼儿园教学活动时，不仅要明确幼儿园教学的目标、内容，了解幼儿的年龄特征等，同时还应具备多种指导策略和组织能力。指导策略主要包括观察策略、导入策略、讲解演示策略、提问策略、回应策略、评价策略等。

（1）观察策略

观察是幼儿园教师一日生活中最重要的工作之一，是了解幼儿最有效的途径，也是实施教学活动的基础。在教学活动的组织与指导过程中，教师既要广泛观察，又要个别观察；既要随机观察，又要有目的地观察。观察的目的要明确，观察要全面且客观，同时还需要以多种方式记录自己的观察。

教师在观察过程中，要随时注意幼儿对不同活动内容和方法的反应，倾听幼儿的问与答，巡视指导幼儿的活动。教师要了解不同幼儿对各类活动的兴趣和理解程度，及时捕捉幼儿的反馈信息，灵活调整自己的教学活动计划。在教学活动开始时，教师需要关注幼儿的兴趣；活动进行中，要观察幼儿个体的主体性和与他人互动的情况；活动结束时，需要关注幼儿的情绪反应。观察策略是进行幼儿园教学活动指导的基本策略之一。

（2）导入策略

导入是教师实施教学活动的起始环节。好的导入策略能够在短时间内引起幼儿的兴趣，吸引幼儿的注意力，自然地导入活动内容，营造良好的活动情境。良好的导入可以起到先声夺人的效果，但导入活动时间不宜过长，且需要适宜的活动内容。

教师可使用的导入方法有许多。首先是激发幼儿兴趣的导入，这一类的方法有很多，例如，使用幼儿日常的一个经验、一个玩具、一个材料、教师的表演等方式都可以激发幼儿的兴趣。其次是游戏导入，即导入时引导幼儿在游戏情境中发现问题，体验学习，如语言游戏、音乐游戏和表演游戏等。再次是情境导入，即教师设置一定情境，让幼儿自主、主动地学习和加入活动。实践中教师使用较为广泛的是问题导入，即从问题开始。有了需要解决的问题，才能调动幼儿思维的积极性。所以说幼儿的思维始于“问题情境”。不论是活动起始环节，还是活动进行环节，教师都要善于抓住机会提问，善于提恰到好处的问题。

（3）讲解演示策略

讲解策略是教师在组织教学活动过程中，运用语言向幼儿传授知识、解答问题或交代活动方法的行为方式。教师的讲解要简单通俗、形象直观，时间不宜过长。教师的讲解有时是解释式的，有时是描述式的，有时则是论说式的。

演示策略是教师根据幼儿教学活动的目标、内容以及幼儿身心发展水平和活动特点，运用各种工具和现代化技术向幼儿展示教学内容，进行情境表演，传递一定的信息，引导幼儿进行观察、模仿、思考，促进幼儿学习和发展的行为方式。演示较为直观，更容易激发幼儿的学习兴趣，吸引幼儿的注意力，是提高教学活动效率，实现活动目标的有力保证。演示所使用的工具和现代化技术包括实物、图片、影像、实验设备等，也包括幻灯、录音、录像、电影、电视、计算机等。

（4）提问策略

提问策略是指在教学活动进行过程中，教师通过提出问题，启发幼儿回忆、思考、观察、操作、探索，以寻求问题答案的行为方式。教师通过提问、启发思考、解答问题、检查反馈，与幼儿相互作用，从而实现活动目标。教师的提问能够帮助幼儿提取已有的知识经验，在新情境中迁移学习，引导幼儿观察、想象、思考和创造，促进幼儿思维的发展。同时，提问也是教师评价教学活动效果、推进和发展教学活动、实现活动目标的基本手段。

根据答案的确定性不同，问题可以分为封闭性问题与开放性问题，对应的提问策略则是敛聚性提问和发散性提问。根据问题认知的层次来划分，最有名的是布卢姆的认知领域六层次分法，即知识、领会、运用、分析、综合、评价。依据这种划分方法，提问策略包括回忆式提问、判断式提问、理解式提问、运用式提问、评价式提问等。也有学者认为提问策略主要包括启发式提问、发散式提问和层叠式提问。无论哪一种分类，都反映出提问是幼儿园教师组织和指导幼儿园教学活动过程中最基本也最常用的一种教学方法和策略。教师应该根据幼儿的实际情况，灵活调整提问，多提出一些启发性、开放性的问题，在引发幼儿思考和创造的教学情境中，不断推进幼儿的学习和活动。

（5）回应策略

回应是指教师在与幼儿互动过程中采取的一种态度和策略，是教师敏感地意识到幼儿的需要而及时给予的引导和帮助。在《幼儿园教育指导纲要（试行）》中涉及语言领域的内容与要求中提出，“发展幼儿语言的关键是创设一个能使他们想说、敢说、喜欢说、有机会说并能得到积极应答的环境。”虽然这是针对语言领域提出的要求，却非常明确地提出，教师积极的应答对幼儿的发展具有重要的作用。

积极的应答表明教师要在幼儿需要时，立即做出恰当的回应，但教师有时也有意识地给幼儿多留一点自由发挥、自我探索的空间。这种非即时的回应如果不是因为倦怠，而是因为教师的某种教学目标或教学机智，那也是一种积极的回应。在幼儿园教学活动的指导过程中，教师经常使用重复的策略向全体幼儿强调有价值的信息，或婉转地表达对幼儿的提醒与暗示。反问的回应策略是指教师通过适时的反问引发幼儿的主动发问和思考，通过幼儿认知冲突的解决来促进其与他人的交流，通过这种自我思考促进个人的成长。提炼的回应策略是教师通过归纳的方法引发幼儿将已获得的经验系统化，促进幼儿主体的反思性学习。

（6）评价策略

评价策略是指教师通过对幼儿现有活动水平和发展水平的了解，通过简洁、肯定的语言表达对幼儿或幼儿活动的评价的行为方式。教师经常使用的评价策略有肯定、表扬和奖励、批评和纠正、讨论和总结等。这些评价策略能够清楚地对幼儿的良好行为、进步表现和创造性等方面表达教师的赞赏，同时也对幼儿不良的行为和活动进行否定。发现问题时，教师会进行纠正和讨论。活动告一段落或结束时，教师也会对幼儿活动效果和活动情况进行评价。

评价策略的使用要适宜，既不能滥用，也不能完全否定。评价是反思的一种方式，如果行之有效，当然能引导幼儿的学习与发展。但如果过多地进行横向评价，则会对幼儿发展和活动进行造成许多隐患。

总之，幼儿园教学活动过程中，教师的组织与指导策略具有丰富性和多样性的特点，而教学工作本身又是一项充满设计感和创造性的工作，所以对幼儿园教师来说，组织和指导是幼儿园教学活动过程的重中之重。它是教师个人儿童观和教育观在教学实践过程中的充分体现。同时，适宜有效的幼儿园教学活动组织与指导，要求幼儿教育工作者必须全身心地投入教学活动实施过程中，用饱满的教育热情和高度的教育机智，实施优质的幼儿园教学活动，进而促进幼儿的全面和谐发展。

1. 对比中小学课程，幼儿园课程具有哪些特点？

2. 请任选一种学前课程模式，简述其理论观点，并谈谈它对我国幼儿教育实践有何借鉴意义。

3. 一名幼儿从家里带了一只小兔子到班上，幼儿们就围在一起，有的用手碰一碰它，有的干脆把它拿起来，有的说："兔子的耳朵不太长呀！"有的问："它的眼睛是红色的吗？"看着孩子们"乱哄哄"的场面，教师打算与本班（中班）幼儿讨论在活动室的"自然角"里饲养小动物的事。她该如何设计这样的活动？请设计活动的具体过程。

4. 春节快到了，请设计一个题为"红红火火过春节"的中班主题活动方案（含3个子活动）。要求写出：

（1）主题总目标。

（2）每个子活动的名称、涉及领域、目标和主要环节。

（3）对主题活动中的活动区创设和可以利用的环境资源提出一些建议。

第六章 幼儿游戏

学习目标

- 理解幼儿游戏的特点和对幼儿发展的作用。
- 理解幼儿游戏的分类，并能够指导幼儿进行游戏。
- 能够基于幼儿园教育实践，科学地制作和使用幼儿玩具。

第一节　幼儿游戏概述

一、游戏的概念与幼儿游戏的特点

著名教育家杜威说过，幼儿阶段“生活即游戏，游戏即生活”。对于幼儿园的幼儿来说，除了吃饭、睡眠等生活活动之外，一日生活中的大多数时间都是在游戏。

1. 游戏的概念

游戏是一种容易观察但难以定义的现象，到目前为止并没有一个让所有人都认同的定义。人们采取了三种策略来解决游戏的定义问题。

（1）毋庸定义

有一种观点认为，游戏是一种不能精确定义的现象，因为“游戏”本身并非一个精确的概念，游戏很难完全与非游戏分开。例如，真的打闹与闹着玩的打闹，在动作的外形上很难区分开来。同时，游戏和非游戏在时间上也很难区分，与其说有游戏和非游戏两种截然不同的行为类别，还不如说两者之间是有连续性的。在幼儿园教育活动中，常常碰到这样的问题，教师会利用游戏的形式教给幼儿某些知识和技能，这种游戏是教学游戏。在教学游戏中却很难判断在哪一个点上，孩子们是在游戏，在什么时候又变成了以游戏为形式的工作。所以，持这种观点的人认为，对游戏不能进行明确的定义。

（2）直觉判断

概念总是抽象的，而概念所描述的对象往往是具体的。虽然要得出一个符合操作的游戏定义是比较困难的，但是在实际生活中，人们可以凭借多种线索来确认游戏的发生。持这种观点的人把游戏看作可观察、可分类的行为的总和，试图用分类学的观点解释游戏，通过对一个个具体游戏类型的研究，达到对作为一类行为总称的游戏的认识与理解。

（3）特征列举

持这种观点的人把游戏看作具有某些共同因素的一类行为，只要设法找出这些共同因素并把它们组织起来，就可以构成游戏的标准而区别于非游戏活动。所列举的特征越多，就越接近于“游戏”本身，就越容易就一种行为是否是游戏达成一致的看法。游戏行为特征列举法主要通过分析游戏行为在动机、手段、目的等行为构成要素上的倾向性来概括游戏行为的特征。

从上述三种对游戏概念的探讨中，可以看到不同的研究者其实都是通过把游戏与非游戏活动相对照、分析和比较，得出关于“游戏是什么”或者“游戏不是什么”的结论。因此，对于幼儿游戏，也可以借助其主要特征进行判断。

2. 幼儿游戏的特点

幼儿游戏之所以不同于其他活动，是由于幼儿游戏有其自身的一些特点。

（1）幼儿游戏是幼儿的自主活动

对于幼儿来说，游戏就是“玩儿”。幼儿游戏是幼儿主动要求参加的活动。它发起自幼儿的内部，是由内部动机支配的，而不是来自外部的命令或要求。幼儿的游戏以活动本身为目的，不要求达到外在的目的，也没有严格的程序和方式，玩什么、怎么玩、和谁一起玩都由幼儿自己决定，游戏的形式、内容和材料也都由幼儿自己掌握，按照自己的意愿进行。幼儿自主、自由地做自己喜欢的事情。如果游戏失去了幼儿自主性的特征，幼儿必须完成教师或者成人布置的任务，那么表面上看是幼儿在参与游戏，实际上，幼儿并没有真正地玩游戏。

（2）幼儿游戏是有趣味的活动

游戏是一种娱乐活动，游戏中具体形象的角色、丰富的情节和内容、好玩的玩具材料，对幼儿来说都是有趣的，能让幼儿在游戏中感到愉悦，会吸引幼儿主动参加甚至反复地玩。游戏没有强制性的社会义务，幼儿能够身心放松、积极活动，通过操作各种材料、物品，控制环境，体会到自己的能力，产生自信，从行动和创造中获得愉快的体验。对幼儿来说，游戏是一种享受，他们在游戏中可以自由地表达自己的思想，探索周围的事物。

（3）幼儿游戏是充满想象的活动

游戏是幼儿在假想的情境下反映生活的活动，是“假装的”。幼儿的游戏可以不受具体时间、地点、条件的限制，充分进行想象，而且在游戏活动中，想象起到至关重要的作用。幼儿使用布娃娃、玩具手枪、玩具汽车等游戏材料，需要把这些玩具想象成真的娃娃、手枪、汽车，并模仿成人对他们施加相应的行为，例如，模仿妈妈喂饭给婴儿吃，模仿警察用枪打坏人，模仿爸爸开汽车等。在此过程中，幼儿把自己想象成妈妈、警察、爸爸。有的玩具材料只是纯粹的替代物，幼儿会把这些替代物想象成所要替代的东西，例如，把积木想象成蛋糕，把棍子想象成骏马等。幼儿可以依靠想象不断变换物体的功能、人物的角色和游戏的情节。幼儿就是在对游戏的角色、情节、行为、语言、材料、场景的想象中，享受游戏带给他们的乐趣。只要成人不限制幼儿游戏的方式，在任何游戏中，幼儿都会发挥他们的创造力，把游戏的方式加以变化，使之多姿多彩，富有趣味性。

（4）幼儿游戏是虚构与现实相统一的活动

尽管在游戏活动中，幼儿充满了想象，但是游戏是在假想的情境中反映真实的活动，是虚构与现实的统一。幼儿游戏的成分、角色、情节、行动，以及玩具或者游戏材料，都具有明显的虚构性。但幼儿的这些游戏不是其主观臆断或空想，而是以客观现实为依据，是周围生活的反映和写照。游戏是幼儿对现实生活的反映，但也不是现实生活的完全照搬，而是通过想象，将日常生活中的各种片段形成新的形象，用新的动作方式重演现实生活。

二、游戏对幼儿发展的作用

游戏是幼儿的基本活动，幼儿在游戏中学习和成长，游戏对幼儿的身体、认知、社会性和情感都有着非常重要的作用。

1. 游戏在幼儿身体发展中的作用

游戏是幼儿自发的运动形式。在游戏中，幼儿的各种器官都得到活动，这不仅促进幼儿骨骼肌肉的发育，也有利于其内脏器官和神经系统的发育。游戏中的奔跑、跳跃、攀登等动作可以锻炼幼儿的身体躯干和大肌肉群的活动能力，促进其对肌肉运动的控制和协调；游戏中的搭积木、穿珠、玩沙、玩水等活动可以发展幼儿手部的小肌肉群，为其以后学习书写做好准备；游戏中的抛接、追逐、躲避等活动可以帮助幼儿积累各种不同性质的运动经验，为幼儿增强运动的协调性、灵活性、有效性，形成运用策略的能力和控制能力等能力，以及发展身体运动能力奠定基础；游戏中幼儿经常需要使用自己的手、脚、五官等，也有助于幼儿发展自己的身体机能。另外，有的游戏在户外进行，可以使幼儿接触新鲜空气，增强对环境的适应能力。

2. 游戏在幼儿认知发展中的作用

认知发展是人的发展中的重要组成部分，是指个体认知结构和认知能力形成、发展和变化的过程，涉及知觉、记忆、注意、思维、语言、想象等多种过程。在游戏中，幼儿可以充分发挥积极性和主动性，通过观察、感知、比较、分类、记忆、想象、思维，通过对各种游戏材料的使用，对各种游戏角色的扮演，对已有知识的更新，对生活经验的重组，以及对游戏动作和情节的实践，去接触、感受、探索新事物，了解材料的性能和事物之间的关系。

游戏丰富了幼儿的知识。游戏是幼儿学习知识最有效的途径，在游戏中，幼儿通过使用各种材料和器械，习得了许多关于周围世界的基本知识和主要概念。例如，在游戏中，幼儿认识到物体的颜色、形状、大小等特性，体会到了空间和高低等概念，玩水时感受到水无色无味的特性和干、湿的感觉，搭积木时体会到平衡和对称等概念。

游戏提高了幼儿的感知能力。通过游戏，幼儿能更好地利用自己的视、听、触等感觉知觉系统去感知周围的世界。例如，在幼儿园经常玩的“老狼老狼几点了”的游戏中，幼儿通过观察、聆听去辨别自己和他人的位置，感知和判断自己的行为。在玩沙的游戏中，幼儿通过自己的观察和触摸，感受沙子的特性，并根据沙子的特性开展游戏活动。

游戏激发了幼儿的想象力和创造力。幼儿在游戏中需要进行想象，把一个物体想象成另外一个物体，把一个人想象成另一个人。例如，在“娃娃家”游戏中，幼儿把自己想象成“妈妈”，把积木想象成“给娃娃吃的蛋糕”。在这样的想象过程中，幼儿的创造力也得到了发展。游戏中产生的各种问题能激发幼儿的思考，使其将已有的知识经验以独特的方式重新加以组合，找出更多解决问题的办法，这正是幼儿创造性思维的源泉。

游戏培养了幼儿的语言能力。在游戏中，幼儿产生了交往的需要，语言作为必要的社会交往工具也随之发展起来。通过游戏，幼儿扩大了词汇量，加深了对词义的理解，发展了语言能力。

3. 游戏在幼儿社会性发展中的作用

游戏是幼儿进行社会交往的起点。在游戏中，幼儿作为集体成员，需要相互适应，服从共同的行为规则，掌握和学习轮流、协商、合作等社会交往技能。在游戏中，幼儿逐渐学会了认识自己和同伴，并能正确处理自己和同伴之间的关系，从而加快了自身的社会化进程。

（1）游戏有助于幼儿克服自我中心意识

在游戏的过程中，幼儿学会认识自己，了解自己的行为会带来什么样的后果，同伴会对自己的行为做出什么样的反应。这就使幼儿能站在同伴的角度去思考问题，从“自我中心”中解放出来，否则，游戏就无法进行下去。

（2）游戏培养了幼儿的合群行为

游戏能为幼儿提供与同伴互动的机会，使幼儿感受到“大家一起玩”的乐趣，并逐渐采取一些维护集体活动的行为。在游戏中，幼儿更能表现出合群行为，为将来的学习和生活创造良好的条件。

（3）游戏提高了幼儿的交往技能

游戏扩大了幼儿的社会交往范围，增加了与同伴相处的机会。在游戏中，幼儿能充分衡量自己的需要和同伴的需要之间的平衡，学会在分享和占有、给予和索取之间找到平衡，从而逐渐掌握与人交往的技能和艺术，提高社会交往的能力。

（4）游戏发展了幼儿遵守规则的能力

在游戏中，幼儿作为集体中的一员，要受到集体规则和游戏规则的制约，按照集体的意志去行动，否则就有可能会被集体淘汰。

（5）游戏锻炼了幼儿顽强的意志

在游戏中，幼儿能够克服困难，坚持把任务完成。例如，扮演站岗士兵的幼儿能在游戏中保持站岗的姿势一动不动，也能在游戏中暂时克服自己的情绪，完成游戏的任务。

4. 游戏在幼儿情感发展中的作用

游戏不仅能满足幼儿表达自己情感的需要，而且能使幼儿的良好情感得到培养，不良的情感得到控制。游戏是一种积极的情感交往方式，有助于幼儿形成健康的性格。

（1）游戏可以让幼儿表现自己的情感

轻松愉快的游戏气氛容易让幼儿通过自我的努力获得成功，从而产生愉快和满足。幼儿在游戏中积极主动地活动，没有强制的目标，减少了为达到目标、完成任务而产生的紧张感。游戏满足了幼儿的需要和愿望，让幼儿体验到快乐、欢笑、自信、满足等积极的情绪。对 3 ~ 4 岁幼儿的研究发现，经常玩假装游戏或者有假想伙伴的幼儿在游戏中有较多的微笑和欢笑，坚持性和合作性较好，较少出现愤怒和悲伤。对年龄稍大幼儿的研究也发现，富于想象的幼儿较少莫名其妙地发火和攻击他人，较少冒失、冲动，更容易分清想象与现实的区别。

（2）游戏可以发展幼儿的成就感，增强其自信心

在游戏中，幼儿享有充分的自由选择权和自主决策权，可以根据自己的想法和愿望行动，更容易产生成就感。例如，幼儿用积木搭出形状奇特的“高架桥”或“公园”，会使他体验到成功的快感。同时，在游戏中幼儿没有任何来自外界的压力和强迫，情绪是放松的，这可以使幼儿更容易正确地对待输赢，克服困难去解决问题，获得成就感。

（3）游戏可以消除幼儿消极的情绪和情感

游戏是幼儿表达自我情感的自然媒介，幼儿在玩的过程中有机会发泄郁积起来的紧张、挫折、不安、恐惧、迷惑和混乱等情感。例如，本来幼儿很怕打针，但通过玩“医院”游戏给娃娃“打针”，可以宣泄不愉快的情绪，从而减少了心理压力，使自己的心理处于健康的状态。“游戏治疗”的理论与实践已经证明了游戏是幼儿宣泄不良情绪的重要形式。

三、幼儿游戏权利的保护

1989 年第 44 届联合国大会通过的《儿童权利公约》规定：儿童有权享有休息和闲暇，从事与幼儿年龄相宜的游戏和娱乐活动；每个儿童均有权享有足以促进其生理、心理、精神、道德和社会发展的生活水平。

幼儿游戏权利的保护具体包括以下内容：

1. 幼儿有满足游戏愿望、自主充分游戏的权利

由于自身的弱小和不成熟，幼儿在行使游戏权利时，为防止和排除来自外界的伤害

和来自他人的侵害，在安全和权益方面需要成人加以保护。

《幼儿园工作规程》指出：“幼儿园应当将游戏作为对幼儿进行全面发展教育的重要形式。”由此可见，游戏对于幼儿的发展具有重要作用，在每个人的幼儿期都扮演着重要的角色，每一个幼儿都有游戏和充分游戏的权利。

2. 幼儿园应以游戏为基本活动，保护幼儿的权利

《幼儿园工作规程》指出，幼儿园应该以游戏为基本活动。《幼儿园教育指导纲要（试行）》中也强调了这一点。

首先，游戏是幼儿身心发展的客观要求。从幼儿身心发展的角度来说，游戏不仅能够满足幼儿生理发展、认知发展和社会性发展的需要，而且能够满足幼儿自我表现、自我肯定的需要。这些需要激发了幼儿的游戏，游戏又满足了主体的需要，使幼儿得到了快乐，这些兴趣和快乐进一步支持幼儿去游戏，去探索，与外界环境相互作用。

其次，游戏是幼儿主体性的活动。游戏是幼儿的游戏，作为游戏的主人，幼儿主动参与，以独立活动的形式进行游戏，且能够在游戏中表现出创造性。幼儿在游戏中占据主导地位，决定对游戏同伴、游戏材料及游戏内容的选择，并实施个体的主体性行为，与周围环境中的人与事物构成特定的关系。在游戏中，幼儿借助模仿与想象，创造性地整合与表现自己的现实生活经验与愿望，在游戏中表现出主体的创造性。

最后，游戏可以促进幼儿的学习与发展。如前所述，游戏能够促进幼儿身体、认知、语言，以及幼儿社会性与情绪情感的发展。游戏在幼儿生活与发展中的重要地位，决定了幼儿园以游戏为基本活动的必要性。

了解了游戏是幼儿的基本需要和权利之后，幼儿园就应该切实保证以游戏为基本活动，并做好以下几个方面的工作：

（1）保证幼儿游戏的时间

游戏时间是开展游戏活动的重要保证。游戏时间的长短会影响幼儿游戏的质量。在较长的游戏时间中（约 30 ~ 50 分钟），幼儿才有时间逐渐发展出认知层次较高的游戏形式，才有充裕的时间去探索和尝试，才能尽情投入和享受游戏带来的乐趣，才能达到游戏的目的。

（2）创设幼儿游戏的空间

游戏空间是开展游戏所必需的基本条件，空间的人员密度及安排都制约着幼儿游戏的水平和质量。有研究表明，当空间人员密度依次变大时，幼儿大肌肉动作游戏逐渐减少，游戏中的社会行为及合作行为也逐渐减少，侵略行为逐渐增多。因此，幼儿

游戏时要维持适当的空间密度，尽量开辟各种游戏区域，并努力为幼儿提供各种各样安全的游戏场地。

（3）提供幼儿游戏的材料与玩具

材料与玩具是游戏的物质支柱。幼儿园还应允许幼儿自由使用玩具，使玩具成为幼儿生活的伴侣。教师可以广泛收集废旧物品，废旧物品是一种未定型的游戏材料，能够一物多用。与定型的玩具相比，废旧物品不仅经济实惠，物美价廉，而且也有利于培养幼儿的创造性思维。

（4）丰富幼儿各方面的知识经验

幼儿的游戏建立在实际经验的基础上，这个基础越坚实、宽厚，幼儿的游戏就会越多姿多彩。教师可以通过讲故事、看图片、看电视、开展科学小实验等形式，拓展幼儿的知识经验；也可以通过定期组织幼儿外出参观、郊游、野餐等方式，加深幼儿对周围环境的认识和了解；还可以鼓励家长利用空余时间带幼儿外出活动，使幼儿有更多的机会了解生活，认识人与人之间的关系。

第二节　幼儿游戏的分类与指导

一、幼儿游戏的分类

对幼儿游戏研究的角度不同，游戏分类的标准也不同。有的从幼儿的认知发展角度进行分类，有的从幼儿的社会性发展角度进行分类，还有的从对幼儿的教育作用角度进行分类。

1. 按照幼儿的认知发展分类

以认知发展为依据的游戏分类主要以皮亚杰的理论为代表。皮亚杰根据游戏与认知发展的关系，把游戏分为练习性游戏、象征性游戏和规则性游戏，认为三种游戏之间呈等级关系。他认为结构性游戏不是一种独立的、具有可明确划分阶段的游戏类型，但其他一些研究者认为结构性游戏是幼儿认知类游戏中的一个重要类型。因此，按照幼儿的认知发展，可以把幼儿的游戏分为练习性游戏、象征性游戏、结构性游戏和规则性游戏。

（1）练习性游戏

练习性游戏也称为感觉运动游戏、机能性游戏或者实践性游戏，是幼儿最早出现的一种游戏形式，一般存在于幼儿出生到 2 岁这一阶段。练习性游戏由简单、重复的动作组成，其动因在于感觉和运动器官在活动中获得愉快的体验。幼儿在这个阶段主要通过感知和动作来认识环境、与人交往，他们最初以自己的身体为游戏的中心，逐渐学会摆弄和操作具体物体，并不断反复练习已有动作，从简单、重复的练习中，尝试发现和探索新的动作并获得发展。例如，幼儿在台阶上来来回回地跑上跑下，用积木不停地敲打桌子，等等。

（2）象征性游戏

象征即用具体的物体表现某种特殊意义，主要特征是“假装”，包括用一物代替另一物，用某个动作代表真实的动作，以及自己假装是别人或虚构的角色。象征性游戏是幼儿游戏的典型形式，在幼儿 2 岁以后大量出现，4 岁以后是比较成熟的发展阶段。幼儿同伴之间合作进行的象征性游戏是象征性游戏最成熟的形式。通过象征性游戏，幼儿可以脱离对实物的知觉，以象征代替实物，并学会用语言符号进行思维。

（3）结构性游戏

结构性游戏兼具练习性游戏和象征性游戏的特征，是幼儿根据一定的计划或目的组织物体或游戏材料，使之呈现出一定的形式或者结构的活动，包括拼图、搭积木、泥工、手工等游戏。结构性游戏需要幼儿具有一定的形状、空间知觉能力和实际操作技能，也需要幼儿具有一定的象征能力，即幼儿在此类游戏活动中，是通过自己对某一材料的操作和创造，使当前造型（象征物）与真实物体（被象征物）之间建立象征联合。

（4）规则性游戏

规则性游戏是两个以上的游戏者一起按照预先规定的规则进行的具有竞赛性质的游戏，如打牌、下棋、“猫捉老鼠”等。在这类游戏中，规则一经确定，一般不再修改，如果要修改，也要所有参与者都同意才可以。

2. 按照幼儿的社会性发展分类

美国学者帕顿依据参与游戏的幼儿之间的相互关系，将 2 ~ 6 岁幼儿的游戏分为以下六种类型：

（1）偶然行为或无所事事

偶然行为或无所事事指幼儿并不是在玩，而是注视着突然发生并碰巧引起自己注意的事情。如果没有能吸引自己注意的事情，幼儿就摆弄自己的身体，或者从椅子上爬上爬下，到处乱转，或者坐在某个地方东张西望。

（2）旁观

旁观是指幼儿在行为上并不参与他人的游戏，但是大部分时间都在观看他人的游戏，听他们谈话或向他们提问。旁观与偶然行为的区别在于旁观者会针对特定的群体进行观察，而不是到处无目的地看。

（3）独自游戏

独自游戏也称单独游戏，是指幼儿独自一个人游戏，所使用的玩具与周围其他幼儿不同，幼儿专注于自己的活动，不管别人在做什么。

（4）平行游戏

平行游戏是指幼儿和附近幼儿使用相同或相近的玩具，玩法也类似，但彼此之间没有交流（包括口头语言的沟通和身体语言的交流）。

（5）联合游戏

联合游戏是指幼儿和其他幼儿在一起玩，进行相似但不一定相同的活动。游戏过程中，往往幼儿之间会因为材料的借入借出而有交流，也可能有动作的自发配合，但相互之间没有明确的分工与合作，缺乏对于材料、活动的目的和结果的共同计划和组织。

（6）合作游戏

合作游戏是指幼儿和同伴集体进行的游戏。游戏以集体共同的目标为中心，活动有严格的组织，小组里有分工，常有较为明显的组织者和领导者，是一种富有集体性的协调统一游戏。

3. 按照游戏的教育作用分类

这种分类方法是建立在长期幼儿教育实践和经验之上的一种习惯性模式，它着眼于教育活动中游戏的形式、内容及其发展功能的一致性，以便于教师的识别和组织。这种分类方法将游戏分为创造性游戏和规则游戏。创造性游戏包括角色游戏、表演游戏和结构游戏，规则游戏包括智力游戏、音乐游戏、体育游戏和娱乐游戏等。

（1）角色游戏

角色游戏是指幼儿通过模仿和想象，通过扮演角色，创造性地反映日常生活的一种游戏。在游戏中，幼儿可以根据自己的生活经验回忆和模仿周围成人的各种活动，加深体验。例如，幼儿可以在“娃娃家”扮演“爸爸”或“妈妈”，在“医院”扮演“医生”“护士”或“病人”，在“超市”扮演“收银员”或“顾客”等。

（2）表演游戏

表演游戏是指根据故事、童话等文艺作品的内容，指导幼儿进行扮演的游戏。在表演游戏中，幼儿在充分理解文艺作品的基础上，依据作品的情节，分角色出演不同性格的人物，对童话或故事中成型角色的语言、动作、表情等进行创造性扮演。

（3）结构游戏

结构游戏是指幼儿利用积木、积塑、橡皮泥、竹木制品或金属配件材料等进行建造的游戏，幼儿也可以利用自然材料（如沙、泥、雪）等进行建造。

（4）智力游戏

智力游戏是以生动有趣的游戏形式，使幼儿在自愿和愉快的情绪中学习知识和发展智力的游戏，包括语言游戏、数学游戏、科学游戏和智力竞赛等。

（5）音乐游戏

音乐游戏是在音乐伴奏或歌曲伴唱下进行的游戏，有一定的规则，游戏时的动作和表情必须符合音乐的节拍、内容、特点等。

（6）体育游戏

体育游戏是指以发展基本动作（如走、跑、跳、投掷、攀登等）为主的游戏。

（7）娱乐游戏

娱乐游戏是以娱乐为主的游戏。这种游戏带有很大的娱乐性，在娱乐的同时锻炼了幼儿的观察能力和思维能力，也提高了幼儿的方向感。

二、幼儿游戏的指导

游戏是幼儿身心发展的客观需求，也是促进幼儿发展的一种很重要的手段。但是幼儿游戏的需求能否得到满足，游戏能否在实际上成为幼儿的基本活动，不取决于幼儿本身，而取决于成人（尤其是教师）对待幼儿游戏的态度和是否为幼儿游戏创造必要的条件。在幼儿园教育教学中，游戏活动开展成效如何，取决于教师如何尊重和激发、支持和参与、引导和干预幼儿的游戏。

1. 幼儿游戏的尊重与激发

在幼儿园中，幼儿游戏能否顺利开展，首先取决于教师能否尊重幼儿的游戏倾向，能否尊重幼儿的游戏意愿，能否尊重幼儿在游戏中的创造。教师如果尊重幼儿的游戏，就能在日常的教育活动中有意识地使用游戏的方法，给幼儿留出游戏的时间，让幼儿充分享受游戏的快乐。其次，教师可以采用不同的方法激发幼儿的游戏。例如，教师可以通过丰富幼儿的知识经验来激发幼儿游戏。幼儿游戏是建立在实际经验的基础上的，丰富幼儿的生活经验，可以使幼儿游戏的主题和内容更加丰富多彩。教师可以通过创设适宜的环境来激发幼儿游戏，还可以在游戏场地放置一些新材料、新设备，引发幼儿开展游戏的意愿。教师可以提出启发性的问题和合理化的建议来激发幼儿游戏。在幼儿游戏的过程中，教师要善于把握时机，提出启发式的问题和合理化的建议，激发幼儿想象和思考，使幼儿的游戏不断深入，以促进幼儿游戏的发展。教师还可以平行介入游戏，通过巧妙扮演角色激发幼儿游戏。当幼儿在游戏中经常转换主题或半途而废时，教师的介入会鼓励幼儿将游戏推进下去，直至获得成功。

一天早晨，大一班的杨老师听到胡阳小朋友正在给其他小朋友讲他昨天晚上看到的“神舟十号”宇宙飞船的事情。敏感的杨老师觉察到这是一个开展游戏的很好契机，于是就找来了“天宫一号”“神舟九号”和“神舟十号”发射的一些视频给幼儿们看，让幼儿们了解宇宙飞船的构造，宇航员如何在太空舱生活，“神舟十号”和“天宫一号”如何对接等，丰富幼儿们的知识经验。接着，教师把游戏区布置成了一个“宇宙飞船”的样子，还给幼儿们准备了宇航服、宇宙飞船的模型等材料，让幼儿们进行宇宙飞船的游戏。

在游戏中，教师发现胡阳、于乐和赵凯进行的游戏总是停留在“火箭发射”上，于是就走过去问他们：“为什么要进行火箭发射呢？”于乐说：“因为需要把宇宙飞船送上太空。”教师又问：“宇宙飞船去太空干什么呀？”赵凯说：“为了和其他宇宙飞船进行对接。”然后教师又问：“宇宙飞船是怎么对接的？”幼儿们对于这个问题无法用语言描述，但是他们边比画边说：“这样对接。”

在教师的启发下，幼儿们的游戏增加了“宇宙飞船对接”“宇航员在太空舱的生活”和“完成使命的宇宙飞船落入大海”等情节。

2. 幼儿游戏的支持与参与

要充分发挥游戏在幼儿发展中的作用，教师就应该积极支持和参与幼儿的游戏，在游戏中成为幼儿普通伙伴中的一员，与幼儿处于平等地位。幼儿也能通过教师的参与，感受到教师对于自己游戏的支持。教师可以通过两种方式支持幼儿的游戏。一是应邀参加幼儿的游戏，即在幼儿的邀请下，教师以某个游戏角色参与到游戏中；二是主动参与到幼儿游戏中，即教师通过对游戏的观察，选择适当的时机，以角色的身份主动参与游戏，成为幼儿游戏的伙伴。例如，在“理发店”游戏中，教师看到没有“顾客”，“理发师”只能干坐着等待的时候，就可以以“顾客”的身份参与到游戏中。教师参与到幼儿的游戏中，不仅可以明确游戏的价值，提高幼儿游戏的兴趣，还可以增加师幼之间的交流，促进幼儿的社会性发展。

例如，幼儿常常喜欢扮演他们熟悉的父母、教师、商店经理、警察等角色，以满足他们“快快长大”的愿望。从幼儿的角度看，这些角色是处于主动地位的，可以在游戏中支配别人，让其他幼儿听从自己的指挥。而教师可以以“娃娃家”客人、商店顾客、出租车司机等角色参与到游戏中。虽然这些角色处于从属地位，但同样可以策动和引导幼儿参与到游戏中去，发展游戏情节。

3. 幼儿游戏的引导与干预

在游戏中，由于幼儿知识经验较为贫乏，辨别是非能力较差，所以常常会出现与现实生活逻辑相悖或者是错误的现象。因此，教师要注意矫正幼儿不正确的想法和做法，使幼儿的思维、想象逐渐科学化、合理化，符合现实生活逻辑。例如，看到幼儿把娃娃扔来扔去、乱挥舞剪刀等行为，教师就可以直接提醒幼儿这样做很危险。如果幼儿不小心损坏了玩具，教师可以扮演成修理工上门修理某个家具或器具，并启发幼儿思考“为什么这件东西会坏掉”，引导幼儿学会保护玩具。如果幼儿有意把玩具损坏或抛撒，教师可以以玩具的口吻求救，及时引导。当观察到幼儿在游戏中出现严重违反规则的行为或攻击行为时，教师就可以直接对幼儿的行为进行干预。例如，幼儿因争抢玩具而发生打骂，或者借游戏欺负其他幼儿时，教师就应该直接干预并加以引导。但是，干预容易破坏游戏气氛，甚至使游戏中止。一般情况下，教师在干预游戏时要慎重考虑，不宜多用。

第三节　幼儿园游戏活动的组织实施

一、幼儿园游戏活动的准备

幼儿在幼儿园中能否进行充分的游戏，体验到游戏的乐趣，关键在于教师能否为幼儿的游戏做好各种准备。

1. 给幼儿充足的游戏时间

在幼儿园的一日活动中，游戏是主要的活动，也是教师进行教育和幼儿进行学习的主要途径。时间是幼儿开展游戏活动的重要保证，只有时间充足，幼儿才可能真正投入、探索和享受游戏的快乐。如果游戏时间仓促，幼儿就无法深入了解玩具的特性和玩法，无法充分安排和组织游戏。这样既降低了游戏的作用，也会阻碍幼儿对游戏的兴趣。只有给予幼儿充分的游戏时间，幼儿才能充分地寻找伙伴，准备材料，发展游戏情节，享受探索游戏的快乐。在幼儿园一日生活中，教师要保证幼儿有一定的自主游戏时间，过多的集体活动或指令性活动都会妨碍幼儿游戏的开展。

（1）游戏时间充足

《幼儿园工作规程》规定，正常情况下，幼儿每日的户外活动时间不得少于 2 小时，寄宿制幼儿园不得少于 3 小时。要因地制宜，尽可能让幼儿有更多时间在户外活动。根据幼儿年龄特点和发展需求，游戏的时间也是略有不同的。一般来说，创造性游戏的时间为小班 30 ~ 40 分钟，中班 40 ~ 50 分钟，大班 50 ~ 60 分钟；户外体育游戏时间为小班 20 ~ 30 分钟，中班 30 ~ 40 分钟，大班 40 ~ 50 分钟。

（2）有效安排一日生活中的游戏

一般来说，晨间、午睡起床后和离园前应安排一些户外体育游戏和室内安静的游戏，上午集体教学活动后和下午应安排一些创造性游戏，如角色游戏、结构游戏和表演游戏等。

（3）整合游戏时间

教师可以根据幼儿一日生活的安排，尽量将部分零散的游戏时间整合成一个完整的游戏时间段，供幼儿充分、自由地玩耍。幼儿只有拥有了充足的游戏时间和机会，才能表现出较高的游戏水平。

2. 创设游戏环境

创设良好的游戏环境是教师组织和指导幼儿游戏的重要一环，游戏环境作为幼儿园环境的一个重要组成部分，应该体现出其教育价值。

（1）室外游戏环境创设

室外的游戏场地要平坦，有遮阴处，不远离活动室，确保安全。游戏场地要放置一些大型的设备和用具，如体育游戏的大型器械和玩具、大型积木等。室外场地的布置要合理，以不妨碍幼儿奔跑、活动为原则，避免因设备密集而妨碍幼儿活动和发生不安全的问题。

（2）室内游戏环境创设

教师要根据幼儿的人数和特点，创设幼儿园室内游戏区。在各个游戏区之间，可以用玩具柜、书架等作为隔离物，将其分开，并留下通道，以免相互干扰。教师还要把安静的游戏区和喧闹的游戏区分开，各游戏区之间既相互独立，又相互联系，构成一个整体。教师还要给各个游戏区找到最佳位置，例如，将“娃娃家”放在“菜场”的旁边，让“妈妈”到“菜场”买菜。最后，教师要注意定期更换游戏区，并鼓励幼儿参与设计、布置游戏区，提高幼儿的主动性和积极性。

3. 提供玩具和游戏材料

玩具和游戏材料是游戏的物质支柱，也是幼儿认识和掌握世界的工具。幼儿容易受环境影响，玩具和游戏材料的种类、数量、操作难易程度直接影响幼儿游戏的过程与结果。

（1）小班玩具和游戏材料

小班应提供尽量逼真、色彩明快、品种少而数量多的成品玩具和游戏材料。小班比较适合提供多个相同主题的游戏材料，但要用不同色彩、不同风格帮助幼儿加以区分。

（2）中班玩具和游戏材料

中班应提供数量多、种类丰富的各类玩具，还需要提供少量的半成品材料，以及适于变化的材料，如橡皮泥、纸张和纸盒等，鼓励幼儿在游戏中积极创造。中班比较适合组织丰富的游戏主题活动，提供尽可能多的游戏机会。

（3）大班玩具和游戏材料

大班幼儿的能力与水平都明显提高，因此需提供更具开放性和变化性的游戏环境，以及能反映物体细节特征的、丰富多彩的半成品和废旧物品。游戏的场地和材料可以不固定，可创设有多种选择的材料区。

二、幼儿园游戏活动的观察

观察不仅是游戏准备工作的基础，也是教师介入幼儿游戏的前提，是教师的游戏准备工作和介入游戏之间的桥梁。通过观察，教师不仅能确定是否需要延长游戏时间、改变游戏空间、丰富知识经验、提供游戏材料，还能把握幼儿游戏的最新动态，了解幼儿对游戏的兴趣，意识到自己是否应该进行指导。

1. 游戏观察的内容

在游戏观察中，一般将游戏主题、材料、行为习惯等方面作为主要的观察内容，具体表现为游戏中幼儿与幼儿之间、角色与角色之间、角色与材料之间的关系。

（1）主题方面

主题方面包括幼儿已有的游戏主题（游戏中相应的语言、表情、动作和交往能力等）及新出现的主题。如果出现与近阶段教学内容相联系的主题，则作为观察的内容。

（2）材料方面

材料方面包括已有的材料、新投放的材料和环境创设等。教师应注意观察幼儿与材料的相互作用，幼儿与幼儿之间怎样通过材料进行交往，以及环境的创设对幼儿游戏的影响。

（3）行为习惯方面

行为习惯方面包括日常生活常规和幼儿间相互交往的规则。

2. 游戏观察的方法

根据不同的标准，游戏观察的方法可以划分为不同的类型。传统上，根据观察使用的工具不同可以将游戏观察方法分为行为核对表法、等级量表法和轶事记录法。目前在幼儿园中，使用较多的方法是根据观察的时间段所进行的扫描观察、定点观察和追踪观察。

（1）扫描观察

扫描观察也叫分时段定人观察，是对班里的幼儿平均分配时间，在相等的时间里对每个幼儿轮流进行扫描观察。如果教师想了解全班幼儿游戏中选择了哪些主题，每个幼儿选择了什么主题、扮演了什么角色、使用了什么材料等，就可以使用该方法。选用这种方法时，一般用表格的形式进行记录。

例如，表6–1可以用于记录观察幼儿在游戏中对主题喜好的程度。

表6–1　幼儿在游戏中对主题喜好的程度

主题 姓名	娃娃家	医院	超市	积木区	……
幼儿1					
幼儿2					
……					

（2）定点观察

定点观察即定点不定人观察。教师可以固定在游戏中的某一地点进行观察，只要在此点的幼儿都可以作为观察对象。这种方法适合于了解一个主题或者一个区域幼儿游戏的情况，可以获得一些动态的信息，了解游戏中幼儿使用材料的情况、交往情况、游戏情节发展等，一般多在游戏过程中使用。运用这种方法，可以较为全面地了解某一个主题的开展情况，了解幼儿已有的经验，以及他们在游戏中的种种表现，使指导能有的放矢。

游戏类型：结构游戏

观察时间：________________

观察描述：

小明和诚诚选择了积木区游戏，两个人开始搭建积木，小明负责选择积木块，诚诚负责搭建，不一会儿“大楼”一层已经搭起来了，两人配合得比较默契。齐齐走过来，起初蹲在旁边看他俩搭积木，慢慢也开始参与进来。齐齐先是和小明一样选择积木，递给诚诚，后来也开始和诚诚一起搭建起来。齐齐负责搭建“围墙”，两个人的游戏变成了三个人的游戏。诚诚发现积木块不够了，就开始拆卸齐齐搭建的“围墙”，齐齐没有阻拦，看了一会儿就站起来，走了出去，不再在积木区玩了。

（3）追踪观察

追踪观察即定人不定点观察。教师事先确定一到两个幼儿作为观察对象，观察他们在游戏中的活动情况。被观察的幼儿走到哪里，观察者就追随到哪里，固定人而不固定地点。这种方法适合于观察了解个别幼儿在游戏全过程中的情况，了解其游戏水平，获得更详细的信息。

案例 6-3

游戏名称：________________

幼儿姓名：________________

观察时间：________________

观察描述：

某角色游戏中，美美选择扮演妈妈。在“娃娃家”里，美美抱着娃娃在屋里走来走去。突然，她对娃娃说：“不哭，宝宝不哭，哪里疼啊？”然后对着扮演爸爸的小强说：

"宝宝病了，我要带她去医院。"说完，她就抱着娃娃走出了门。可是她并没有带着娃娃去"医院"，她看见在"超市"区域的小朋友玩得不亦乐乎，就把娃娃放在旁边，走进了"超市"。可她没有"钱"，什么都没买成，就又走了出来。看着躺在旁边的娃娃，她抱了起来走回了"娃娃家"，最终也忘了去"医院"的事。

三、幼儿园游戏活动的指导

对于教师来说，游戏活动指导是一个开放性的、与幼儿互动的过程。在这个互动过程中，教师要充分发挥指导作用，促进幼儿的发展。

1. 幼儿游戏活动的指导方法

（1）平行式介入法

平行式介入法是指教师在幼儿附近玩与幼儿游戏相同或不同材料的游戏，目的在于引导幼儿模仿教师。当幼儿对教师新提供的材料不感兴趣、不会玩、不喜欢玩，或者只会一种玩法时，教师可用这种方式介入进行指导。

（2）交叉式介入法

交叉式介入法是指当幼儿有教师参与的需要或教师认为有指导的必要时，由幼儿邀请教师作为游戏中的某一角色或教师自己扮演一个角色进入幼儿的游戏，通过教师与幼儿各自角色间的互动，起到指导幼儿游戏的作用。当幼儿处于主动地位时，教师可扮演配角。

（3）垂直介入法

垂直介入法是指幼儿出现严重违反规则的行为或攻击行为时，教师直接介入游戏，对幼儿的行为进行直接干预。这种方式易破坏游戏气氛，甚至使游戏中止，一般情况下不宜多用。

教师在对幼儿游戏进行指导时，应融合多种形式，发挥互补优势。只有灵活选用不同方法，才能有效提升幼儿游戏水平，使幼儿获得游戏体验，实现游戏目的。

2. 幼儿游戏活动的指导形式

（1）语言指导

语言指导可以分为发问、提示、鼓励与赞扬、建议等。

1）发问。发问主要是用于了解幼儿游戏的现状及幼儿的具体想法或进行启发引导等，宜用亲切平和的语气进行询问，了解幼儿的真实想法，如问："你想做什么？""你要做什么？"其目的是引起幼儿的思考，使其逐渐学会辨别是非，做出明确的行为判断。

2）提示。提示主要是指当幼儿遇到困难或不知所措、缺乏目的时，教师用一两句简单的建议性提示，帮助幼儿明确想法，促进游戏顺利开展。

3）鼓励与赞扬。鼓励与赞扬主要是指教师针对游戏中幼儿表现出的创造性及正向的游戏行为加以肯定并提出希望。在班级集体中，教师可对正在进行中的幼儿游戏进行个别评论，也可在游戏结束时进行总结性评论，如说："这个房子是你建的吗？真漂亮！""今天你扮演的国王很成功，演得非常好！"评论不能面面俱到，宜点到为止。

4）建议。建议是指教师通过言语试探性地或协商性地要求或暗示幼儿去做什么和如何做，重在对幼儿游戏行为的引导，如说："你们想玩过节的游戏吗？""小明，小牛的角是在头上的，你该向上戴呀。"建议可以帮助幼儿确立游戏的主题，明确自己的角色，还可以扩展游戏的内容，开拓幼儿的思路等。

（2）行为指导

除了语言的方法以外，教师也要充分利用自己的表情、眼神、手势、动作和身体运动的方向等非语言的手段，支持和帮助幼儿在游戏过程中进行学习。

1）身体语言。身体语言是指教师在指导游戏时，利用动作、表情、眼神等对幼儿游戏行为做出反馈。

2）提供材料。教师一方面要提供丰富的材料，另一方面还要根据情况及时添置新的材料。例如：给幼儿提供需要多人合作才能玩的综合型玩具，让幼儿寻找同伴一起玩，促进其游戏的社会性行为水平的提高；或者提供可以一物代替多物的材料，培养和发展幼儿的创造力和想象力等。

3）场地布置。教师期望幼儿产生什么行为，朝着什么方向发展，可以通过场地布置的影响来达到目的。例如，如果教师希望减少跑动及动作粗野的游戏，可用分隔物或家具把开放的空间阻隔起来。再如，如果有的区角没人光顾，可通过变换场地等方式吸引幼儿，也可同幼儿一起规划、设计和安排场地。

4）动作示范。规则游戏由于有玩法及规则的限制，必须在学会后才能玩。因此，教师要给幼儿做适当的示范、讲解，帮助他们掌握玩法，理解并掌握规则。在创造性游戏（如表演游戏）中，教师可以在小舞台上进行示范性表演，这不仅能激发起幼儿的表演欲望，而且能将各种表演技巧展现给幼儿，供幼儿模仿。教师还可与幼儿一同表演，表演里面就隐含着示范。

四、幼儿园游戏活动的评价

对幼儿游戏活动进行评价，是提高游戏质量的重要步骤。客观有效的评价能推动幼儿在认知、情感、社会性等方面的发展，也能丰富幼儿游戏活动的内容和情节。

1. 对幼儿游戏教育作用的评价

游戏对幼儿发展的教育作用是否得以实现，或幼儿是否通过游戏受到教育，是评价幼儿游戏是否成功的关键。而评价游戏教育作用的大小或游戏是否成功的根本出发点就是幼儿是游戏的主人。具体来讲，可以从以下几方面来衡量游戏是否成功。

（1）幼儿在游戏中感到轻松、愉快，发挥了创造性。要让幼儿按自己的意愿做游戏，感受到真正的快乐，也就是说，评价一个游戏非常重要的标准，就是幼儿在游戏的过程中是否有了愉悦的体验。例如，在一个游戏活动结束后，常常会听到幼儿兴奋地说“太好了”“真好玩”，这表明游戏给予了幼儿快乐和愉悦。

（2）幼儿能认真游戏，在游戏中体现坚持性，能克服困难，并遵守游戏的规则。一个成功的游戏活动，幼儿不仅有兴趣，还对出现的困难有继续挑战的信心，并且对一些规则性游戏能遵守一定的规则，保持较强的纪律性和组织性。

（3）成功的游戏中，幼儿不仅能正确地使用玩具，而且能创造性地使用玩具。

（4）幼儿在游戏中能与同伴合作，并不妨碍他人游戏的进行。幼儿对同伴友爱、谦让，在游戏中互相协商、互助合作，这些都为游戏的继续深入增加了可能性，提高了幼儿游戏的主动性和积极性。

（5）游戏内容丰富、积极向上，有益于幼儿身心发展。成功的幼儿游戏应该内容丰富，能广泛地、创造性地反映他们对周围世界的认识，且内容健康向上，有利于幼儿身体、智力和品德的全面发展。

总之，对游戏教育作用的评价必须从有益于幼儿身心发展出发，必须以幼儿是游戏的主人为出发点，对幼儿在游戏中的表现进行评价，而不应用场面大小和热闹程度等表面形式来评价。只有掌握正确的评价标准，才能明确指导的方向和重点，才能使游戏真正促进幼儿全面发展。

2. 对幼儿游戏发展水平的评价

通过评价幼儿游戏的一般性发展水平，可以了解幼儿身心整体发展的一般状况，特别是了解幼儿个性和社会性的发展特点，还可以检验教育者组织和指导游戏的效果。

教师可在学期初、末各对本班幼儿进行一次幼儿游戏一般性发展评价，将材料加以汇总统计后，前后两次对照，就可以判断本学期幼儿发展的一般状况，了解取得的教育效果和质量。同时也可以对评价量表中的各个方面加以分析，掌握本班幼儿各个方面的发展特点和取得的进步。幼儿游戏一般性发展评价表见表 6–2。

表 6–2　　幼儿游戏一般性发展评价表

项目	评价标准	评价内容
自选情况	不能自选	
	自选游戏玩具	
	自选活动及玩具	
主题目的性	无意识行为	
	主题不确定，易受他人影响而变换	
	自定主题，能很快进入游戏情境	
	共商确定主题，主题稳定	
材料运用	不会用或简单重复	
	材料运用正确、熟练，玩法常规	
	材料运用充分，玩法多样、复杂	
常规执行	行为有序 / 基本遵守规则 / 行为混乱，不守规则	
	轻拿轻放，爱护玩具 / 基本爱护玩具 / 不爱护或乱丢玩具	
	及时收放，认真整理 / 部分做到 / 不能整理	
社会参与性	独自玩	
	平行活动	
	联合游戏	
	协作游戏	
伙伴交往	积极交往：互助谦让，轮流合作，协商解决问题	
	一般友好交往：交谈、逗趣、请求、询问、追随、模仿	
	消极交往：独占、排斥、干扰、破坏、退缩、攻击、对抗	
持续情况	变换频繁（记录次数）	
	有一定持续性	
其他	是否参与环境创设，与教师交往情况，能否正确评价游戏	
总体印象		

3. 对教师指导行为的评价

对教师指导行为进行评价，既要注重教师作为教育者的主导作用发挥程度，又要强调教师对幼儿游戏主体地位的尊重，做到科学、全面、合理。另外，评价教师在游戏过程中的指导行为，应注重对教师工作的激励，调动教师的积极性和创造性。科学合理的教师指导行为主要体现在以下几个方面：

（1）引导游戏的进程

一是引导幼儿选择活动开始游戏，例如，教师可先通过介绍材料、建议活动方式、提出行为要求等，启发引导幼儿自选活动；二是参与幼儿的游戏过程，激励启发幼儿的操作、实践和交往，促进幼儿与周围环境的相互作用；三是依照幼儿的不同需要给予适当的帮助；四是在游戏结束时，引导幼儿评价游戏。

（2）重视教师自身与幼儿的相互作用

教师可多运用鼓励、赞许和肯定的语气，表现出对游戏活动的兴趣，表扬幼儿的良好行为，或是用眼神和表情等做出赞许的表示，尽量避免强行控制、禁止和批评等。教师的积极态度会促进幼儿的努力和进步，激励幼儿去创造和发现。

（3）充分考虑指导对象的差异性

教师在指导过程中既要照顾全体幼儿，又要特别注重对幼儿个体的指导，针对幼儿的不同特点，给予具体帮助。同时，教师还应注意逐渐增加对幼儿活动小组的指导，从而激发小组内幼儿之间的积极相互作用和影响。应避免单一性的集体指导和整齐划一的要求。

（4）探索多样化的指导方法

教师应注意在教育实践中探索多样化的指导方法，如及时给出适宜材料、建议、提问、启发和丰富知识经验、提供范例、共同参与、行为示范、教授或指导具体技能、利用幼儿之间的相互影响互教互学等，从而促进游戏不断深入。教师要根据具体情况，采用适当的指导方法，并注意综合运用，才能发挥良好的效果。

（5）运用启发激励式指导方式

教师应在尊重幼儿的基础上，运用启发激励式指导方式，创造一种民主、平等的环境和气氛，激励幼儿积极活动，鼓励幼儿探索创造。例如，设置问题情境，提供机会，鼓励幼儿自己克服困难、解决问题，等等。教师应力戒强制包办和随意放任式指导，以培养并增强幼儿的自主精神。教师在具体指导游戏的过程中，还应注意发挥常规的作用，使幼儿通过执行游戏常规，逐渐形成行为自律和自我管理的能力。教师还应注意全面指导幼儿行为，从而促进幼儿身心和谐发展。

（6）建立常规

教师应依幼儿不同年龄，引导幼儿在活动中建立必要的游戏常规，结合环境中的自治因素，引导和督促幼儿执行常规，逐渐培养幼儿在行为方面的自律和自治特性。

4. 对幼儿游戏环境创设的评价

评价游戏环境主要是指对场地、活动区、游戏材料和玩具投入等方面进行评价。既要对室内游戏环境（场地）进行评价，也要对室外环境（场地）进行评价。可以先对每个或每类活动区域分别评价，然后综合对游戏环境整体效果进行评价。

一般可以从以下几个方面来评价游戏环境：

（1）时间安排

具体包括：是否有足够的自由游戏时间，是否有多种类型游戏的时间安排，是否有多种时段的安排，户内、户外游戏的时间是否有搭配。

（2）户外场地特征

具体包括：是否具有练习各种粗大动作的设备，是否具有组合型的运动器材，是否具有可移动的游戏活动设施。

（3）室内空间结构

具体包括：是否具有开放的和间隔的空间搭配，活动区（角）的布局是否合理。

（4）游戏材料的提供

具体包括：材料的摆放是否方便幼儿使用，材料的种类和搭配是否丰富，材料是否符合幼儿年龄特征，材料对幼儿是否具有多种潜在的发展层次，材料是否具有多种功能，以满足不同的游戏需要。

第四节　幼 儿 玩 具

在幼儿园里，凡是供幼儿用来游戏的物品都可以称为玩具或游戏材料。玩具能促进游戏的发生和发展，是游戏实施的重要条件，能促进幼儿身心全面和健康发展。幼儿的思维是具体形象的，他们在游戏时凭着玩具对所体验过的事物进行想象，并产生一系列相应的行动和活动。

一、幼儿玩具的教育作用

1. 玩具有助于调动幼儿活动的积极性

玩具可以供幼儿随意摆弄、操作、玩耍和运用。各种类型的玩具一般都颜色鲜艳、样式可爱，能促使幼儿主动去接触。玩具既符合幼儿的年龄特点，又能满足他们的能力需求，因此能调动幼儿进行游戏和活动的积极性。

2. 玩具有助于促进幼儿感官的发展

玩具具有直观形象性，以其形、色、声音、质地等方面的特征来刺激幼儿的感官，让幼儿在看、听、摸、吹、拿的过程中反复进行各种感官训练，促进感觉和知觉的发展。可以说，在幼儿还不能广泛接触现实世界时，玩具是他们认识世界的工具。

3. 玩具有助于促进幼儿智力的发展

玩具的直观形象性和模仿生活的真实性，可以激发起幼儿天生的好奇心，锻炼他们解决问题的能力，培养他们自主学习的精神。幼儿在使用玩具的过程中必须积极进行思维、想象，以及分析、综合、比较、判断、推理等，这可以促进幼儿思维深度、灵活性和敏捷性的发展，培养幼儿的创造力，锻炼幼儿的记忆力和想象力，最终促进幼儿智力的发展。

4. 玩具有助于培养幼儿良好的品质

幼儿在玩玩具的过程中，往往会遇到一些困难，必须依靠自己的努力去克服。同时，从幼儿独自摆弄玩具到与同伴一起制定规则玩玩具，幼儿之间的社会交往越来越多，这可以使幼儿形成团结、合作、谦让、理解、关爱等品质。例如，使用玩具电话，幼儿就需要与同伴合作才能进行。

5. 玩具有助于培养幼儿的审美能力

玩具一般具有优美的造型、鲜艳的色彩、悦耳的声响、滑稽有趣的动作等能吸引幼儿的特征。幼儿在操作玩具的过程中，陶冶了性情和美的情操，可以在其中发现美、感受美、欣赏美和创造美，培养美感。特别是传统的民间玩具，蕴含了丰富的民间艺术和民族特色，能够引发幼儿对艺术的兴趣。

二、幼儿玩具的种类

幼儿玩具种类繁多，性质和功能多种多样，分类的角度不同，内容也各不相同，以下主要根据玩具的功能和特点进行介绍。

1. 形象玩具

形象玩具又称主题玩具，是模仿物体原形制作的玩具，如各种人物、动物、生活用品等。形象玩具的特点是逼真、惹人喜爱，既能丰富幼儿的各种知识，又能引起幼儿生动具体的回忆和联想，还能激发他们模仿周围的事和成年人活动的兴趣。幼儿可以利用形象玩具扮演生活中的各种角色，活跃生活气氛，提高游戏的兴趣，并在游戏活动中锻炼和发展自己。常见的形象玩具有各种娃娃玩具、动物玩具、植物玩具、医疗玩具、交通玩具，以及炊具玩具、餐具玩具等模拟日常生活用品的玩具，这些玩具与现实生活中的物品非常相似。

2. 智力玩具

智力玩具是指用以发展幼儿智力的玩具，包括各种图片、卡片和各种拼、插、套、镶嵌等材料。常见的智力玩具如串珠、套塔等可以训练幼儿的手眼协调性和手指灵活性，拼图、图案积木等可以培养幼儿的想象力、记忆力和反应能力，接龙、计算盘等可以帮助幼儿理解数的概念，分类盘、跳棋等可以发展幼儿的思维能力，此外还有穿线板等可以随意变化的玩具。传统的七巧板、“华容道”、孔明锁、魔方、扑克，以及各种棋类等，都属于智力玩具的范畴。

3. 结构造型玩具

结构造型玩具指各种积木、积塑、泥、沙、雪等。这类玩具的主要特点在于没有定型，幼儿可以根据自己的想象，利用这种玩具建造各种建筑物或者立体形象。它们对挖掘幼儿智能，培养幼儿的创造力和想象力有着重要作用。此外，结构造型玩具还能提高幼儿动作的协调性和准确性，以及他们对游戏的兴趣。

4. 音乐玩具

音乐玩具是指能够发出乐音的玩具。常见的音乐玩具包括各种模拟乐器（如小铃铛、小钢琴、铃鼓、木琴、小喇叭、锣、鼓、沙锤等），以及各种会发出乐曲声或者歌声的娃娃玩具和动物玩具等。这些玩具有助于幼儿学会辨别不同的乐器声，区别音的强弱和远近，发展听觉及对声音的感受力。

5. 体育玩具

体育玩具用来发展幼儿的基本动作和体力，是幼儿进行体育游戏时所使用的玩具。体育玩具有大型、中型和小型三种类型。大型的体育玩具是指幼儿园的体育设施，如滑梯、攀登架、秋千和转椅等；中型的体育玩具包括木马、摇船、平衡木和脚踏三轮车等；小型的体育玩具包括各种球类、铁环、跳绳和沙袋等。

三、选择幼儿玩具的原则

1. 玩具应具有教育性

玩具的教育性是指玩具所包含的文化、科学知识和价值观念等对幼儿的发展有一定作用。无论是哪种类型的玩具，都应该在某种程度上促进幼儿某一方面的发展。

2. 玩具应符合幼儿的发展水平

玩具应该符合幼儿的身心发展水平。不同年龄阶段的幼儿，由于其生理和心理发展水平不同，所需要的玩具也不相同。一般情况下，0 ～ 2 岁的幼儿正处于各种感觉器官迅速发展的重要时期，应该选择促进感官功能发展的玩具，如各种彩球、彩带、发声的摇鼓、音乐盒和惯性小汽车等。3 ～ 4 岁的幼儿正处于形象思维形成和发展时期，应该为他们选择形象的玩具，如娃娃玩具、动物玩具、医疗玩具、交通玩具、餐具玩具。能活动或可拆拼的玩具有助于发展幼儿的思维和想象。5 ～ 6 岁的幼儿抽象思维能力开始发展，应为他们选择结构玩具、智力玩具或电动玩具，如各种类型的积木、积塑、拼图和镶嵌板。这些玩具能激发幼儿动手动脑开展各种游戏，同时培养幼儿的思维能力。

3. 玩具应符合卫生和安全的要求

玩具是否卫生和安全是选购玩具最基本的标准。玩具的涂色、原料及填充物应无毒，无异味，容易洗晒。带声响的玩具声音要和谐悦耳，无噪声。另外，还要注意不向幼儿提供带有尖角、边缘粗糙或锋利的玩具，以及具有发射功能的玩具枪炮和玩具弓箭，室外的玩具也要注意定期进行卫生和安全检查，并且要让幼儿学会正确使用玩具。

4. 玩具应经济适用

在玩具的选择上，应提倡就地取材，多利用当地自然物和废旧物自制玩具。如果一味选择高档玩具，不仅造成教育经费的浪费，也容易使幼儿产生虚荣心，相互攀比，不利于形成正确的价值观。玩具的好坏不应以价格和外形来决定，而是要以教育作用为主要的判断依据。

四、幼儿园玩具的配备要求

玩具是幼儿游戏活动的重要物质条件，为了保证玩具的教育作用得以充分发挥，保证幼儿的健康发展，幼儿园对玩具的配备应该符合一定的要求。

1992 年，国家教委颁布了《关于印发〈幼儿园玩教具配备目录〉的通知》，其附件《幼儿园玩教具配备目录》中规定了幼儿园玩教具的配备要求，具体如下：

1. 体育类玩教具

体育类玩教具包括 23 种室内外大、中、小型体育器械和玩具，供幼儿练习走、跑、跳跃、平衡、钻爬、投掷和平衡能力。

2. 构造类玩教具

构造类玩教具包括大、中、小型积木，以及插接构造玩具、螺旋玩具和穿编玩具，共 6 种。

3. 角色、表演类玩教具

角色、表演类玩教具包括角色游戏玩具、桌面表演游戏玩具、木偶、头饰和模型，共 5 种。

4. 科学启蒙类玩教具

科学启蒙类玩教具包括进行常识和数形教育的可操作性玩具，共 29 种。

5. 音乐类玩教具

音乐类玩教具包括串铃、响板、铃鼓、钢琴等，共 15 种。其中包括教师教学用的乐器和幼儿使用的打击乐器。

6. 美工类玩教具

美工类玩教具包括小剪刀、泥工板等在内，共 7 种。

7. 图书、挂图与卡片类玩教具

图书、挂图与卡片类玩教具包括幼儿读物、教育挂图和各种卡片，共 3 种。

8. 电教类玩教具

电教类玩教具包括电视机、投影仪等电化教育的软件和硬件，共 7 种。

9. 劳动工具类玩教具

劳动工具类玩教具包括喷壶、小铲子等在内的供幼儿进行种植和饲养等活动的工具，共 6 种。

五、幼儿园玩具的利用

幼儿园玩具的利用离不开幼儿的学习和游戏活动，离开了幼儿的学习和游戏活动，玩具也就失去了其存在的价值。游戏环境的创设、玩具和游戏材料的提供，以及游戏的指导等对幼儿游戏的性质和质量有着至关重要的影响。

1. 根据幼儿的年龄特点提供适宜的玩具

适宜的玩具是指符合幼儿年龄特征以及本班幼儿特点与需求的玩具。例如：给小班幼儿提供玩具时，可提供数量充足的成型玩具，种类主要集中在与他们生活经验密切联系的玩具上；对于中班的幼儿，应为他们提供数量充足、内容丰富的玩具和材料，以满足他们不断增长的游戏愿望和需要；而对于大班幼儿，除了提供大量的成型玩具外，还应准备丰富多彩的半成品、废旧物品和自然物品，满足他们游戏的需求。

此外，教师还应充分考虑不同年龄段幼儿的体力、认知水平、操作玩具的特点和已有的操作经验，激发幼儿操作玩具的兴趣，有针对性地提出能落实在幼儿“最近发展区”内的适当要求。

2. 投放玩具时充分考虑玩具的数量、种类及搭配

玩具的种类和数量影响幼儿游戏的类型。不同种类和数量的玩具相互搭配，影响着幼儿游戏的性质和主题，但这种影响较为复杂。观察发现，给幼儿一个娃娃和多个娃娃，引发的游戏类型不同。只有一个娃娃时，幼儿倾向于玩“过家家”的游戏，而多个娃娃可能会引发幼儿玩“托儿所”或“上课”等游戏。如果只给幼儿提供用具玩具（如餐具玩具、炊具玩具等），不给幼儿提供娃娃，对幼儿的游戏效果将产生较大影响。在出现娃娃前，游戏中占中心地位的是使用这些物品的游戏动作；而出现娃娃后，角色成为游戏的中心。因此，许多研究者指出，在玩具的搭配上应注重系列化和联系性，这种搭配对幼儿游戏及智力发展十分有效。另外，在投放玩具时，应考虑到所提供的玩具是否成套且比例恰当。例如，“娃娃家”游戏中的锅碗瓢盆、蔬菜水果等的大小就应当成比例，否则幼儿无法进行游戏。

3. 对幼儿进行玩具玩法指导

教师在对幼儿进行玩具玩法指导时，应注意以下几点：

一是把握玩具的教育功能，突出关键经验。教师在投放玩具前，应自己对玩具的玩法进行探索，了解其玩法和玩法背后蕴藏的概念、原理和教育价值。以小班“娃娃家”玩具为例，大致可以分为娃娃玩具、家具玩具、电器玩具、衣物玩具、餐具玩具和辅助材料等。教师要细致观察和研究每一样玩具的教育功能，看看除了一般的玩法之外，还可以有哪些玩法。

二是观察幼儿游戏过程，了解幼儿在活动过程中的表现和反应，敏锐地觉察到幼儿的需要，及时加强对玩具操作的过程指导。教师可综合采用提问、建议、示范、平行游戏等方式适时地进行介入指导，形成合作探究式的师幼互动。教师应注意，在进行玩具玩法指导时应密切联系幼儿的生活经验和知识经验，便于幼儿提取经验。

三是引导幼儿对自己操作玩具的经验进行及时总结和提升，帮助幼儿将零散的动作经验提升到概念层次，实现经验的迁移和拓展。

4. 注重玩具教育意义的开发及玩具玩法的效果评价

在玩具资源有限的情况下，教师应注重对玩具教育意义的开发，对已有玩具玩法的效果进行评价，提升自己使用玩具的能力和创意，对现有不完善的玩具进行改造。同

时，设计和制作对幼儿发展更有价值的新的玩具。教师在探索各类玩具的特点和玩法，以及开发玩具的教育意义时，应注意多向幼儿学习，从幼儿那里得到启发。

思考 · 练习

1. 举例说明“娃娃家”游戏对幼儿全面发展的重要价值。

2. 如何理解“游戏是幼儿园的基本活动”？请结合幼儿园教育实践进行阐释。

3. 教师应从哪些方面衡量幼儿的游戏水平？衡量时需要注意什么问题？

4. 幼儿园小班的幼儿动手能力差，在建构游戏中不知道怎样用积木建造形体。假如你是幼儿园教师，应怎样帮助小班幼儿学会玩积木？

第七章
幼儿园生活活动与节日娱乐活动

学习目标

◆ 了解幼儿园生活活动的环节，掌握组织与指导幼儿园生活活动的要求。

◆ 了解幼儿园节日娱乐活动的教育价值，以及各类幼儿园节日娱乐活动的组织方式。

◆ 理解组织幼儿园生活活动与节日娱乐活动应该注意的问题。

第一节　幼儿园生活活动

一、幼儿园生活活动概述

1. 幼儿园生活活动的含义与作用

幼儿园生活活动是指幼儿一日在园活动中的生活环节，以及一些每天都要进行的满足幼儿基本生活需要的活动，包括入园和离园、盥洗、进餐、饮水、如厕、睡眠、过渡活动、自由活动及散步等，它是对幼儿进行全面发展教育的重要途径和手段。

生活活动是幼儿园课程的组成部分，对幼儿全面发展有重要的促进作用。幼儿在健康、语言、社会、科学、艺术五大领域的学习与发展价值都可以在生活活动中得以体现。在幼儿的体育方面，生活活动为幼儿提供了充足的营养和训练机会，可以促进幼儿体育目标的实现；在智育方面，生活活动可以激发幼儿的好奇心和求知欲，并为幼儿提供借助观察理解知识的机会；在德育方面，幼儿在日常的待人接物中学会并运用人与人相互交往的行为规则；在美育方面，幼儿可以学会在日常生活中发现美、创造美。

2. 幼儿园生活活动的任务

幼儿园生活活动的任务主要包括：促进幼儿的身心健康；培养幼儿良好的生活、卫生习惯和自理能力，使其积累丰富的生活经验。

《幼儿园教育指导纲要（试行）》指出："幼儿园应为幼儿提供健康、丰富的生活和活动环境，满足他们多方面发展的需要，使他们在快乐的童年生活中获得有益于身心发展的经验。"根据该文件，幼儿园要密切结合幼儿的生活进行安全、营养和保健教育，培养幼儿对生活中常见的简单标记和文字符号的兴趣。幼儿社会态度和社会情感的培养应渗透在多种活动和一日生活的各个环节之中。科学教育应密切联系幼儿的实际生活进行。要使幼儿能从生活和游戏中感受事物的数量关系并体验到数学的重要和有趣，能初步感受并喜爱环境、生活和艺术中的美。上述这些要求都体现出"寓教育于生活之中"这一现代幼儿教育理念。

二、幼儿园生活活动的组织与指导

1. 入园与离园活动的组织与指导

入园与离园是幼儿一天集体生活的开始和结束，也是幼儿从家庭到幼儿园、从幼儿园到家庭的过渡环节。这一环节是教师向幼儿进行个别教育和开展家长工作的有利时机。

幼儿入园前，教师要对本班活动室的卫生、安全进行检查，准备图书、教具、玩具，做好晨间接待工作。幼儿入园时，教师要以饱满的热情接待幼儿和家长，指导家长和幼儿做好晨检，了解幼儿的健康状况。教师需要和家长进行简短的交流，做好与家长的交接工作，必要时给予一些家庭教育指导。

在幼儿入园环节，教师应该抓住契机，对幼儿进行随机教育，并有计划地进行家庭教育指导工作。例如，培养幼儿保持仪容仪表整洁入园以及有礼貌地向教师问好和向家长道别的良好习惯，培养幼儿以积极的态度参加值日生活动，等等。

幼儿离园前，教师要简要总结幼儿在园一天的活动，组织幼儿整理活动室和自己的物品，等待离园，还可以安排集体性或分散的安静活动，避免不必要的时间浪费。

家长来接幼儿时，教师可用简短的语言向家长介绍幼儿在园的情况，交换教育幼儿的意见，还需要特别安排照顾不能按时离园的幼儿，消除其紧张情绪与不安全感。

在离园环节，教师应严格执行幼儿接送制度，保证幼儿安全；同时，充分发挥离园环节的教育作用，例如，培养幼儿养成整理个人物品、清洁环境、将物品放回原处、独立检查自己仪容和礼貌告别等习惯。

2. 进餐活动的组织与指导

做好进餐活动的组织与指导，对于保证幼儿获得合理的营养，养成良好的饮食习惯和文明进餐的方式，增进幼儿对健康、文明的生活方式的了解和认识，培养幼儿生活自理能力等都具有重要的意义。

幼儿的进餐活动应在整洁、轻松、愉快的氛围下进行，这就要求教师做好餐前准备。教师应在幼儿进餐前半小时左右结束各种游戏活动，请幼儿收拾玩具，整理活动室。然后，教师安排餐桌，用消毒水擦餐桌，分发碗筷、餐巾等，组织幼儿如厕、洗手。对于小班幼儿，教师应帮助他们卷衣袖，并认真仔细地组织、指导他们如厕、洗手。在等待进餐时，教师还可以播放一些优美轻松的音乐和故事，或开展一些语言或手指的安静游戏，安抚幼儿情绪。

进餐过程中，教师应该注意观察幼儿的进餐情况、坐姿及使用餐具的情况，尤其是中班、大班幼儿使用筷子的方法；应根据幼儿饭量随时添饭，不催促进食。在进餐过程中，对小班幼儿要注重培养他们独立进餐的习惯，对中班、大班幼儿要注重培养他们良好的进餐习惯。可以让吃饭较慢的幼儿提前进餐，提醒饭量大、体型比较胖的幼儿细嚼慢咽。对饭量小、吃饭慢的幼儿，要注意个别照顾。

3. 饮水活动的组织与指导

保证幼儿每天喝足够和清洁的开水，使幼儿养成饮水的好习惯，是幼儿园教师重要的职责。教师除了要明确水对幼儿健康的重要性，还要教育幼儿知道水是人体不可缺少的营养素之一。幼儿在园一日生活日程中要安排集体饮水的时间并建立饮水常规。

在一日活动的各个环节，教师都要有意识地提醒幼儿随时喝水，既安排集体饮水的时间，又要允许幼儿随意喝水。幼儿需要了解饮水的常规要求，如喝多少接多少不浪费水，排队接水不拥挤等。教师要指导幼儿学会自己使用饮水器皿取水的正确方法，例如，将水杯做记号或放在固定位置。教师可以通过故事的形式培养幼儿一人一杯等良好卫生习惯。

4. 盥洗活动的组织与指导

幼儿的盥洗包括如厕、洗手、洗脸、洗澡等。其中如厕与洗手是幼儿园最为常见的生活活动。幼儿需要在掌握盥洗技能的基础上，养成科学卫生而又便捷合理的盥洗习惯。例如，在幼儿玩沙、玩泥等活动以后及餐前、便后，教师要组织幼儿进行盥洗活动，建立幼儿如厕常规，培养幼儿定时大小便的习惯。

盥洗室的安排要合理，要有较宽敞的场所。幼儿的洗手池、便池、毛巾架等要符合幼儿的身高、体型，盥洗室内应常备肥皂、毛巾、卫生纸等物品，便池、水龙头的数量要足够幼儿使用。盥洗室的地面要防滑，挂物品的挂钩、钉子应钉在幼儿碰不到的地方，以防幼儿滑倒、撞伤。洗衣粉、消毒水等物品放置要安全、隐蔽，以防幼儿误碰误食等。盥洗室要保证干净无异味，定期消毒，幼儿的毛巾等物品要常洗、常晒、常消毒。

教师要帮助幼儿养成良好的盥洗习惯，要告诉幼儿憋尿、憋便、不洗手对身体的危害，告诉幼儿盥洗活动中有哪些不文明的行为。教师要向幼儿教授正确的盥洗方法和技能，如洗手、洗脸的程序，使用便池的方法，以及中班、大班幼儿在便后自己擦拭的技能。

盥洗活动中，教师应对幼儿提出明确具体的要求，例如：有秩序地排队如厕、洗手，不推不挤；不在盥洗室内大声喧哗吵闹，不妨碍他人如厕、洗手，不在盥洗室内追跑嬉戏；不玩水和肥皂；洗手完毕要在水池中甩掉手上的水再离开，不把水甩在别人身上和地上。

5. 睡眠活动的组织与指导

幼儿期正是生长发育的重要时期，保证幼儿充足的睡眠，养成良好的睡眠习惯，对他们身体、大脑的发育有着重要的作用。幼儿需要遵守寝室常规，按照实用便捷的程序穿衣脱衣，有正确的睡眠姿势和习惯，并能够自觉保持公共环境的整洁。

在幼儿睡觉前，教师应做好准备工作，如开窗通风换气、拉好窗帘、铺好床铺等，为幼儿创设一个舒适、安静、温馨的睡眠环境。教师需要注意空气流通、室内温度、被子薄厚、床铺整洁，以及幼儿睡眠着装等要求。同时，应要求中班、大班幼儿自己脱衣服和鞋袜，并折叠整齐，摆放在指定的地方。小班幼儿则需要教师的帮助和个别指导。教师在幼儿睡前需要提醒其先大小便，睡前可组织幼儿散步或进行安静的游戏活动，要保持他们情绪的稳定和安静。

在幼儿整个睡眠过程中，教师要时刻关注他们的睡眠情况，如睡姿是否正确，是否盖好被子等。对于入睡晚和入睡困难的幼儿，教师应坐在他身边小声督促他尽快入睡；对于爱做小动作的幼儿，教师可以握住他的小手帮他入睡，注意不要让他影响其他幼儿；对于生病的幼儿，教师尤其要细心照顾。

睡眠结束后，小班幼儿可以逐个起床，身体弱需要多睡眠的幼儿和入睡晚的幼儿可以多睡一会儿。中班、大班幼儿则可以在规定时间内共同起床，并学习自己整理床铺。幼儿需要独立整理衣物，如扣纽扣、拉拉链、系鞋带等。幼儿起床后应先小便、喝水，稍做调整后，再进行户外活动。

三、组织指导幼儿园生活活动需要注意的问题

1. 教养结合，培养幼儿独立生活的能力

由于幼儿独立生活的能力尚处于较低水平，为保证幼儿安全、健康和全面发展，教师要对他们的生活进行保育，给予幼儿全面、细心的照顾。但照顾并不等于包办代替，过分全面的照顾会影响幼儿独立能力的养成。对幼儿进行保育的过程中，要充分发挥生活活动在幼儿全面发展教育中的积极作用，抓住一切可以利用的机会，丰富幼儿生活、卫生常识，培养幼儿良好生活、卫生习惯，锻炼幼儿生活自理能力和社会化行为，引导幼儿热爱生活、热爱劳动。

2. 充分挖掘生活活动中潜在的教育功能

生活活动是教师观察、发现和教育幼儿最自然、最容易的活动。以进餐活动为例，它就包含着丰富的教育功能。例如：幼儿可以通过进餐活动养成细嚼慢咽、不挑食的良好进餐习惯；正确使用餐具能够促进幼儿肌肉的发展；教师在餐前用优美的词汇向幼儿介绍食物的名称、材料、颜色、制作方法，不但有利于幼儿不挑食，还可以使之受到语言、常识方面的教育。

幼儿在吃饭的时候，可能会撒饭、倒饭，这时，教师可以用小故事的形式引导幼儿理解，正是农民伯伯辛苦的劳动才让他们吃上美味的餐点。洗手的时候，如果地面上都是水，教师就可以引导幼儿依据所见所闻进行小组讨论，通过“发生了什么?”“为什么?”“怎么办?”这几个论题，观察并了解幼儿的内心世界，抓住教育的良好契机，为幼儿提供发展的支点，促进幼儿在原有水平上的发展。总之，教师应当重视生活活动，精心设计，对幼儿积极认真地给予指导。

3. 从幼儿的特点出发进行设计与指导

教师在设计指导幼儿生活活动时，一定要从幼儿的实际水平出发，逐渐培养他们自理自立的能力，不能急于求成。在具体的设计指导方法上，也要从幼儿的年龄特点出发。

对于小班幼儿，在培养他们良好的生活习惯和独立生活能力的时候，教师主要通过示范加讲解的具体方法，设计情境表演或教学活动，让幼儿在不断的活动中，通过看、听、练，逐渐强化他们的技能。例如，结合自编儿歌，教师通过说做一体的学习策略，让幼儿在轻松愉快的氛围中学会“湿、搓、冲、捧、甩、擦”的正确洗手方法，养成良好的洗手习惯。

而对于中班的幼儿，则着重于让他们将小班学习的生活技能继续巩固、内化，最终形成良好的行为习惯。指导的方法也从具体的示范讲解转为以语言为主的提醒、检查、表扬等。对大班幼儿，则要求他们能做到自觉，形成良好行为习惯的定式。

4. 家园合作，保持教育的一致性

有研究证实，家长对教育过程的参与，无论是家长还是幼儿园本身，都可使幼儿从教育中所获得的益处持续更久。幼儿良好生活、卫生习惯的养成及自我服务能力的发展，都需要家园合作才能够真正得以实现。有的幼儿在幼儿园会主动去做穿脱衣服、独立进餐等自我服务的内容，但回到家里却要求家长帮忙，这往往就是家园要求不一致导致的结果。

教师需要本着尊重、平等、合作的原则，通过与家长的交流向家长介绍幼儿园生活活动的目标、内容和方法，让家长了解应如何教育、帮助、指导幼儿养成良好的生活习惯。家庭与幼儿园形成教育合力是培养幼儿一日常规的关键，有了家长的理解、支持和主动参与，幼儿园的常规培养才能收到良好的效果。

第二节　幼儿园节日娱乐活动

一、幼儿园节日娱乐活动的含义

幼儿园的节日活动是指幼儿园为庆祝节日而组织幼儿开展的活动，这里的节日既包括庆祝纪念性节日、传统的民俗节日，也包括幼儿自己的节日。节日活动有很多，如春

节、清明节、端午节、中秋节、劳动节、妇女节、儿童节、父亲节、母亲节、建党节、建军节、教师节、国庆节、世界动物日、世界读书日等。少数民族地区的幼儿园还要庆祝本民族的节日。

幼儿园的娱乐活动是指幼儿园定期组织的愉悦幼儿身心的活动。这类活动往往通过幼儿喜闻乐见的文艺形式或者带有游戏性质的手段，丰富幼儿生活，给幼儿带来快乐，包括观看戏剧或电影、参观博物馆、郊游等活动，也包括开展歌舞表演、进行娱乐性游戏、举行小型游艺会等活动。

二、幼儿园节日娱乐活动的教育价值

首先，由于节日娱乐活动带有纪念性、欢乐愉悦性，且不同的节日有着独特的含义、习俗和纪念方式，不同的娱乐活动带给幼儿不同的乐趣和活动体验，所以从迎接节日娱乐活动的到来到活动举行，都会使幼儿沉浸在欢乐的气氛之中，这种发自内心的愉快情绪有利于幼儿身心的健康。

其次，不同的节日娱乐活动具有独特的价值内涵，可以开阔幼儿的视野，启迪幼儿的智慧，增进幼儿对本民族文化的理解。例如，在国庆节活动中，幼儿不仅加深了对国家的名称、国旗、国徽、国歌的印象，还在情感上自然地把自己与国家和民族联系起来，认识到自己是中国人，做中国人很自豪，从而得到了最生动、最直接的爱祖国的教育。

最后，迎接各个节日娱乐活动，会有不同的环境布置、表演和其他有趣的活动，从而使幼儿感受到丰富多彩的艺术美和生活美。在有着浓郁民族特色的民俗节日中，幼儿可以初步了解一些我国的民间习俗和风土人情，感受民族传统艺术中的美，在增强民族自尊心的同时，也萌发了主动创造美的情感。

三、幼儿园节日娱乐活动的组织

1. 幼儿园节日娱乐活动的组织方式

幼儿园节日娱乐活动多种多样，多数以团体形式有目的、有计划地组织进行。此类活动有全园的、全班的，也有园外的，按照其规模与组织形式不同，主要有以下几种：

（1）全园性庆祝与联欢活动

全园性庆祝与联欢活动有“六一”儿童节、元旦等重大节日的活动，也有如文艺表演、游艺大会等全园规模的联欢活动等。这类活动一般要邀请领导、来宾和家长参加，节目形式多样，内容丰富，有较大的愉悦性，但时间不宜过长。

活动开始时会有简短的开始仪式，无论是讲话还是祝词，都要注意应积极向上、简要精练，语言生动有趣，符合幼儿特点。庆祝活动进行时要注意不同形式的节目交替进行，教师、家长和幼儿要共同参与，活跃庆祝活动气氛，让幼儿高高兴兴地参与活动。全园联欢、游艺活动娱乐性强，每个幼儿都要参与活动，活动可以设置多个活动场地，活动环节要热闹有序，也可以结合一些竞赛性项目进行。全园性庆祝与联欢活动会带给幼儿很大的快乐和满足，给幼儿留下美好的印象。

（2）班级庆祝会

班级庆祝会包括文艺表演、故事会、游戏会、制作节日食品活动等形式，可以由一个班组织，也可以由同一年级的几个班组织。班级庆祝会可以请家长参加。班级庆祝会活动范围小，形式灵活。组织活动时，其内容和形式要注意突出主题，体现特色。

班级庆祝会开始时由教师或家长代表做简短讲话，然后幼儿、家长、教师全员参与。如果能够结合幼儿的作品展览，就能起到更好的活动效果。例如，幼儿园举办生日聚会，可以使幼儿深切感受到老师的关爱、小朋友们的祝福、班级集体大家庭的温暖，使幼儿体验到童年的快乐和幸福，是幼儿特别喜爱的活动之一。

（3）社区的节日庆祝活动

幼儿走进社区，参加社区的节日庆祝活动，可以拓宽视野，增长见识，萌发参与社会、服务社会的意识。幼儿可以参加的社区活动有：参观社区展览，为社区居民表演节目，到社区开展敬老活动等。

需要注意的是，此类活动要求教师事先与社区机构做好沟通，选择适宜幼儿的活动，并做好相应的准备，如步行路线、互动方式、活动程序等。幼儿参加园外的活动，需要注意安全，做好相关的安全措施和准备。

（4）幼儿园园内的娱乐活动

幼儿园可以在全园组织定期或不定期的娱乐活动，例如，每周组织一次全园混合的户外体育活动，每月组织一次娱乐活动，每学期组织两次外出参观活动。有条件的幼儿园还可以请戏剧团来园为幼儿演出。

教师也可以在班内组织娱乐活动，例如，夏天每周安排一次玩沙或玩水的活动，不定期观看动画片，开故事会，看歌舞表演视频，等等。另外，还有一些特殊的全园或班内娱乐活动，如“毕业欢送活动”“亲子活动”及幼儿园入园第一周的“迎新活动”等。

（5）外出的娱乐活动

幼儿园应当充分利用园外的娱乐资源，有选择性地组织幼儿外出参与活动，例如，参观动物园、博物馆，到儿童图书馆借书还书，到儿童剧场观看儿童戏剧或儿童电影，到儿童游乐场游玩或到郊外采摘，等等。这类活动能够在娱乐幼儿的同时，满足幼儿日益增长的求知欲。

2. 组织幼儿园节日娱乐活动应该注意的问题

（1）幼儿园节日娱乐活动应该以幼儿为主体

幼儿园节日娱乐活动的主体是幼儿，所以从活动的准备到活动的正式进行，都应该以幼儿为主体，要让每个幼儿都有参与的机会。活动不应该成为选拔有艺术特长幼儿和竞赛的平台，要根据幼儿的不同特点设计多种形式、安排多种角色、分配多种任务，使不同特点的幼儿都有机会参与到活动中去，使其在展示自我的同时得到锻炼和提高。

活动的内容与形式要符合幼儿的兴趣和需要。在组织活动过程中，教师应当尊重幼儿的意见，和幼儿一起讨论活动的内容和形式，了解幼儿的兴趣、爱好和愿望，在此基础上设计和组织节日娱乐活动。活动的形式应当多样化，不能仅是常规的艺术展示和表演，还应当有其他活动形式，如亲子游戏、参观等。活动中要关注幼儿的快乐和成功体验，多肯定鼓励幼儿，发现每个幼儿的长处和优势，并为每个幼儿提供展示的机会。

（2）幼儿园节日娱乐活动应该经常进行

幼儿园节日娱乐活动以其喜庆的气氛、丰富多样的内容及形式，给幼儿留下深刻的印象和愉悦的体验，其教育作用是一般活动不能比拟的，所以幼儿园应当把节日娱乐活动的安排纳入全园和各班教育工作计划当中，将节日娱乐活动的准备与平日的保教工作结合起来，让节日娱乐活动与幼儿园日常教育活动结合起来，且应该有相应的节日娱乐活动主题，将幼儿园各课程领域目标渗透在节日娱乐活动之中，在教育目标的指引下，有计划地开展多样化的活动，促进幼儿身心和谐发展。

（3）幼儿园节日娱乐活动应该关注幼儿的中国传统文化教育和多元文化教育

大力推动中国传统文化教育和多元文化教育是当今我国学前教育发展的趋势。《幼儿园教育指导纲要（试行）》中提出，要“适当向幼儿介绍我国各民族和世界其他国家、民族的文化，使其感知人类文化的多样性和差异性，培养理解、尊重、平等的态度”。文化在一定意义上存在于幼儿生活的方方面面，而在节日庆祝活动、民族娱乐活动中，则有着更为集中的体现。所以，通过幼儿园节日娱乐活动能够较好地对幼儿实施中国传统文化教育和多元文化教育。

中国传统文化节日（如清明节、端午节、重阳节、中秋节、春节等节日）和传统娱乐活动都蕴含着深刻的文化意义，中国传统民间体育游戏、传统民间音乐活动等也都是丰富且具有深刻民族文化内涵的学前教育文化资源。这些节日娱乐活动能够让幼儿直观、鲜明地感受祖国的美丽、富饶以及中华传统文化的博大精深，引导幼儿萌发初步的民族文化自豪感。

西方传统节日（如父亲节、母亲节、圣诞节等）也让幼儿有机会了解不同文化的内涵，养成对多元文化的态度。例如：在万圣节活动中，幼儿通过对面具类型、材质、表达形式等方面的感知，可以进一步认识并理解自己的情绪，在做面具过程中表现出个人学习与探索的独特性和创造性；在新年活动中，可以让幼儿了解不同国家迎接新年的不同方式，在欢乐的气氛中让幼儿亲身感受外来文化的特色，学会尊重他人的文化传统。总之，基于节日娱乐活动的多元文化教育，能够帮助幼儿理解、欣赏、尊重自己以及其他民族、社会和文化背景的人，使幼儿能够在认识不同文化的过程中，形成相互理解、接纳和尊重彼此的态度。

思考 · 练习

1. 举例分析幼儿园生活活动与幼儿发展的关系。

2. 某幼儿园大班两个班的幼儿要去参观恐龙主题博物馆，请设计一个年级活动计划，至少包括活动目标、活动准备、参观预案、活动紧急事件应对事项等内容。

3. 某幼儿园中班要举行新年联欢活动，请谈谈在联欢活动前，如何对幼儿进行相关的传统文化教育。

第八章 幼儿园环境

学习目标

- ◆ 了解幼儿园环境的特点和影响幼儿园环境质量的主要因素。
- ◆ 理解幼儿园环境创设的原则和内容。
- ◆ 理解教师在幼儿园物质环境和精神环境创设中的作用。

第一节　幼儿园环境概述

《幼儿园教育指导纲要（试行）》指出："幼儿园应为幼儿提供健康、丰富的生活和活动环境，满足他们多方面发展的需要，使他们在快乐的童年生活中获得有益于身心发展的经验。"幼儿园环境、幼儿园教师和幼儿共同构成幼儿教育的三个基本要素。

一、幼儿园环境的概念与特点

1. 幼儿园环境的概念

环境一般指生物有机体生存空间内各种条件的总和，即有机体外部可以进入有机体的反应系统而直接影响其生活活动的物质、能量和信息的总和。在幼儿园活动中，环境作为一种隐性课程，越来越引起人们的重视。

（1）广义的幼儿园环境

广义的幼儿园环境是指幼儿园保育和教育赖以进行的一切条件的总和，包括幼儿身心发展所必须具备的一切物理环境和心理社会环境的总和。具体来说，它有以下几个层面的含义：整洁美观、安静舒适、材料丰富、安全而富有教育性的物质环境；幼儿园的氛围，以及与幼儿有关的人际交往中安全、温馨的心理环境，即精神环境；尊重、平等、合作的家庭和社会环境。

（2）狭义的幼儿园环境

狭义的幼儿园环境是指幼儿园内部环境，包括幼儿园的物质环境和精神环境。

1）幼儿园物质环境。幼儿园物质环境是指幼儿园内影响幼儿身心发展的物化形态的教育条件，如园舍建筑、设施设备、活动场地、教育器材、活动材料、环境布置、空间布局及绿化景观等有形的东西，它是促进幼儿身心全面发展的最基本保障。根据幼儿活动空间不同，环境创设的要求和利用也不同。据此可以对幼儿园物质环境做如下分类：

①根据幼儿活动范围不同分类。按照这一标准，幼儿园物质环境可分为园区环境（户外环境）、活动室环境和区角环境（如阅读区环境、手工区环境、表演区环境、建构区环境）等。

②根据教育幼儿所利用的三维空间不同分类。按照这一标准，幼儿园物质环境可分为地面环境、墙面环境和空中环境等。

③根据幼儿园环境的性质不同分类。按照这一标准，幼儿园物质环境可分为自然环境和人工环境。自然环境指包括气候条件、地理条件及与动植物相联系的生态系统在内的生存空间。人工环境指人为加工形成的生活环境，包括幼儿园的房屋建筑、活动场地、绿化景观和设施设备等。

2）幼儿园精神环境。幼儿园精神环境主要是指幼儿交往、活动所需要的软性环境，即幼儿园的氛围。精神环境因管理者的管理方式、人际关系、大众心理、教师的教育观念与行为、幼儿与物质环境等因素的影响而形成。相对于物质环境而言，精神环境对幼儿的影响是潜移默化的、持久的。精神环境只有通过人才能发挥作用，因此，教师在一定教育观念的指导下，在与幼儿的相互作用中形成的相互关系和幼儿能够感知到的教师的态度，直接影响着幼儿能否通过积极主动的学习获取有益的经验。

幼儿园精神环境的构成要素主要包括以下三类：

①幼儿园在一定时期内形成的大众心理。这种心理包括三类：一是幼儿园的风气，

如党风、领导作风和园风；二是大众情绪，即一定时期内幼儿园教职工的总体心情状况；三是潮流与时尚，如流行的幼儿服饰、幼儿教育模式等。

②幼儿园文化。幼儿园文化是在幼儿园内形成的特定的艺术、思想和习惯等方面的体系，包括幼儿园作品展览、标语、雕塑、建筑装饰、园刊园报和丰富多彩的幼儿园文化活动等。

③幼儿园人际关系。人际关系是幼儿园精神环境中十分重要的内容，包括干群关系（幼儿园领导与教职工的关系）、同事关系（幼儿园教师之间的关系）、师幼关系和幼儿间的同伴关系。

在幼儿园的精神环境各构成要素中，人际关系是决定性要素。其中，幼儿园干群关系是重要的构成要素；因为教师的教育态度和行为直接对幼儿的心理发展产生作用，所以，幼儿园最重要的精神环境构成要素是师幼关系；另外，幼儿每天都与同伴交往互动，所以幼儿间的同伴关系是直接影响幼儿心理发展的又一重要精神环境构成要素。

2. 幼儿园环境的特点

（1）儿童性

幼儿园是幼儿生活、学习、接受教育的场所。因此，幼儿园的教育环境是否适宜，应首先看环境中的元素及其蕴含的要素是否具有儿童性，即是否符合幼儿的学习特点和规律，是否符合幼儿的审美标准，是否有利于促进幼儿发起活动。也就是说，幼儿园环境应该体现出儿童性。幼儿园环境可以通过以下方式体现出儿童性。

首先，环境中的物品和材料要被幼儿喜欢和接受，能吸引幼儿的关注，激发其探索和学习的欲望。这些物品和材料要颜色鲜艳，操作方便，适合创造。

其次，环境空间的作品内容要尽可能来源于幼儿生活，反映幼儿世界。无论是对生活和学习经验的梳理，还是对身边事物的观察，都应首先选择那些由幼儿原创、充满稚气但又纯真的作品。

（2）教育性

教育性是指教师要在《幼儿园教育指导纲要（试行）》和《3–6 岁儿童学习与发展指南》指导下，根据幼儿的需要、能力的发展和学习的进程，调整、创设教育环境，发挥教育作用。幼儿的学习内容包含了不同的领域，幼儿的生活环境经历了四季的交替，幼儿的学习方式具有强烈的个人色彩，幼儿的生活经验在不断积累增长，因此，伴随幼儿成长的环境和幼儿的发展需求每天都有新的变化，幼儿对世界每天都有新的认识，幼儿园环境的变化也就显而易见了。但是教育环境的变化不是随意无序的，而应该是随着幼儿的学习特点、成长规律和教育内容发展变化的。教师应依据对幼儿的观察和了解，对教育环境中所涉及的资源、材料、工具、物品等元素进行调整和改变，从而达到促进幼儿发展的目的。

（3）互动性

互动性是指教育环境中教师、幼儿、环境、材料等因素要相辅相成，相互作用，相互结合。教师参与环境的方式有时是显性的、直接的、有声的，有时是隐性的、间接的、无声的，但无论何种方式，都必须渗透教师理性的思考，反映教师的专业化水平。一般来说，教师的作用主要表现在结合教育目标设计教育内容，提供必要的环境保障，收集、整理教育资源和材料，组织幼儿讨论和交流，以及对幼儿的活动能力进行分析、评估、指导等。幼儿参与教育环境主要体现在能够及时关注环境中的变化，愿意操作、摆弄、运用环境中的各种资源，能够按照教师的要求完成任务（如选择小组、确定合作伙伴、收集资料、记录自己的意见等），遵守集体活动秩序和自主活动规则，以及用自己的方式展示经验与发展。

（4）开放性

幼儿园环境的开放性是指将幼儿园内外的人、财、物等资源充分利用起来，将幼儿园的环境延伸到幼儿园外，通过开展丰富多彩的社会实践活动、幼儿园的家庭教育活动和家园合作性活动，丰富幼儿的学习内容和生活内容。开放的幼儿园环境，一方面可以带领幼儿走出去，扩大幼儿园环境的范围，通过对现实生活的观察和体验，让幼儿获得直接的生活经验，体验人与人之间的关系；另一方面，也可以让园外教育资源进入幼儿园，丰富幼儿园环境的内涵，例如，请从事不同工作的幼儿家长介绍自己的职业，开拓幼儿的视野，增加幼儿的感性经验。

二、影响幼儿园环境质量的主要因素

1. 物质因素

物质环境是幼儿园环境的重要组成部分，与幼儿园教育的关系十分密切，并对幼儿园环境质量产生重要影响。教师应结合幼儿园的各级教育目标，科学合理地选择材料与安排空间，满足幼儿活动的需要。

2. 精神因素

精神环境也是幼儿园环境的重要组成部分，与幼儿园教育的关系同样十分密切。在影响幼儿园环境质量的各种精神因素中，人的要素和幼儿园文化的作用是十分巨大的。

（1）人的要素

在人的要素中，教师是幼儿园中对幼儿发展影响最大的因素。在一定的物质条件具备后，教师的观念和行为是影响幼儿园环境质量的决定性因素。首先，教师的思想、态度、情感和行为本身就是构成幼儿园环境的要素之一。其次，由于幼儿园的各种环境都是教师根据教育的要求及幼儿的特点精心创设与控制的，所以，如果教师具有正确的观念与行为，就可以敏锐地发现幼儿的各种需要，协调各方面的因素，创设一个良好的发展环境，促进幼儿的发展。如果教师不具备正确的观念与行为，则会对幼儿的需要视而不见，对环境中各种有利的因素不能加以充分利用，对不利因素不能进行有效控制，就不能保证环境的整体质量。

（2）幼儿园文化

相对于人与物等可见的因素而言，幼儿园文化比较抽象，但它对幼儿园环境质量的影响却是巨大的。我国社会、经济的飞速发展，使得人们的生活方式、生活习惯等发生了很大的变化，这一变化也影响到幼儿园的教育生活。幼儿园文化对于幼儿园整体环境具有十分重要的影响和作用，它影响着幼儿园的精神风貌，对全园的成人和幼儿都有潜移默化的作用。因此，在围绕教育目标选择教育内容时，教师需要注意教育内容应符合正确的价值观导向，确保幼儿园的教育质量。

三、幼儿园环境的基本要求

目前，幼儿园环境尤其是幼儿园物质环境，已被政府作为规范幼儿园办园行为，确保学前教育质量的重要因素。我国颁布的诸多相关政策文件或标准中，均有对幼儿园物质环境的明确规定和要求，部分地方政府也对当地幼儿园的环境提出了具体明确且符合地方特点的要求。

1.《托儿所、幼儿园建筑设计规范》（JGJ 39—2016）中的有关规定

该标准中对幼儿园基地选择的要求包括：

（1）应建设在日照充足、交通方便、场地平整、干燥、排水通畅、环境优美、基础设施完善的地段。

（2）不应置于易发生自然地质灾害的地段。

（3）与易发生危险的建筑物、仓库、储罐、可燃物品和材料堆场等之间的距离应符合国家现行有关标准的规定。

（4）不应与大型公共娱乐场所、商场、批发市场等人流密集的场所相毗邻。

（5）应远离各种污染源，并应符合国家现行有关卫生、防护标准的要求。

（6）园内不应有高压输电线、燃气、输油管道主干道等穿过。

2.《托儿所、幼儿园建筑设计规范》（JGJ 39—2016）（2019 年版）中的有关规定

《托儿所、幼儿园建筑设计规范》（JGJ 39—2016）在 2019 年进行了局部修订，其中四条为强制性条文，必须严格执行，具体是：

（1）托儿所、幼儿园的活动室、寝室及具有相同功能的区域，应布置在当地最好朝向，冬至日底层满窗日照不应小于 3 h。

（2）托儿所、幼儿园中的生活用房不应设置在地下室或半地下室。

（3）托儿所、幼儿园的外廊、室内回廊、内天井、阳台、上人屋面、平台、看台及室外楼梯等临空处应设置防护栏杆，栏杆应以坚固、耐久的材料制作。防护栏杆的高度应从可踏部位顶面起算，且净高不应小于 1.30 m。防护栏杆必须采用防止幼儿攀登和穿过的构造，当采用垂直杆件做栏杆时，其杆件净距离不应大于 0.09 m。

（4）幼儿使用的楼梯，当楼梯井净宽度大于 0.11 m 时，必须采取防止幼儿攀滑措施。楼梯栏杆应采取不易攀爬的构造，当采用垂直杆件做栏杆时，其杆件净距不应大于 0.09 m。

3.《幼儿园工作规程》中的有关规定

《幼儿园工作规程》第六章“幼儿园园舍和设备”对幼儿园环境作了明确规定，具体如下：

（1）幼儿园应当按照国家的相关规定设活动室、寝室、卫生间、保健室、综合活动室、厨房和办公用房等，并达到相应的建设标准。有条件的幼儿园应当优先扩大幼儿游戏和活动空间。寄宿制幼儿园应当增设隔离室、浴室和教职工值班室等。

（2）幼儿园应当有与其规模相适应的户外活动场地，配备必要的游戏和体育活动设施，创造条件开辟沙地、水池、种植园地等，并根据幼儿活动的需要绿化、美化园地。

（3）幼儿园应当配备适合幼儿特点的桌椅、玩具架、盥洗卫生用具，以及必要的玩教具、图书和乐器等。玩教具应当具有教育意义并符合安全、卫生要求。幼儿园应当因地制宜，就地取材，自制玩教具。

（4）幼儿园的建筑规划面积、建筑设计和功能要求，以及设施设备、玩教具配备，

按照国家和地方的相关规定执行。

4.《幼儿园教育指导纲要（试行）》中的有关规定

《幼儿园教育指导纲要（试行）》在“组织与实施”部分提出：“环境是重要的教育资源，应通过环境的创设和利用，有效地促进幼儿的发展。”从课程实施的角度，该文件对幼儿园精神环境与物质环境提出以下要求：

（1）幼儿园的空间、设施、活动材料和常规要求等应有利于引发、支持幼儿的游戏和各种探索活动，有利于引发、支持幼儿与周围环境之间积极的相互作用。

（2）幼儿同伴群体及幼儿园教师集体是宝贵的教育资源，应充分发挥这一资源的作用。

（3）教师的态度和管理方式应有助于形成安全、温馨的心理环境，言行举止应成为幼儿学习的良好榜样。

（4）家庭是幼儿园重要的合作伙伴。幼儿园应本着尊重、平等、合作的原则，争取家长的理解、支持和主动参与，并积极支持、帮助家长提高教育能力。

（5）幼儿园应充分利用自然环境和社区的教育资源，扩展幼儿生活和学习的空间。幼儿园同时应为社区的早期教育提供服务。

第二节　幼儿园环境创设

一、幼儿园环境创设的原则

幼儿园环境创设原则是指教师创设幼儿园环境时应遵循的基本要求。这些要求是根据幼儿教育的原则、任务和幼儿发展的特点确定的。

1. 目标性原则

幼儿园环境创设的目标性原则是指在创设幼儿园环境时，要考虑它的教育性，应使环境创设的目标与幼儿园教育目标相一致。

（1）环境创设要有利于教育目标的实现

我国幼儿园教育的目标是对幼儿实施德、智、体、美等方面全面发展的教育，促进幼儿身心和谐发展。因此，在环境创设时要目标明确，与教学内容、教学计划相一致。幼儿园教育的目标是促进幼儿全面发展，因此在环境创设上对体、智、德、美几个方面，在健康、语言、社会、科学、艺术五大领域就不能厚此薄彼。凡是教育目标所涉及的领域，就应有相应的环境布置。例如，在幼儿园室内环境布置上，内容就应该是多方面的：自然常识方面，内容应包括四季变化、动物世界、植物世界、海底世界和恐龙世界等；文明礼貌、行为规范方面，内容应包括团结友爱、爱劳动、讲环保、守纪律等；节日及重大社会活动方面，内容应包括儿童节、母亲节、教师节、劳动节、国庆节和春节等；艺术欣赏方面，内容应包括名画欣赏、民间美术欣赏、儿童画欣赏和工艺品欣赏等。其他如幼儿喜爱的卡通形象、童话故事和神话故事等都可以作为室内环境布置的内容。幼儿园应通过这些丰富多彩的内容促进教育目标的实现。

另外，环境创设要有利于教育目标的实现也体现在环境布置要为幼儿身心成长提供必需的刺激，引起他们的好奇心和求知欲，以启发幼儿去思考、去探索，从而为幼儿身体和智力的发展提供良好的基础。具体来说，幼儿可以通过视觉和触觉等方面器官的感受，对环境布置所表现的内容及形式产生相应的情感和认知体验，并在此过程中发展观察力和想象力，构建相应的知识结构，发展积极的自我概念。同时，环境布置还要为幼儿良好行为习惯的形成与社会沟通能力的发展创造良好的机会和条件。

（2）依据幼儿园教育目标，对环境设置做系统规划

教育目标确定后，在制订学期、月、周、日及每一个活动计划时，教师应该考虑：为了达到这些目标，需要有怎样的环境与之配合；现有的环境因素中，哪些因素对教育目标的实现是有用的，哪些环境因素需要创设，需要幼儿家庭、社区做哪些工作，等等。教师应将这些列入教育计划之中，并积极实施。例如，小班幼儿刚入园，那么这个学期小班的工作重点就是解决幼儿的分离焦虑问题，进行入园和常规的教育，让幼儿尽快熟悉幼儿园环境，适应幼儿园的一日生活。因此，在环境布置上，教师就可以有针对性地进行创设，如可以创造亲切和谐的家庭环境。

一个“娃娃家”的布置

某幼儿园的教师在活动室为幼儿开辟了一个“娃娃家”。

教师首先给“娃娃家”做了几扇不同形状的门，幼儿可以根据自己家门的形状爬进去。然后，教师在里面铺上了图形数字垫，幼儿在上面可以尽情地爬爬玩玩，而且可以认识图形和数字。教师还在“娃娃家”里面开辟了一个玩具区，让幼儿把平时在家里玩的玩具拿来，并贴上标签，这样既可以让幼儿在感到陌生时玩玩自己的玩具，和它们说说话，又可以把他们的玩具区分开，让幼儿初步体验大家一起玩的乐趣。这样做不仅可以使幼儿减少陌生感和分离焦虑，还可以使幼儿在玩的基础上学到知识。

在墙面布置上，为了抓住幼儿的心理，教师以简单有趣且富含知识的画面为主题进行布置。幼儿都喜欢小动物，因此，教师在“娃娃家”后面的墙上布置了一幅“小动物大聚会”的画，画的内容是“小动物们从家里去幼儿园旅行，看看小动物们在幼儿园谁表现最好”，然后让小朋友回去讲给爸爸妈妈听。这种便于幼儿接受与理解的环境，可以激发幼儿对幼儿园各项活动的兴趣，减少幼儿想家的焦虑。

教师还在“娃娃家”的屋顶上面挂了一些幼儿喜欢的小动物玩具，幼儿看到后很喜欢，这样也能增加“娃娃家”的温馨感。

2. 发展性原则

发展性原则是幼儿园教育的基本原则，幼儿园教育的出发点和归宿都是促进幼儿身心在现有基础上获得充分发展。

（1）幼儿的发展是整体的发展而不是片面的发展

教育必须促进幼儿体、智、德、美诸方面全面发展，不能偏废任何一个方面。幼儿作为正在发展中的人，有使自身各种潜质都获得发展的需要。幼儿作为社会的预备成员，也应当全面发展，才能符合社会对合格成员的要求。因此，幼儿园环境创设要注意全面性的特点，克服随意性和盲目性，从整体上进行设计和安排，并渗透到整个幼儿园的工作中，使幼儿园环境能促进幼儿整体的发展。

教师应敏锐地发现每一处环境的教育价值，并积极地加以改造利用。因此，幼儿园的大厅、走廊、楼梯扶手、阳台、操场、过道、午睡室、盥洗室等都应是活动室空间的延伸。例如：在进行主题活动“太阳”时，可以通过在活动室顶上悬挂用橡胶球做成的各种各样的太阳的方式来配合主题活动的进行；在进行区域化学习活动“老鼠嫁女”时，可将整卷的大红皱纹纸展开，引导幼儿在上面画有关“老鼠嫁女”的情节，并悬挂于活动室顶上，让幼儿一走进活动室就感受到结婚的热闹和喜庆；在进行主题活动“哈哈西游”时，可以将用回形针连成的铁索和用粗麻绳做成的云梯悬挂在活动室空中，将幼儿做的、画的、撕的、折的作品布置在上面，使他们有一种身临“花果山”的感觉。又如：教师可以在走廊的水泥柱上绑一些鞋带、辫子等，帮助幼儿学习系鞋带和梳辫子；在操场上有意识地投放一些活动器械，引导幼儿在玩的过程中探索这些器械的不同使用方法；在楼梯扶手靠墙的一侧贴上瓷砖，让幼儿尽情涂鸦，使瓷砖成为展示他们作品的舞台。这些做法将环境创设尽可能地深入幼儿园的每一个角落，可以使幼儿的各个方面都能从中获得发展。

（2）幼儿的发展是协调的发展

协调发展包括幼儿身体各个器官、各系统机能的协调发展，幼儿各种心理机能如认知、情感、性格、社会性、语言等方面的协调发展，幼儿生理和心理的协调发展，以及幼儿个体需要和社会需要的协调发展。因此，在环境创设的过程中，需要构建和谐的幼儿园环境，使幼儿在潜移默化的熏陶中获得协调发展。

在构建和谐的幼儿园环境过程中，需要进行科学的人性化布局，让幼儿园的每一面墙壁都会“说话”，一草一木均用心栽植，达到“润物细无声”的教育效果，达到教学因素与非教学因素的和谐统一、人与自然的和谐统一。

在构建和谐的师生关系过程中，要创设安全、温暖、互相信任的环境氛围，尊重、热爱每个幼儿，满足幼儿的需要，给幼儿选择和做出决定的权利；要专注地倾听，正确运用语言艺术，采用多种适宜的身体语言与幼儿交流；要帮助幼儿通过可容许的发泄方法来处理不良情绪；要深刻地理解幼儿，对幼儿最大限度地发展其潜能抱有信心。

在构建和谐的同伴关系过程中，要避免使用影响幼儿交往态度和行为的言行，适时开展角色游戏活动，培养和发展幼儿了解游戏规则的能力及获取观点的能力，引导幼儿学会相互交流自己的思想、感情，建立同伴间相互关心、友爱的气氛。

在构建和谐的教师关系过程中，教师之间要相互关心、帮助，默契配合，以积极、温暖、友善的态度对待同事和幼儿，使幼儿从中耳濡目染，学会体察别人的情绪、情感，学习正确、适宜的行为方式。

在构建和谐的教师与家长关系中，要树立平等、合作意识，达成家园共识，形成教育合力；要以爱心、精心和诚心，赢得家长的信任、理解和支持。

总之，要通过构建和谐的幼儿园环境来影响和促进幼儿的协调发展，通过塑造环境更好地塑造幼儿健全的人格。

（3）幼儿的发展是适宜的发展

不同年龄阶段的幼儿，身心发展存在着年龄差异。环境创设必须适应不同年龄幼儿的特点，通过不同层次的环境和不同的材料来达到教育目的。即使是同一年龄段的幼儿，在感觉、兴趣、能力等方面也存在很大差异，教师要注意到这些差异，创设既适合于该年龄段幼儿的现状，又能使其获得发展的环境。

幼儿园环境的布置应充分体现幼儿的年龄特点。在我国的幼儿园中，一般按照幼儿的年龄层次分为三个阶段，即大班、中班、小班，有的幼儿园还设有托班。由于生理、心理发展状况不同，每个年龄段的幼儿呈现出很大的差异，主要反映在理解能力、欣赏能力、接受能力和动手能力等方面。年龄较小的班级可创设家庭式环境，帮助幼儿缩短适应期，较快地稳定情绪。环境布置的色彩应该比较单纯、自然，营造出一种温馨的氛围；也可以布置一些拟人化的充满童趣的动物和植物，使环境富有童话色彩。随着幼儿年龄的增长，要让幼儿逐渐接近现实生活，知识性的教育也应逐步加强，同时增加一些想象力方面的主题，充分发挥幼儿的想象力和创造力。在大班还可以适当地使用文字，逐渐向小学过渡。

（4）幼儿的发展是有个性的发展

幼儿的发展具有个体差异性，每个幼儿在行为、兴趣、爱好、才能等方面都具有各自的特点。教师在进行教育时不能统一要求，实行“一刀切”，而要根据每个幼儿的具体情况进行教育，扬长避短，发展幼儿的兴趣爱好，促进幼儿的个性更好地成长。环境创设是幼儿园教育中的一项重要内容，在进行环境创设时，教师应该考虑幼儿的个体差异性。

美国幼儿教育家 D.E. 戴提出了“内在个别差异论”。该理论认为，正常的人格由一系列的行为模式组成，每一种行为模式只有在特殊环境中才会显现，一个人的行为会因为时空而变化。例如，在某一特定环境中出现“内向”特质的幼儿，到了另一环境中可能表现出来的就是“外向”特质。之所以在不同的环境中呈现不一样的行为特性，一方面源于幼儿对于所处外在环境的感知，另一方面也源于幼儿具有“内在个别差异性”。因此，幼儿园环境的创设要体现幼儿的“内在个别差异性”，设置不同性质的活动环境，以反映幼儿不同的互动方式和学习方式。又如，幼儿在一早来幼儿园时，可能会独自一人自发玩拼图游戏，但下一刻可能就会加入其他幼儿的行列，进行角色扮演游戏。因此，幼儿园在创设环境的时候要多样化，满足不同幼儿在不同时刻的多种需求。

3. 参与性原则

在幼儿园里，幼儿是主体，因而在任何学习环境中，幼儿必须充当活动的角色，而非仅仅是参观者。陈鹤琴先生说过，带领儿童一同布置，可以使儿童从布置环境之中认识四周环境中的事物，了解事物与事物之间的关联，使儿童从改造环境之中创设环境，并培养儿童坚毅、积极、合作、互动等优良品质。环境创设的过程是幼儿与教师共同参与合作的过程。教师要有让幼儿参与环境创设的意识，认识到幼儿园环境的教育性不仅蕴含于环境之中，而且蕴含于环境创设的过程之中。

在幼儿园环境创设过程中，很多教师会认为幼儿年龄小，不会做事，与其让他们参与环境的创设，不如教师直接创设省事且能保证质量。其实这是一种片面的理解，在幼儿园环境创设过程中让幼儿积极参与，不仅能培养幼儿的自信心，还能增强幼儿的自我意识。同时，让幼儿参与布置的过程其实也是他们进行游戏的过程，结果是次要的，最关键的是要在这一过程中培养幼儿的习惯和能力。

（1）和幼儿一起设计环境的主题

幼儿是环境的主人。在设计环境的主题时，教师需要充分听取幼儿的意见，引导幼儿按照自己的意愿和想法去创设各类环境。对于幼儿来说，这样的环境才有意义。

在幼儿的环境创设中，教师不应该完全自己设计、动手，而应把设计的机会留给幼儿，和大家共同策划。

幼儿参与环境创设的能力是无法估量的，他们的设计往往比教师的设计更为贴近生活，更有实用价值，也更让同龄人喜欢，这样也更能提高幼儿参与的积极性。

让幼儿自己创设环境的尝试

一位教师向班里的幼儿们提问："你们喜欢玩什么？我们班的区域还可以怎样布置？主题墙该如何丰富？"

有的幼儿说："我们班有了取款机，有那么多钱，取钱也很方便，可是花钱的地方并不多，我们可以开一个超市吗？"有的幼儿说："我家门口有好几个花店，生意可好了，我们可以开花店卖花吗？""公交车上也是可以花钱的，而且有了公交车我们出门也很方便呀！""主题墙上可以布置点什么呢？我们的主题墙可以有我们自己的照片，还可以放上我们设计的名片呢！别人看到了就会认识我们了。""还可以有我们的全家福呢，上面有爸爸妈妈、爷爷奶奶的照片，很温馨的。""冬天到了的时候，可以把我们做的'小绵羊'放在上面呀，'绵羊'身上那么多的绒毛，看着就暖和。"

当幼儿们讨论起来以后，教师把符合实际的意见保留，并加以整合，然后再着手和幼儿们一起动手，把计划变成现实。

（2）和幼儿一起收集、准备材料

教师可以和幼儿一起收集、准备材料，在收集和准备材料的过程中，让幼儿了解每种材料的性质、特点、适用范围，还可以充分发挥幼儿的想象力和创造力，将各种废旧材料变成有用的东西。这既是让幼儿参与环境创设的一个重要途径，也具有良好的效果。

开花店

在模拟开“花店”的活动中，教师问幼儿：“开花店都需要什么呢？”幼儿们七嘴八舌地说开了：“需要有鲜花、干花、花瓶、包装纸什么的。”教师说：“幼儿园里有一些现成材料，比如我们可以用画纸画花，用彩色的纸做纸花，装饰在饮料瓶做的花篮上，可是还缺很多东西，怎么办呢？”幼儿们争先恐后地从家中带来干花、花瓶，甚至还有礼品包装袋、小礼盒。一时间，“花店”变得像真的一样，丰富多彩。

“超市”里更不用说，幼儿征得家长的同意后带来了各种各样的饼干盒、奶粉盒、毛绒玩具，小“超市”里渐渐一应俱全。还有幼儿建议说：“现在的超市里还代卖药品呢，我们可以回家找点空药盒、药瓶带来。”

在丰富“娃娃家”的时候，教师知道有几位家长在装修，就请他们帮忙带来大的纸箱，做成“冰箱”“微波炉”“燃气灶”等“家电”，其精致、逼真程度让家长赞叹不已。尤其是教师请家长带来了软管和莲蓬头，竟然和幼儿们一起布置了一个整体浴室。整个过程中，幼儿们玩得开心，家长们也觉得很有意义。

（3）鼓励幼儿参与环境的布置

不同年龄阶段的幼儿参与环境布置活动的程度不同。对于小班幼儿来说，教师可以提供一些成品型材料，让他们直接把材料贴在相应的地方或把自己的活动“作品”布置并陈列出来；对于中班幼儿来说，教师可以提供“替代品”，让幼儿将其加工改造为“成品”；至于大班幼儿，教师要让他们了解哪些物品可以成为环境布置的客体，以及它们在环境布置中将起什么作用，让幼儿按自己的意愿和设计布置活动环境。

创设主题墙“美丽的家乡”

在大班主题活动“美丽的家乡”中，幼儿在墙面上布置了三个相关栏目：“家乡的自然风光——家乡的过去、现在、未来”（以照片为主）、“家乡的大海”（用各种美工材料做成）和“家乡的特产”。幼儿们用图文并茂的形式，记录他们各自在探究和活动中获得的经验、信息和发现。同时，幼儿们在美工区画“家乡”，在建构区搭“美丽的家乡”，他们还想出了用多种材料来制作“家乡的特产”，用笔画、用纸折、用橡皮泥捏、用布做、用海绵剪……

在主题活动的最后阶段，教师还与幼儿一起布置“展台”，幼儿将自己的作品和收集的实物、照片、图片一一展示在上面。从墙饰的变化中，教师可以清楚地了解主题活动的开展情况。平时，教师尽可能将所开展的每个主题的相关教育活动都与墙饰呼应，使每一面墙饰都成为幼儿学习和发展道路上的里程碑。

（4）尊重幼儿对环境创设的调整

环境创设不是一成不变的，而应该是灵活可变的。环境创设的过程应随活动的主题以及幼儿的需要、兴趣爱好和能力的变化及时调整，使创设的环境具有可操作性和新颖性。

海底世界

幼儿结合主题活动“水族馆”，在班级“自然角”旁边创设了“海底世界”的游戏区角。开始几天，到“海底世界”来玩的人挺多，孩子们忙着卖门票、收门票。可是几天以后，就很少有人来玩了，“海底世界”的“负责人”也常常独自坐在那里望着别人玩。这该怎么办呢？在一次活动中，教师向幼儿展示了一条贝壳制作的项链，幼儿一下子就被吸引住了。由此幼儿展开了讨论，迁移出生活中许多与去海边和“海底世界”旅行有关的经验。在此基础上，幼儿为“海底世界”增加了“导游点”“游客中心”和“拍照点”等，然后一起制作了海报和宣传画，开设了“旅游纪念品专卖店”，卖自己制作的贝壳贺卡、项链和主题泥塑等，既丰富了环境的内容，又发展了游戏的情节。

4. 经济性原则

经济性原则是指创设幼儿园环境时应考虑幼儿园自身的经济条件，以物质条件对幼儿发展的作用大小和经济实用性为依据，勤俭办园，因地制宜。

（1）树立经济办园的意识

经济办园即提倡花最少的钱，办最多的事。在环境创设的过程中，教师和幼儿可以共同去发现和创制新的材料，只要建立“玩具、材料、空间就在身边”的观念，即使在农村或者经济欠发达地区，也照样能创设引发、支持幼儿探索的良好环境。例如在农村，很多材料如木棍、麦秆、草绳、各种颜色的豆子、玉米等，都可以成为幼儿园环境创设的好材料，重要的是教师要引导幼儿学会挖掘、利用本土资源。

（2）重视乡土材料利用

我国地大物博，幅员辽阔，每个地区都有丰富而独特的本土资源。在幼儿园环境创设时，要注意充分利用这些资源，不盲目追求高档、精美的环境材料，利用身边的材料也能创设出很有教育意义的环境。例如：有的山区盛产竹子，用竹子可以制作高跷等玩具，还可以搭建各种环境材料；农村常见的种子、泥土等，可以制成各种粘贴画；用三合土铺成的活动场地，比水泥地省钱又安全。

（3）重视废旧物品利用

很多废旧材料可以成为环境创设的好素材，这些废旧材料是能给幼儿带来无限创意的零碎材料。片状的废纸、纸板、布、塑料薄膜等，块状的泡沫塑料、积木等，点状的珠子、扣子、开心果壳、花生壳等，线状的毛线、麻绳、丝带、塑料软管等……这些随手可得的材料可以丰富各个区角的活动内容。废旧材料除了单独使用外，更可以与其他材料进行各种各样的组合，不仅给幼儿选择的自由，激发幼儿探索的兴趣，而且经济，不必花很多的钱。

二、幼儿园环境创设的内容

环境作为教育中的隐性课程，是一本立体、多彩、富有吸引力的无声教科书，幼儿在“有准备的环境”中观察、探索、创造，寻找快乐，从而得到情感的体验和智慧的启迪，促进身心和谐发展。

1. 幼儿园物质环境的创设

幼儿园物质环境的创设具体可以包括两部分：一部分是幼儿园活动室内外物质环境与空间的设计与布置，另一部分是幼儿园活动材料的选择与提供。

（1）室外物质环境及空间设计

室外活动是幼儿一日活动中不可缺少的组成部分，户外环境直接影响幼儿入园的第一印象和感觉。户外环境的合理性和美的形式将深深地吸引幼儿，同时影响幼儿园环境的质量和教育目标的实现。幼儿园园内的户外环境主要包括活动场地、大型玩具及其他体育器材、园艺区、种植区和养殖区等。

1）户外活动场地及其设施的创设要求。《托儿所、幼儿园建筑设计规范》（JGJ 39—2016）（2019 年版）中规定，托儿所、幼儿园室外活动场地应该满足以下要求：

①幼儿园每班应设专用室外活动场地，人均面积不应小于 2 m^2。各班活动场地之间宜采取分隔措施。

②幼儿园应设全园共用活动场地，人均面积不应小于 2 m^2；托儿所室外活动场地人均面积不应小于 3 m^2；城市人口密集地区改、扩建的托儿所，设置室外活动场地确有困难时，室外活动场地人均面积不应小于 2 m^2。

③共用活动场地应设置游戏器具、沙坑、30 m 跑道等，宜设戏水池，储水深度不应超过 0.30 m。游戏器具下地面及周围应设软质铺装。宜设洗手池、洗脚池。

每个幼儿园可以根据自身情况因地制宜，灵活创设游戏场地。场地大一点的，可设置大型活动区；场地比较紧张的，可设置小一点的活动角。有条件的幼儿园应设置共用的大型活动区，如“长城”和迷宫等，完善设施，投放更丰富的材料，为各个年龄层次的幼儿提供室外的游戏场所。

2）全方位户外活动场地的创设。全方位户外活动场地是指以大型组合游戏结构为主体，兼容其他游戏区域及各种可移动的活动材料，不仅能满足幼儿各领域的发展需要，而且能满足幼儿个别差异需要的具有复合功能的游戏场地。全方位户外活动场地包括以下区域：

①大型组合游戏结构区。大型组合游戏结构区是指将传统的各自独立的活动设施加以组合，用木制或塑料制的大型立体连接式活动设施（如吊环和滑梯等）组成的区域，它能给幼儿提供不同挑战程度的、多样的大肢体活动的机会。设施的连接处可以搭建不同大小的平台和小空间等，作为幼儿互动和扮演的场所；平台或者小空间里可设置反光镜、钟表和立体拼图等，帮助幼儿进行认知。大型组合游戏结构区应该有如下设施：由平台、轮子和绳索等组成的大型攀爬结构，材料主要是木头；轮胎秋千（区别于有塑料座椅的秋千），幼儿可以坐，也可以在上面站立，从而更能锻炼平衡能力；复杂程度不同的复合滑梯；圆桶、小桥和平衡木；各式各样的铁轨、电缆卷轴和轮胎；空心木和圆木等经过处理的大块木头；可以爬进爬出、爬上爬下的城堡或是其他有趣的结构；小货车、独轮车、脚踏车、手推车和玩具马车；塑料箱子、摇船或其他可以乘坐的玩具。

②自然种植区。自然种植区是幼儿亲自播种、耕耘、观察植物生长过程的地方，是幼儿园重要的教育用地，也是幼儿园户外环境创设中必不可少的重要组成部分。一般来

说，自然种植区的创设应符合以下三项要求：

第一，每班都应该拥有一块小园地，每个幼儿都有参与种植、照顾所种植的“庄稼”和收获全过程的机会。

第二，所种植的物种生长速度要快，成熟的周期不能太长，而且应该贴近幼儿的生活，如黄瓜、西红柿、辣椒和空心菜等。幼儿年龄小，不易维持种植兴趣，因此应该选择那些短期内变化显著，能较快结出果实，从而展示完整生命周期的物种，让幼儿体验到丰收的喜悦。还可适当种植一些各季生长的花草树木，让种植区常年拥有美丽的风景。

第三，积极引导幼儿观察、发现和记录植物的生长情况，并开展一定的种植实验。例如：鼓励幼儿用眼看，用笔记，用手触摸，用鼻子闻；提供各种工具，鼓励幼儿用放大镜观察蚯蚓和蚂蚁，用尺子测量植物的高度；在适当的时候，寻找植物长势差异明显的两块“对比田”，让幼儿解释其中缘由，明白种植不仅要付出辛勤的劳动，还要了解植物生长的规律和所需条件。

③草坪游戏区。草坪能够让幼儿充分地进行大肢体活动，如爬、翻滚、跑、跳等。而且，相对于大型组合游戏设施，草坪更让幼儿有一种处在自然中的感觉。草坪还是一种具有“弹性潜能”的空间，可供幼儿自由运动，进行团体游戏，建构动态的物品，进行野餐和亲子活动，自然探索，安静休息或者观赏他人游戏等。当然，草坪游戏区若能够配合一些起伏的地形（如小山丘、小洼地等），则更能增加游戏的变化性、刺激性与挑战性。

④水池和沙坑。沙土游戏和戏水游戏都是幼儿非常喜欢的活动，幼儿可以在沙坑和水池中开展各种创造性游戏，从而培养丰富的想象力和创造才能。戏水和游泳还能锻炼幼儿健康的体魄，增强幼儿的活力。

⑤动态材料建构区或“建筑工地”。多元、动态的材料可以激发幼儿广泛多样的游戏活动，因此可以创设一个动态材料建构区，其中放置一些木板、木条、轮胎、大型积木、绳索、铲子、海绵块、松果、小管和多孔混凝土块等，同时安排几个桌子以便于操作。

⑥隐秘小屋或隐蔽处。幼儿同样有躲藏自己的需要，因此隐秘小屋也很有必要，也可以是为捉迷藏而设立的树篱或矮树丛。一方面，这种环境加强了幼儿与幼儿之间、教师与幼儿之间以及环境内外人们之间的社会性互动；另一方面，这种环境也具有多种功能，如作为幼儿进行角色游戏的“商店”“医院”，或者作为幼儿进行建构的区域。

⑦微坡地形。微坡地形是指在园林景观中仿照自然界中的起伏变化地势，人为造出的微小的丘陵似的地形，一般高度不大。虽然幼儿园的场地比较平整，但在挖土造沙坑、水池的同时，也应该堆垒出坡地、丘陵、山脉、土堆、小丘等微地形。地形高度的变化，可给幼儿提供滚爬、奔跑等活动的机会，可增强幼儿对周围环境的认知。微坡地形可以提供活动场地的自然分隔，同时还可调节幼儿园内的风向。不过应该注意，幼儿园微坡地形的高度应该低矮一些，坡度要平缓一些，以保证幼儿的安全。

⑧文化角。围成圆圈的桌椅及专门的空间可以作为文化角，它基本上是一个半圆形的结构，可以作为讲故事、进行角色游戏和表演节目等活动的场地。这样的区域有助于促进不同性别、不同年龄、不同班级、不同能力的幼儿在一起互动。

此外，幼儿教育机构户外活动场地还可包括栽种果树和设有可攀爬树木的区域，以及适宜的跑道，跑道应该至少有 30 米长，数量不少于 4 条。

（2）室内物质环境的创设

活动室是幼儿在园学习和游戏的主要场所，因而活动室布置是教育环境创设中的一个重要内容，教师需要精心设计、合理布置。

1）各类活动区（角）创设。幼儿园室内环境大多以区域形式呈现，教师将室内活动环境划分为若干个区域，提供不同的材料，供幼儿在其中进行各类学习和游戏活动，以满足幼儿的需要和兴趣。活动区（角）的种类或多或少，范围或大或小，并无定论，但应以“全人教育”为原则，即满足幼儿认知、语言、大小肌肉、情绪与社会性发展需求。教师可以根据以下基本步骤与原则，创设各类活动区（角）。

①拟定活动区（角）的种类与大目标。教师可以依据实际的空间条件（如面积大小、格局、形状等）、人数、年龄段、编班方式和经费多寡等客观条件综合考虑活动区（角）的种类，确定种类后拟定各个区（角）的大目标。

②详细列出具体学习目标。设定好各区（角）大目标以后，教师可以根据班上幼儿的整体发展程度与个别差异状况，以月为单位，将各区（角）的具体学习目标由简单到复杂一一列出。在以后的区（角）活动中，根据幼儿的具体情况，删除幼儿已经达到的目标，逐步实现比较复杂的目标。

③寻找适当的材料和玩具。接下来，教师便可根据既定的目标收集、设计适合的材料和玩具。当然，可能会有某一材料和玩具同时适合几个学习目标，或者某一学习目标需要通过不同的材料和玩具来实现。

④着手布置活动区（角）。当各区（角）的目标和内容都准备好后，教师便可以开

始考虑，如何通过布置环境营造一个自由的学习与生活空间，让幼儿在不知不觉中展现其主观、自发的学习意愿，让环境发挥潜移默化的作用。

教师在布置活动区（角）时，要考虑以下几个方面的问题：

第一，清晰性与秩序性。要让每一位幼儿在进入区（角）之后都能清楚地了解并知道：当他想做什么的时候，知道去哪里满足这种需求；他可以在各区（角）内尽情发挥，但同时也明白“我在这里可以做什么”及“我在这里不可以做什么”；轮流等待、相互尊重是建立和谐人际关系的基本要素；分享经验、互通有无是一件非常愉快的事情。

第二，条理性。区（角）中所摆放的材料和玩具应该力求整齐，让幼儿无须处处征求教师的同意才可使用，也无须完全依赖教师的指导才知道如何使用。要尽量做到让幼儿使用时能一目了然，知道什么材料和玩具该什么时候使用，同时无须在一堆物品里面翻来翻去浪费时间，甚至造成混乱场面。而摆放有序、整齐的材料和玩具，也暗示幼儿一次只能拿一种类型的材料和玩具，拿取完毕后要按规定放回原位，然后再拿另一类材料和玩具。这样的过程不但可以培养幼儿独立自主的能力，而且可以培养其轮流、分享的社交态度。

第三，数量。各区（角）材料和玩具的数量应与使用人数相搭配，以免造成闲置过多或不够使用的问题。以可供 10 人同时使用的益智区为例，其材料和玩具的数量最好在 20 件左右。

第四，安全性。区（角）中应杜绝任何尖锐、易燃或有毒的物品，以及湿滑的地面。一个区（角）即使内容再丰富，如果因未注意幼儿的安全而导致意外事件频繁发生，也是不合适的。

第五，美观性。幼儿的注意力、持久性比成人差，也比较情绪化。因此，教师需要在学习环境中营造活泼的气氛并制造各种“视觉焦点”，以激发幼儿学习、参与的动机，并强化其专注力。例如，光线充足、空气流通、暖色系（如粉蓝、粉绿、鹅黄等）且明亮度高的墙面和家具色调，以及玩具造型等，都是不可忽视的重要因素。

2）活动室墙面环境创设。幼儿园活动室的墙面环境创设是指对影响幼儿发展的活动室墙面进行的规划与调整。它既包括静态方面，也包括动态方面；既包括活动室墙面的内容、形式、色彩、材料和高度等影响幼儿发展的静态要素的规划，也包括幼儿的参与和操作等影响幼儿发展的动态要素的考量。

①活动室墙面环境创设应以幼儿为主体。基于此原则，有的幼儿园在规划墙饰时把平面和立体布置结合起来，把墙壁布置划分为高、中、低三个部分。最低部分（1.2 米

以下）为幼儿互动区，是属于幼儿的空间，以幼儿作品为主，让幼儿发挥想象，参与创设；中间部分为师幼互动区，教师根据幼儿现有水平和需要搭建大平台，引导幼儿参与；最高部分为教师和家长互动区，是家园联系的桥梁和教学活动展示的平台，以方便家长参与。

②色彩与造型。在活动室墙面环境创设中，色彩应以艳丽的纯色为主，图画色彩宜单纯，接近自然，这样容易使幼儿理解并产生共鸣，便于他们欣赏、借鉴和表现。在为幼儿创造色彩对比和变化的同时，应考虑画面的整体美，使画面既有局部美的变化又有整体协调感。造型应以稚拙、简洁为主，敦实、稚拙的模样可以令幼儿产生更多的关注和怜爱，简洁的美术造型能让注意力不持久的幼儿较快感知到。同时，由于造型概括、简洁，绘画操作过程相对简单易行，更适用于幼儿园布置环境内容多、更换周期快的状况。

③墙饰主体内容。墙饰主体内容可以为幼儿创设熟悉的、符合心理要求的环境。例如，小班的幼儿一入园，看到自己的照片贴在活动室的墙上，便会认为教师早就认识他，从而减少了恐惧感，能很快融入幼儿园集体生活中。因此，教师在布置墙面时，可以悬挂一些幼儿的作品，以及幼儿活动和演出的照片等。这些作品为幼儿所熟悉，色彩鲜艳，符合幼儿心理特点，更能培养幼儿的审美情趣。而且，看到自己的作品被挂在墙上展出，幼儿更能增加一份成就感和自豪感。

④组织形式。在创设墙面环境时，教师应该组织所有的幼儿积极参与，以培养幼儿的合作意识、良好习惯和动手能力，使幼儿获得成功体验并增强自信心。所以，教师应从主题讨论、材料准备、画面布局、墙面制作和墙面讨论等多方面组织幼儿积极参与。

3）活动室其他部分环境创设。布置活动室时，还应对吊饰、标志等精心加以设计和布置。

①吊饰。吊饰主要是以吊、挂等悬空形式设置的各种环境创设物品。吊饰以幼儿制作为主，往往是幼儿参与某种活动的成果，教师将其作为吊饰，可起到配合某种教育活动进行教育，以及展示幼儿作品和美化环境的作用，而且更换方便。吊饰的吊挂位置可以是活动室的天花板、门框、窗框、角落、走廊、楼梯和幼儿园的各种植物上等。例如，一年当中有许多节日，而且有的相距时间较短，其布置花费时间较多，因此用空间布置去配合节日的主题教育省时又方便。

②标志。活动室的标志内容和形式要简洁、明确、形象、有趣，符合幼儿的生活经验，能被幼儿理解。制作标志的方法应多样化。常见的有房舍标志（如班级活动室、盥洗室等的标志）、导向性标志、提示或警示标志，以及物品、活动场所和设施设备等

的标志。

2. 幼儿园精神环境的创设

幼儿园的精神环境虽是一种无形的环境，但对幼儿的发展，特别是对幼儿情绪、社会性和个性品质的形成和发展具有十分重要的作用。只有为幼儿提供一个能使他们感到安全、温暖、平等、自由，能鼓励他们探索与创造的精神环境，幼儿才能活泼愉快、积极主动、充满自信地生活和学习，获得最好的发展。

（1）建立良好的师幼关系

1）教师应该关心幼儿、热爱幼儿。幼儿年龄越小，越需要情感上的抚慰和关心。教师一定要从站着要求、命令和指导幼儿，逐步过渡到蹲下来和幼儿平等地交流，更多地关注幼儿的情绪、情感和需要，做幼儿的朋友。教师要以微笑和耐心倾听幼儿的需要、想法、问题和建议，并给予幼儿适时的反馈。例如，有位教师在教学活动结束后让幼儿收玩具，但叫了半天也没有人愿意收玩具。这位教师灵机一动，蹲下来说："唉，满地都是玩具，谁来和老师一起收玩具呀？"话一说完，幼儿一个比一个能干，一会儿就收拾整齐了。由此可见，幼儿内心其实愿意接受友善的教育，抵触只会发号施令的教育。

2）教师应该尊重幼儿。幼儿是一个独立的人，也有做人的尊严。教师只有尊重幼儿，才能赢得幼儿的尊重与爱戴，促进幼儿自尊心和自信心的发展。首先，教师要信任幼儿，相信幼儿有能力完成各种活动，要看到每个幼儿的长处，相信他们经过教育都能获得成长。其次，教师要尊重幼儿的隐私，不应该随便暴露某个幼儿的隐私，不经幼儿许可不能随便打开幼儿的个人用品抽屉，要从细节入手，尊重幼儿的隐私。最后，教师要尊重幼儿的已有经验和学习方式。每个人都是独特的，人与人之间存在着个体差异，教师要尽可能地尊重幼儿的这些差异，并提供最适合于他们的教育。

3）教师应该宽容对待幼儿的错误。幼儿大都活泼好动，常常一不小心就犯错误。面对犯错误的幼儿，有的教师会进行严厉批评，甚至变相体罚。很多教师认为只要这样做，幼儿就能惧怕教师，产生恐惧心理，不再轻易犯错误。其实，幼儿往往会产生逆反心理，不仅不会减少错误行为，反而会与教师对立，或者产生厌学心理。因此，在幼儿犯错误的时候，教师一定要用一颗宽容的心去对待幼儿的错误，多多包容幼儿，适时适当地帮助幼儿分析错误的原因，幼儿也就能平静平和地接受教师的帮助。

（2）帮助幼儿建立良好的同伴关系

1）为幼儿创造良好的交往环境。教师应通过环境的创设和利用，有效地促进幼儿同伴关系的发展。例如，通过开辟“玩具世界”，发动幼儿从家里带来自己心爱的玩具，利用玩具为幼儿提供交往的条件。教师还可以在环境布置上，让幼儿有更多游戏活动的区域，如在教室里安排一些美工区、“娃娃家”区（角）等，让幼儿在自主参与这些区（角）游戏活动时，多与其他幼儿进行交往与合作。在选择材料和进行游戏的同时，幼儿会主动与同伴交往，表达自己的需要。这样可以培养幼儿积极与人交往的态度，发展幼儿的交往技能。

2）为幼儿提供人际交往的机会。教师应该为幼儿创设与同伴沟通交流的机会，引导他们参加一些互动性的、需要交往技能的集体活动，让他们在交往活动中受益。例如：在某个幼儿生日的时候，邀请小伙伴一起过生日；组织“玩具分享日”，让幼儿自由地交流、分享等。幼儿在这些活动中，有各种机会与其他幼儿交往，在交往的过程中逐渐学会各种交往技能。只有当幼儿具备了这些交往的技能，才可能被其他同伴接纳和认可，同时也才能满足自身与他人交往的需要。幼儿们共同的兴趣、互相理解的语言和平等的地位，使得他们能很自然地放松心情，展现自我，体验到集体游戏的乐趣，进而使同伴关系更融洽。

3）教给幼儿交往的技能与方法。目前的幼儿绝大多数是独生子女，在家庭中是众多成人关怀、照顾的唯一对象，从而养成了乐意接受别人的东西，却不愿将自己的东西与别人分享的习惯。为了能使幼儿的行为适应社会需要，教师应积极利用幼儿园的集体活动帮助他们学会分享，学会轮流和等待，学会用协商的方式处理矛盾和冲突，让幼儿感受在集体生活中与同伴交往的乐趣。面对幼儿的冲突，教师尽量不要去充当“裁决者”，而要和幼儿一起去寻找冲突的原因，引导他们通过协商的方法去解决冲突。

（3）营造融洽的教师人际环境

在幼儿园的教育活动中，最直接面对幼儿、幼儿身处其中的教师人际环境是保教人员之间的关系。保教人员之间的团结、友善、和睦和敬业爱园的精神，体现在每一个细小的行为上，体现在幼儿身边，会给幼儿树立一个良好的榜样。例如：早晨，保育员会很早来到班上，忙碌地打扫；教师来了，赶紧给保育员帮忙；上课了，保育员又为教师贴教具、撕纸条，她们合作得非常愉快。幼儿看在心里，记在心上，通过自觉和不自觉地模仿、观察、学习和潜移默化，渐渐地学会调节自己的行为，去帮助别人。

（4）构建尊重互补的家园人际环境

在幼儿园环境的创设中，家长是重要的参与者与构建者，因此，教师应该充分利用家长资源，和幼儿家长共同营造一种相互尊重和平等合作的人际环境。教师可以通过家园墙报、家园联系栏和家长会等形式，促进家园双方交流互动，帮助家长树立正确的儿童观和教育观，引导家长积极参与幼儿园各种活动，并虚心听取家长意见，吸收有益可行的建议。教师与家长建立共荣、合作、友好的关系，就为提高幼儿教育的一致性和有效性提供了保障，也为幼儿心理的健康发展提供了良好的精神环境。

思考·练习

1. 请结合实例论述幼儿园环境的特点。

2. 某幼儿园中班最近的活动主题是“快快乐乐过中秋”，请结合该主题谈谈你对班级环境创设的想法，并阐释它与主题活动的关系，以及如何在环境创设中体现家园共育的理念。

3. 某幼儿园中班教师请幼儿和她一起布置活动室，迎接新年。请用创设环境的教育原则分析这位教师的做法是否正确，并阐述原因。

第九章 幼儿园与家庭、社区、小学

学习目标

◆ 了解幼儿园与家庭、社区合作的意义，理解幼小衔接的重要性。
◆ 明确幼儿园与家庭合作的内容与方式以及幼儿园与社区教育衔接的方式。
◆ 理解幼儿园教育与小学教育的差异，掌握幼小衔接的内容与方法。

第一节 幼儿园与家庭

一、幼儿园教育与家庭教育的不同特点

家庭教育一般指父母或其他年长者在家庭中有目的、有意识地对子女进行的教育。家庭是幼儿接触的第一个集体和第一所学校，父母是幼儿的第一任教师。家庭是个人社会化的第一场所，家庭教育对幼儿的成长具有奠基作用。同时，家庭教育作为学校教育的重要补充，对幼儿成长的影响是贯穿始终的。家庭教育具有个别性的特点，因此更能适应个体发展。幼儿园与家庭同是幼儿阶段最重要的生活成长环境，共同承担着培养幼儿全面健康发展的任务，尽管两者在教育目标上是一致的，但这两种教育形式有明显的

不同，其具体的差异体现在以下几点：

1. 时间上的差异

从时间角度讲，幼儿园教育具有阶段性，家庭教育具有早期性、连续性和终身性。根据儿童身心发展的阶段性特点，学校教育按照儿童的年龄阶段划分了教育阶段，将 3 ~ 6 岁划分为幼儿期，即幼儿园教育阶段。在幼儿园，又根据幼儿的生理和心理特点，划分为大班、中班、小班，教师对不同年龄阶段的幼儿实施相应的保育和教育，使幼儿身心健康和谐发展。

幼儿最早接受的教育就是家庭教育，父母是幼儿最早的教育者，对幼儿的影响是长期的，甚至是终身的。由于父母与子女的血缘关系，家庭教育在幼儿长大成人后继续发挥效用，这种影响是一个漫长连续的过程。家庭的生活环境和父母的言行举止，从小就对幼儿产生深远影响，成为幼儿以后发展的重要基础。

2. 内容上的差异

从内容上讲，幼儿园教育具有系统性和稳定性等特点，家庭教育具有生活性、随意性和广泛性等特点。幼儿园教育的教学内容是由国家根据一定的培养目标，按照幼儿园的性质、任务，以及幼儿不同年龄段的生理和心理发展水平来确定的，以国家教育主管部门制定的教学大纲为指导，以相对稳定、系统、科学的教材为依据。

家庭教育则一般没有系统的教育教学内容，较为灵活机动，具有一定的随意性。家庭教育的内容相比幼儿园教育又具有广泛性。幼儿园教育以教学为中心，大部分时间用于系统地向幼儿传授各种科学文化知识；而一般家庭对子女的教育则是多方面的，包括科学文化知识、道德行为规范、日常生活行为习惯和社会性发展等，涉及各个方面的内容。

3. 形式上的差异

从形式上讲，幼儿园教育具有组织性、计划性和集体性，家庭教育具有情境性、随机性和个别性。幼儿园教育的教学组织形式是教育活动，一般都是集体教育。幼儿园的教育活动是有组织、有计划、有步骤、有检查、有考核的一系列活动，包括游戏活动、体育活动、生活活动和教学活动等。

家庭教育一般都是个别教育、个别指导、个别训练，尤其是独生子女的家庭教育更是如此。家庭教育一般在日常的家庭生活中，是通过家长的言传身教和家庭生活的实践随时随地进行的，往往寓教于日常的家庭生活之中，具有很强的生活性和随机性。

4. 教育者与受教育者关系上的差异

从教育者与受教育者关系角度讲，教师和幼儿间的关系具有选择性，家长和幼儿间的关系是不可选择的。幼儿园教师一般都接受过系统的职业培训，是具有一定教育工作能力的专职教育工作者，他们的全部工作就是培养教育幼儿。幼儿园教育中的教育者与受教育者之间是选择性的师幼关系。随着幼儿年龄增长升入小学，教师和幼儿间的师幼关系持续的时间不会太长。

家庭教育中的教育者和受教育者的关系是天然的血缘关系，不仅表现为社会关系，而且还表现为自然关系。父母是子女天然的教育者，父母与子女的这种血缘关系是不可选择的。在教育中，双方怀有浓厚的情感，这种情感关系有时不利于幼儿的教育，尤其在溺爱型家庭环境中。作为家长，既要用情感的感染性影响幼儿发展，同时又要将情感教育和严格要求结合起来。

5. 方法上的差异

从方法角度讲，幼儿园教育具有专业性，家庭教育具有渗透性和感染性。幼儿园教育通过科学的方法和途径将知识、技能和行为习惯等传授给幼儿，一般通过提问、练习等方法让幼儿掌握知识，形成技能，发展智力，通过说服、树立榜样、奖惩等方法让幼儿发展道德，训练行为，养成良好习惯。所以在教育方法上，幼儿园会遵循教育规律和幼儿身心发展规律，通过专业、科学的方法教育幼儿。

家庭教育主要通过家庭环境、家长言行等培养幼儿为人处事的能力，塑造个性，是一种耳濡目染的渗透教育。同时，父母与幼儿之间血缘关系和亲缘关系的天然性和密切性，使父母的喜怒哀乐对幼儿有强烈的感染作用。幼儿对父母的言行举止往往能心领神会、以情通情，对家长所持的态度很容易引起共鸣。

二、幼儿园与家庭合作的意义

幼儿从家庭环境过渡到幼儿园环境，接受两种不同的教育，是幼儿接受正规教育的开始。实现幼儿园与家庭合作非常重要，它不仅对幼儿园和家庭起着联结与沟通的作用，还对幼儿身心健康发展有着至关重要的作用。

1. 家园合作能为幼儿身心健康发展创造良好的条件

首先，家长积极参与并主动配合教师的工作，能更好地促进幼儿的发展。研究指出：家庭与幼儿园合作，可以让幼儿接受的来自幼儿园和家庭两方面的学习经验更具有一致性、连续性和互补性；可以让幼儿获得安全感，养成参与社会生活的积极态度；可以多方开发幼儿教育的资源；可以在教师与家长、家长与家长之间提供交流和经验共享的机会。例如，幼儿园教师必须全面、细致、准确地了解幼儿，了解幼儿的个性、心理活动和情感，了解幼儿的接受能力、学习能力和合作能力，了解幼儿的兴趣和需要，了解幼儿的原有学习经验和社会经验，以及不同的学习方式和习惯，而这一切单靠教师的观察和了解是远远不够的。教师只有与家长密切合作，才能准确了解幼儿的个性、发展水平、特点和发展情况，同时了解不同的家教环境，了解幼儿在幼儿园和家庭中的不同表现，关注幼儿的变化和进步，以便有针对性地进行教育，满足幼儿发展的需要。

其次，家园合作帮助家长承担起家庭教育的责任，形成教育合力。在多元化的家园合作中，教师可以充分发挥自己的主导作用，邀请家长参与幼儿园教育，并对家长的教育方式方法进行指导，帮助家长树立正确的幼儿教育观念，引导家长介入幼儿的学习，主动参与到幼儿园教育中来。家长可以积极向教师提出自己对教育幼儿的一些看法，对幼儿园为幼儿提供的一切积极做出反应，面对幼儿的不良行为也能主动地帮助纠正，从而具备一定的科学育儿能力。家长和教师在合作中不断更新教育观念，在沟通中相互切磋教育方法，在配合中共同提升教育实践的科学性。此外，家园合作能够提高幼儿活动的兴趣和积极性，改善幼儿在家中的行为，密切其与家人的关系。参与活动的同时，家长能够体会到幼儿园教育的重要性，教育态度会更认真，教育行为会更适宜，也会更积极地投入家园共育的活动中。

2. 家园合作能为幼儿园教育工作创造有利的条件

家长与幼儿园教师相互配合是教育质量提高的重要保证。教育计划的可行性、幼儿园课程的适宜性、教育的连续性和有效性都有赖于良好的家园合作。幼儿园教育要想获得高质量的教育效果，就必须得到幼儿家庭教育的大力支持与配合。幼儿家庭教育如果能积极配合幼儿园教育，就可以使幼儿园教育得以顺利开展，使幼儿所受教育较好地保持完整性和连贯性，并可取得较为显著的教育成效。

幼儿园利用家长的资源，能够拓展幼儿园教育空间。家长的职业优势是幼儿园引导幼儿认识社会的一个窗口。家长来自各个不同的行业，这是十分丰富的社会资源，各种不同职业或者不同文化背景的家长带给幼儿园丰富的教育内容，能为幼儿园提供多种支持和服务。教师深入扎实地做好家园工作，就可以调动家长参与幼儿园教育工作的积极性，充分利用家长这一资源，弥补幼儿园教育的封闭性和狭隘性，拓展教育空间，获得意想不到的收获。

总之，幼儿园与家庭的合作是幼儿园教育提高质量的必由之路，是幼儿园教育自身发展的必然选择。《幼儿园工作规程》中明确规定：幼儿园应当主动与幼儿家庭沟通合作，为家长提供科学育儿宣传指导，帮助家长创设良好的家庭教育环境，共同担负教育幼儿的任务。这是科学的、符合幼儿教育发展趋势的规定。我国幼儿教育工作者应当努力做好家园合作的工作，达到《幼儿园工作规程》所提出的要求。同时，家园合作不再是形式化、表面化、走过场，而是实实在在地创造各种途径为家长提供服务，使幼儿园与家长在教育思想、原则、方法等方面取得统一认识，从而促进幼儿健康、和谐发展。

三、幼儿园与家庭合作的内容与方式

家园合作是幼儿园与家庭相互合作、交流，以促进幼儿身心全面健康发展为目的的教育形式，是一种双边互动活动。幼儿园与家庭对幼儿教育都应该处于积极主动的地位，只有这样才可以提高幼儿教育的质量。

1. 幼儿园与家庭合作的内容

从幼儿园角度来讲，家园合作的主要内容有以下几点：

（1）幼儿园为幼儿做好入园引导与适应工作

幼儿园与家庭教育衔接的第一步，就是引导幼儿入园并适应幼儿园的生活。所以幼儿园应该帮助幼儿熟悉幼儿园环境、教师和其他幼儿，帮助家长了解入园准备工作的内容，合理安排入园之初的活动，建立良好的师生关系等，使家长减轻负担和心理压力，实现幼儿顺利入园，避免幼儿的入园紧张和焦虑。

（2）幼儿园帮助家长树立正确的教育观念

不少幼儿家长在儿童观、发展观、教育观、人才观等方面都存在问题，导致一些家长在对幼儿的教育上步入误区，直接影响着家教质量和家园合作。幼儿园有义务帮助家长树立正确的教育观念，与家长交流科学的育儿方法，优化家庭环境，提高家长的教育素质。贯彻《幼儿园工作规程》的要求，帮助家长创设良好的家庭教育环境，向家长宣传科学保育、教育幼儿的知识，是幼儿园的重要任务。

（3）针对每个幼儿的特点进行具体指导

每个幼儿出生在不同的家庭环境中，父母的文化层次、知识结构和个性特点等都不同。幼儿园教师有必要了解每个幼儿的个性特点及其在家庭中的行为表现，了解幼儿的家庭情况和家庭环境，以便从实际出发，更有针对性地对幼儿进行教育。

（4）鼓励和引导家长直接或间接地参与幼儿园教育

幼儿园应鼓励家长参与到幼儿园教育过程中，如共同商议教育计划，参与课程设置，加入幼儿活动，深入具体教育环节等。家长也是办好幼儿园的主要力量，幼儿园要请家长积极参与园所的教育活动，为幼儿园提供人力和物力支持，帮助幼儿园解决一些困难，如完善各项制度，改善园所环境，绿化园所等。

2. 幼儿园与家庭合作的方式

幼儿园与家庭合作的方式主要体现在幼儿园的家长工作上。幼儿园开展家长工作的方式有很多，主要分为个别方式和集体方式两大类。

（1）个别方式

个别方式是指幼儿园教师与幼儿家长间一对一联系并进行工作的方式，这种方式对密切家园联系、实行家园合作教育有着十分重要的作用。个别方式一般有以下几种：

1）家庭访问。家庭访问简称家访，是家园合作的一种重要方式。家访可以使教师更详细地了解幼儿的家庭状况和各方面表现，也有助于教师与家长的情感交流。教师可以针对个别幼儿的具体表现，与家长共同商讨教育幼儿的措施，还可以介绍幼儿在幼儿园的成绩、进步与存在的问题，争取家长与幼儿园的密切合作。家访可以分为新生入园家访、特殊幼儿的定期家访、突发事件家访、问题幼儿重点家访和生病幼儿家访等。这种家园合作的形式虽然花费精力较多，但实效性极佳。家访体现了教师对幼儿的热情关怀、对家长的尊重和理解，以及对顺利完成教育任务的责任。教师在进行家访时，要注意针对不同家长的特点进行谈话，要以关心、爱护幼儿为出发点，以平等、诚恳的态度与家长交谈，多倾听家长的意见和建议。

2）接送时交流。接送时交流是教师在幼儿入园和离园时与家长进行的简短交流，交谈有关教育幼儿的情况。这种方式是幼儿教师和家长之间最简便、最经常、最及时的家园联系方式。这种交谈尽管时间不长、内容简单，但能及时互通信息，使家长和教师都能够了解幼儿近期和当天在园所和在家里发生的事情或问题。必要时，教师可以另约时间与个别家长进行较长时间的谈话，这种交流则较为认真严肃，是有目的、有计划地进行。谈话的内容和要求应该明确，教师除向家长介绍幼儿近期的变化并听取家长的意见之外，更要与家长共同研究今后配合教育的具体措施与方法。

3）家园联系手册。家园联系手册也是目前实现家园合作的一种简便而有效的方式，并且可以实现定期联系的功能。教师采用书面的方式与家长进行联系，向他们报告幼儿在园的情况，包括认知、行为习惯和人际交往等内容，征求他们的教育意见，同时了解幼儿在家的情况，请家长把自己的看法和要求也填到联系手册上。家园联系手册的内容一般包括园历、教职员工名单及教师简历、幼儿园教育目标、作息制度、主要活动安排、幼儿在园表现、家庭基本情况、家长主要情况和幼儿在家表现等。

4）家长咨询。有条件的幼儿园还可以开展定期或不定期的家长咨询活动。家长咨询是一种面对面的家教指导方式，由幼儿园对家长在教育幼儿过程中存在的疑难问题进行解答，是一种非常有效的指导家庭教育的方式。进行解答的可以是幼儿园园长、有经验的教师或专业工作人员，也可以是园外有关专家。解答问题应从科学性和针对性出发，要侧重从家教观念、教养态度和科学方法上给予指导，帮助家长分析产生问题的原因，并指导家长今后应该如何去做。有些个案需要长时间的咨询和帮助，应根据需要，制订个别幼儿教育的专门计划。

5）教师信箱和便签。家园合作中，有些家长由于工作忙，没有时间与教师进行面对面的交谈。针对这种情况，各班可以设立教师信箱和便签，请家长把自己的意见和建议等用信件的方式反映给教师，以便教师了解家长的要求和意见，同时帮助、督促家长及时了解和关心幼儿的发展，尽可能互相配合实施教育。

6）电话、微信、网络平台。对于工作繁忙无暇接送孩子的家长，教师可以利用电话与家长联系。电话联系是家园合作中最快捷、最灵活的一种方式。教师可以把幼儿当天发生的一些重要事情告诉家长，家长也可以告知教师幼儿在家的情况，及时的电话沟通能够使教师或家长更好地了解幼儿在家或者在园的情况，迅速处理一些应急性的问题。教师还可以公开自己的博客、微信，或者建立本班的 QQ 群、论坛等，供家长和教师沟通。有些幼儿园开通了网络短信平台，把每天幼儿在园的学习目标和内容等发送给家长，使家长可以非常清楚地了解幼儿在园的学习情况，方便家长与教师的沟通。

个别方式还有很多，具体采取何种方式与家长取得联系，要根据情况灵活掌握。幼儿园必须重视采取个别方式与家长取得经常联系，因为这种沟通是密切家园关系、实现家园合作、因人施教最有效的一种方式。

（2）集体方式

集体方式是指对家长群体开展工作的方式，如召开家长会，举办家长学校或家教专门讲座，开展家教经验交流，开展各种家教研讨活动，设置家教园地，组织面向家长的开放日，以及印发有关家教学习资料等。集体方式的家长工作与个别方式的家长工作必须结合进行。集体方式大致有如下几种：

1）家长会。召开家长会是幼儿园普遍采用的一种家园合作方式。家长会有常规性的家长会和专题性的家长会等。常规性的家长会包括全园性家长会、年级家长会、班级家长会和小组家长会。专题性的家长会则形式多样，可以是举办幼儿演出，可以是幼儿的比赛，也可以是就某一热门的幼儿教育话题展开讨论。这些专题性的家长会目的是让家长进一步了解和理解幼儿园的教育活动和工作，并能积极配合幼儿园共同做好幼儿的教育工作。

2）家长委员会。家长委员会由全体家长推选部分家长委员或由家长自愿组织产生，是幼儿园和家庭之间的一座桥梁，家长委员会委员是园长和教师的得力助手。家长委员会的主要职责是代表家长的利益协助幼儿园的各项工作，参加幼儿园的建设和管理，帮助家长了解幼儿园的教育计划和要求，及时反映家长对园所的意见和建议等。幼儿园应和家长委员会密切合作，共同为幼儿的成长做出贡献。家长委员会的具体工作包括：协调幼儿园与家长的联系，传达幼儿园对家庭的要求；帮助家长了解幼儿园工作的计划和要求，反映家长对幼儿园工作的意见和建议；代表家长利益，参与幼儿园管理；监督幼儿园的财务和保健工作；动员家长力量，参加幼儿园环境设施的建设等。

3）家长学校或家教讲座。家长学校是对在家庭中承担抚养和教育幼儿责任的父母和其他家长进行系统教育和训练的学校。家长学校是普及家教知识的有效渠道，是幼儿园指导家长教育，提高家长教育素质的一种非常重要的教育形式。家教讲座可以定期或不定期举行，讲座的内容可以根据幼儿发展的需要或家庭教育的现状来确定。家长学校的形式很灵活，可以用讲座、报告会等形式进行，可以分年龄，也可以按主题。家长学校的任务主要是及时发现幼儿教育中的各种问题，并利用家教讲座来解决各种问题。例如，普遍性的问题由园长或有关班级的教师负责讲授，专业性的问题则由医生、教师或有特长的家长讲授，有时也可外请专家举办专题报告会。

4）家园联系园地。幼儿园可在走廊、过道或幼儿活动室墙壁上专门开设一个区域，作为家园联系园地（如幼儿园的宣传栏、展览台、黑板报、陈列室，幼儿班级门外的家长园地、亲子教育专栏），经常展示对家长有益的教育书刊和辅导材料，介绍有关的家教新观念和好经验，宣传保健小常识、季节流行病的预防知识，公布幼儿园的作息时间表、食谱和收费标准，展示幼儿园的全园集体活动、教育要求、教育成果汇报、外出实践教学图片等，使家长能够根据自己及幼儿的实际情况和具体要求，有选择地进行观看、学习和欣赏。在各班的家园联系园地中，要介绍本班近期教育目标、需要家园合作的教育内容、幼儿的发展情况、正在进行的课程主题和相关实践资料，以及一些有针对性的家教指导性文章等。

5）家长开放日。家长开放日是指幼儿园定期或者不定期地向家长开放，邀请家长来园参观幼儿园的活动，把幼儿园的教育情况向家长公开或公布，使家长更加了解幼儿园教师的工作。家长开放日是家长工作的一种非常好的形式，也是幼儿园偏重于从实践方面来指导家长的一种重要形式。家长开放日可以让家长更加真实地了解幼儿在园的表现和幼儿的真情实感，并且触动家长改变一些教育观念，使家长更好地意识到如何帮助幼儿成长。家长开放日能够使家长了解教育内容，掌握教育方法，体会教师工作的艰辛，并能从不同侧面认识和发现自己的孩子，进一步改进家庭教育。

6）家教经验交流。许多家长在教育幼儿过程中积累了宝贵而丰富的经验，幼儿园可以组织这些家长现身说法，谈谈对幼儿教育的认识及自己的家教经验。这些经验一般都很生动、实际，说服力强，具有可操作性。家长们可以互通有无，互相学习，使幼儿更加受益，也使幼儿园的教育更加顺利。这是幼儿园推广家庭教育典型的好经验和好办法。利用家教经验交流教育和指导家长，会使家长觉得易学、易仿效。

7）亲子活动。幼儿园作为一个重要的幼儿教育机构，应充分发挥其资源的优势，组织开展多种形式的亲子活动，如参观、义卖、郊游、野餐、亲子游戏活动、亲子运动会和角色扮演活动等。幼儿园还可以开设亲子教育学校、亲子教育热线和亲子图书馆等，宣传幼儿教育的先进理念，指导家庭幼儿教育。亲子活动让幼儿体验了初步的交往关系，为幼儿和幼儿之间、幼儿和家长之间搭建了交往平台，有助于其社会性关系的发展。亲子活动加强了幼儿之间的情感联系，有助于幼儿个性的完善和发展。这种家园合作的形式既带来了家庭的幸福快乐，又实现了家园共赢的效果。

总之，家园合作工作与教育教学工作具有同等重要的意义和价值。幼儿园的家长工作应该是全面而广泛的，只要幼儿园与家长双方都本着促进幼儿发展的共同目的，协调合作，共同努力，就能取得更好的教育效果。

第二节　幼儿园与社区

一、幼儿园与社区合作的发展趋势

社区是指聚居在一定地域范围内的人们所组成的社会生活共同体。目前城市社区的范围，一般是经过社区体制改革后调整了规模的居民委员会辖区。现阶段，终身教育理念和学习化社会的提出，使得现代教育发展的趋势也向着教育社会化、社会教育化方向发展，而社区提供的教育体现了这些特点。社区幼儿教育是当地社会经济、文化、教育事业发展的产物，社区与幼儿园合作成为幼儿教育发展的新趋势，是幼儿教育与社会协调发展的基本模式和必由之路。

幼儿园与社区教育合作，成为世界幼儿教育发展的一个主要趋势。在社区参与幼儿教育发展的潮流下，全社会都非常重视幼儿教育的发展。社区参与幼儿教育，主要是社区能够对区域内的学龄前儿童进行保育与教育活动，并对家长及社区内成员进行有关幼儿健康、营养、教育等方面的各种教育活动，广泛提高社区成员的保教意识和保教技能，从而为幼儿的发展提供良好的环境。

幼儿园与社区、家庭的教育合作，有利于幼儿教育的社区化。幼儿教育将家庭、社会和托幼机构联系起来，从而全面促进下一代健康成长。实践证明，发展我国幼儿园与社区的合作势在必行，当前的幼儿园与社区合作表现出了一些新的趋势和新的动向。

1. 政府高度重视，教育理念日趋科学完善

我国政府非常重视幼儿园与社区、家庭的合作共育，相继出台了一些相关政策。《幼儿园工作规程》指出："幼儿园应当加强与社区的联系与合作，面向社区宣传科学育儿知识，开展灵活多样的公益性早期教育服务，争取社区对幼儿园的多方面支持。"《幼儿园教育指导纲要（试行）》指出："幼儿园应与家庭、社区密切合作，与小学相互衔接，综合利用各种教育资源，共同为幼儿的发展创造良好的条件。"这些政策的出台，充分说明政府重视幼儿园与社区的合作关系和合作内容，指明了幼儿园为社区服务的主要方向。

尽管我国社区幼儿教育的发展较晚，一些基本理论还不成型，但是，在吸收国外先进理论的基础上，通过不断实践和探索，我国正逐步建立符合我国国情的社区幼儿教育基本理论体系。

2. 以托幼机构为依托，建立社区与家庭的合作共育模式

幼儿园与社区合作主要是面向每个家庭中的幼儿，促进其全面发展，因此应向每个幼儿家庭推进，即以幼儿园为依托，推进社区与家庭的合作共育。家庭、幼儿园、社区一体化教育模式已成为当代幼儿教育的发展趋势。社区有着丰富的教育资源，充分利用这些资源不仅可以加强幼儿园与社区的沟通，还可以提高教学内容的生成性、教学方法的多样性，以及信息涉及范围的广泛性，使参与者在利用资源、实施活动中体会到合作研究学习的愉悦，形成开放性的课堂教学。同时，《幼儿园教育指导纲要（试行）》也指

出，幼儿园“应为社区的早期教育提供服务”。因此，应充分挖掘幼儿园、家庭和社区中的教育资源，放大资源效应，从而达到幼儿园教育、家庭教育和社区教育共同发展的目的。只有建立幼儿园、家庭和社区的互动，才能构筑开放的社区幼儿教育基地，才能形成家庭、幼儿园、社区共建的幼儿教育体系。

3. 建立日趋完善的社区教育工作网络

幼儿园与社区合作有利于科学育儿工作的进行。科学育儿是一项多学科、综合性的工作，需要幼儿园、家庭和社区各方的共同努力。随着我国对社区教育的日益重视，部分城市社区已在大力发展社区幼儿教育工作网络。具体做法是发挥社区居委会的带头领导作用，联合卫生保健部门或社区医院、教育机构、文化机构等单位共同参加，相互配合协助，形成一套完整的工作与服务网络和体系。在这样一整套网络和体系中，开展行之有效的家庭教育辅导、家长学校等形式的教育活动，宣传科学育儿的知识，提高家长的文化素质和教育水平，这对促进幼儿健康成长具有重要意义。

4. 合作共育形式民族化、特色化

我国不同区域所体现的地域特色和民族特点，极大地丰富了幼儿园与家庭、社区合作共育的内容。我国地域辽阔，民族众多，且人口分布不均衡，导致各地幼儿接受正规教育机构教育的情况不均衡。例如，偏远山区、草原、交通不便地区和部分少数民族地区的广大幼儿大多没有条件接受正规幼儿教育，因此当地的社区担负着培养幼儿的重要责任。这些社区也结合本地区特色发展幼儿的社会教育，例如，内蒙古草原牧区人民具有勤劳、善良、勇敢、好客等品质，在草原游戏的幼儿教育活动中就自然地体现出这种优秀民族传统文化的积极影响。

5. 幼儿成长的社区环境日趋改善

幼儿园与社区合作共育的教育意识正在逐渐增强。依托社区，为广大幼儿提供良好的教育环境，也是广大社区居民的心愿。随着人们对幼儿教育的认识不断加深，人们越来越感受到为幼儿成长创设健康和谐环境的重要性。所以在选择居住地时，人们更加注重社区的自然环境和人文环境等，而社区环境的建设也正在日趋改善。许多社区不但拥有完善的幼儿教育机构，还在社区投放了一些供幼儿游乐的设施，如游乐场、玩具活动室、图书室和辅导站等。

尽管我国幼儿园与社区合作共育还存在很多问题亟待解决，但是在终身教育理念和学习型社会思想的指导下，社区的教育作用正在蓬勃发展，贡献着其作为教育环境组成部分不可或缺的力量。

二、幼儿园与社区的教育衔接

幼儿园与社区的教育衔接是指，幼儿园与其所处的社区及幼儿家庭所处的社区密切合作、相互沟通、双向发展，共同为幼儿的健康成长服务。幼儿园作为社区的一个组成部分，是社区的小环境。社区是社会大环境中与幼儿园关系最密切、对幼儿影响最大的那一部分。因此，对幼儿园来说，鉴于幼儿年龄、经验的限制，其与社区的结合可以说是与社会大环境结合的主要的、核心的内容。幼儿园与社区的教育衔接，最终是为了促进教育的社会化和社会的教育化，使幼儿园与社区相互促进、相互服务、共同发展、共同受益。

实现幼儿园与社区教育衔接的方式主要有以下两种：

1. 幼儿园利用多种途径为社区教育服务

幼儿园作为社区事业的一部分，其发展要依托社区的发展。所以，服务社区、发展社区是幼儿园做好与社区教育衔接工作的重要内容之一。幼儿园应利用多种途径，发挥其教育设施资源的优势和教育师资的优势，为社区教育服务。

一方面，幼儿园可以利用其教育设施资源的优势，与社区共享资源，向社区辐射教育功能。例如，周末、节假日向社区开放幼儿园，提供园内的游戏设施给社区的幼儿使用。同时，幼儿园还有丰富的教具、玩具和图书等，都可以充分发挥其教育的功效，供社区内的家长和幼儿使用。

另一方面，幼儿园可以利用其教育师资的优势，推动社区精神文明的发展。幼儿园可以举办定期或不定期的宣传活动，包括办黑板报、组织专题讲座和专家咨询等。例如：举办幼儿教育讲座，提高社区成员的教育水平；利用黑板报向家长宣传一些科学的育儿知识和理念。同时，幼儿园美化自身的环境，提高教师和工作人员的素质，培养幼儿的良好文明习惯等，都是为提升社区文明水平做贡献。一所好的幼儿园可以成为社区精神文明的标志，对社区的精神文明建设起示范推动作用。

2. 社区利用多种资源为幼儿园提供教育平台

社区作为一个生产功能、生活功能和文化功能兼备的社会小区，能为幼儿园提供教育所需要的人力、物力、财力和教育场所等多方面的支持。

（1）建立社区“三优”幼儿教育工作网络，促进幼儿健康发展

“三优”是指“优生、优育、优教”，这一工程是通过各级妇联组织在全国各地开展的，以促进幼儿健康发展为宗旨。社区需要发挥自身的优势，联合各方面的专家，协同社会力量，宣传科学育儿的知识，提高家长的文化素质和教育水平。社区可以组织居委

会负责人、社区医务人员和退休教师等，开展新婚指导、孕期保健、新生儿保健、婴幼儿保健和教育等一系列活动，丰富家长的保教常识。

（2）充分利用社区丰富的教育资源，促进幼儿社会性发展

城市社区应该为大多数的独生子女提供接触社会的机会，让幼儿走进社会的大环境。例如，让幼儿参观社区中的各种机构、设施，与社区的劳动模范、解放军战士、医护人员、警察等共同活动，慰问敬老院的老人，或请他们到幼儿园做客等，都会使幼儿受到良好的教育。这些活动有利于培养幼儿良好的社会适应能力，同时也能为幼儿智力开发和动作发展创造良好的条件。

（3）利用社区的文化氛围和精神文明成果促进幼儿园精神文明建设

社区文化通过多种途径影响幼儿园，因此，幼儿园应积极地汲取优秀的社区文化，利用社区精神文明的优秀成果，将之转变为幼儿园自身文化的一部分，让社区成为幼儿园精神文明建设的促进者。一般来说，一个文明程度较高的社区，其社区内教育质量也会较好。

（4）社区主动参与教育管理工作

社区教育管理部门要协调幼儿园与社区内各界的关系，帮助幼儿园解决一些经费问题和日常工作中经常碰到的实际问题（如安装教学设备、维修常用设施、加强治安管理等），确保幼儿园教育活动的正常开展。

尽管社区教育在我国发展较晚，但是随着国家经济发展和社区的壮大，以及社会对幼儿教育事业的重视，人们越来越注重社区与幼儿园的合作。幼儿园依托社区、融入社区，其价值不只限于运用社区资源，更重要的是在更宏观的层面上加强了对幼儿及其家庭的教育和服务，而这种教育和服务是全方位、多层次和多功能的。这种双向互助合作的模式，能更好地为幼儿教育事业提供支持和帮助，并促进社区文明程度的提高，为幼儿成长创造良好的社会生态环境。

第三节　幼儿园与小学的衔接

幼儿园与小学的衔接能够促进幼儿健康全面发展，起着承上启下的作用，其重要性是不容忽视的。如何确保幼儿园与小学两个学段的阶段性及过渡时期的连续性，也成为

广大幼儿教育工作者一直关注的焦点问题。

一、幼儿园与小学衔接的基本内容

幼儿园与小学衔接是指幼儿园与小学两个教育阶段平稳过渡的教育过程。幼儿园阶段的幼儿与小学阶段的儿童有着不同的身心发展特点，做好幼儿园教育与小学教育的衔接，对于促进幼儿的身心健康发展，提高教育质量都具有重要意义。幼儿园与小学衔接的基本内容包括生理适应、心理适应和能力适应三个方面。

1. 生理适应

生理适应主要是指帮助幼儿具备适应小学学习生活的身体条件。刚进入小学的儿童，身体发育渐趋完善，肌肉发展迅速，动作能力增强，大脑的发育也趋于成熟，但也存在一些不足，例如，大、小肌肉发展不平衡，心肺功能较弱，大脑神经系统的兴奋性大于抑制性。这使得 6 ~ 7 岁的儿童还不能完全达到小学阶段正常学习生活所必须具备的能力和纪律的要求。因此，在幼小衔接中，幼儿园应进行适当的训练和培养，小学则应采取相应的教育方法，逐步过渡，才能帮助幼儿在身体方面适应小学学习生活。

2. 心理适应

心理适应主要是指帮助幼儿在心理上做好当小学生的准备。大多数幼儿都比较向往小学生的学习生活，愿意成为一名小学生，但这并不意味着他们有渴望知识与追求理想的自觉信念。该阶段的幼儿还缺乏对可能出现的困难做好思想准备的能力，而且还有少数幼儿害怕上学，不愿成为小学生。因此，幼小衔接的基本内容之一是调整幼儿的心态，幼儿园教师应理顺幼儿的认识，让幼儿既愿意上学，喜欢上学，又具有一定的克服困难的思想准备，以积极的心理状态迎接小学阶段的教育。

3. 能力适应

能力适应主要是指帮助幼儿具备进入小学所需要的基本学习能力。幼儿园教育与小学教育的性质存在差异，具有不同的教育特点和学习方式。因此，幼儿在进入小学后很容易出现学习方式上的不适应，而让幼儿摆脱不适应的有效方法，就是使其在入学前获得基本学习能力训练。幼儿园主要应从幼儿学习的主动性、任务意识和规则意识开始培养，这些都有助于提高幼儿入学的适应性。对小学来讲，幼儿入学第一个月的主要任务是形成良好的学习习惯，适应小学的作息时间和学习节奏，逐步进入正规的小学学习生活中。幼小衔接要让幼儿自然过渡升入小学，适应小学生活，获得一生受用的能力素质。

二、幼儿园教育与小学教育的差异

幼儿园教育与小学教育存在着差异，具体包括以下几点：

1. 教育内容、形式上的差异

幼儿园教育属于非义务教育，教育内容以健康、语言、社会、科学和艺术五个领域为主，主要以主题活动形式开展学习活动。幼儿园活动大多用于发展幼儿的口头语言，让幼儿学习周围环境和日常生活中的粗浅知识技能，以及一些艺术和体育知识及技能，其内容注重生活性、基础性和趣味性，以游戏为主要活动方式，幼儿在游戏中没有严格的约束性和规范性。小学教育属于义务教育，教育内容多数根据国家或地方规定的大纲确定，以书面语言为主，强调系统化的知识学习和读、写、算等基本训练，语文和数学的内容急剧增加，体育活动大大减少，仅限制在体育课及课间。

幼儿园强调生活常规、游戏常规的内容学习，不带强制性；小学则有各种学习纪律和行为规范要求，学生必须遵守，带有强制性。幼儿园的活动以无意性和具体形象性为主，幼儿的学习结果没有统一的评分标准，学习压力小；小学的学习具有社会义务性，儿童需要付出一定的意志努力，因而容易精神紧张，且有压力。

幼儿园的教学活动从幼儿的具体形象思维出发，常用直观化的教具和游戏方式吸引幼儿参与活动；小学以课堂教学为主，讲解的成分较多，课堂纪律严格，约束性强。正是这些差异性，造成了幼儿入学后的不适应，这需要幼儿园与小学双方的共同协调才能解决。

2. 生活制度与环境上的差异

幼儿园和小学有着不同的学习生活节奏，主要表现为学习活动时间与制度的不同。幼儿园的活动是动静交替的，每天的集中教学活动不超过一个小时，且大多数是游戏形式，其余时间以自由游戏为主，午睡两个半小时，轻松而愉快。小学主要是以课堂学习为主，每节课 40 分钟，上午 4 节，下午 2 到 3 节。小学生课间的自由活动和游戏时间很短，午睡时间得不到保证。同时，刚入学的小学生也会受到教师很多的规则约束。

幼儿园和小学的生活环境也存在着差异。幼儿园的活动室一般布置得美观、形象和富有儿童情趣，不仅有丰富的物质环境，而且有和谐的心理环境。小学教室只有桌椅，固定的座位对幼儿缺乏吸引力，而操场上可供低年级学生使用的运动器械较少，必然使幼儿感到枯燥。

3. 人际关系上的差异

幼儿园实行保教并重，教师参加幼儿全天的各项活动，对幼儿的各个方面都关怀备至。幼儿在生活、心理上都对教师产生安全感和依赖感，师幼彼此之间较平等融洽。小学教师则把精力主要放在教学上，重视完成教学大纲规定的教学内容，注重教学进度，忙于批改作业，课堂纪律要求严格，和学生接触主要是在课堂教学活动中，且许多教师比较严肃。

在幼儿园里，保教人员与幼儿的比例一般为 1∶11，而小学为 1∶30，这意味着小学教师给予儿童的注意力大大减少，个别接触的机会就会更少。在幼儿园，幼儿经过 2 ~ 3 年的共同生活和学习，互相已经非常熟悉、和谐而友好。进入小学后，幼儿进入新的班集体，要重新建立伙伴关系，重新彼此适应。

三、幼小衔接中存在的问题

研究表明，幼小衔接对幼儿未来学习发展具有重要意义。但是我国的幼小衔接依然存在诸多问题亟待解决，主要表现在以下几个方面：

1. 幼小衔接主旨偏颇，幼儿教育小学化

幼小衔接的主旨应该是从生理上、心理上和能力上帮助幼儿做好小学学习生活的准备，而事实却是幼儿教育小学化倾向日趋严重，不少幼儿园将小学生的行为规范要求搬到幼儿园来。有些教师错误地认为，与小学搞好衔接工作就要提前用小学的教育方式对待幼儿，让幼儿园像小学一样。这主要表现为以下两个方面：

一是提前让幼儿学习小学的教材，如提前学习汉语拼音，书写汉字，学习小学数学知识等。这就导致幼儿园的教育内容不是幼儿熟悉的、与之关系密切的周围生活中具体的人或事，而是大量抽象文字或符号。由于教学内容背离幼儿的年龄特点，幼儿不能或不甚理解，所以学习中只能较多地使用机械记忆和死记硬背的方法，体会不到学习的乐趣。这不但不利于幼儿思维能力的发展，而且极大地挫伤了幼儿对学习的兴趣，使他们未进学校就已经害怕学习，讨厌学习。这不仅影响幼儿上小学，甚至可能给其今后的发展埋下危机。

二是用小学教育的组织形式与方法对待幼儿园的幼儿。例如：用小学式的上课取代幼儿的基本活动——游戏；教师长时间用言语讲授的方式进行知识灌输，追求

立竿见影的短期学习效果；在管理方式上也完全小学化，如要求幼儿上课把手背在身后，长时间不许动，更不许随便上厕所、喝水；还有的教师给幼儿布置许多家庭作业。这些做法严重违背了幼儿的身心发展特点，是造成幼儿怕学，厌学，养成不良学习习惯的重要原因。幼儿教育小学化严重危害幼儿身心健康，扼杀幼儿天性，与社会要求背道而驰，这种衔接使得幼儿园教育与小学教育相脱节，对小学教育形成负面影响。

2. 幼小衔接表现出片面性和局部性

幼小衔接表现出的片面性和局部性主要表现在衔接的时间和内容上。在衔接的时间上，只注重开始于幼儿园大班末期，截止于小学一年级第一学期的这段时间，甚至是更短的时间，忽视了整个教育阶段中各个环节的衔接。一些幼儿园在幼儿将要进入小学的前半年才做衔接工作，例如，带幼儿去参观小学，请小学生回园介绍，等等。这些做法是非常必要的，但远远不够。部分教师在衔接过程中急于求成，忽视了幼儿的可接受性，致使幼儿在生理、心理各方面压力突然加大，难以适应，不但教育效果不好，而且还使幼儿对小学和未来的学习产生恐惧感和不安全感。

在衔接的内容上，有的教师把衔接理解为仅是让幼儿记忆知识、掌握技能，对智育的其他因素（如核心思维能力的培养）则重视不够，对与智力发展密切相关，也属于智育范畴的非智力因素（如幼儿的学习主动性、兴趣、习惯等）的培养则更是忽视。这种片面的衔接教育是非常有害的。

3. 幼小衔接存在单向性

有的幼儿园与小学没有一起研究衔接工作。幼儿园教师与小学教师对对方的教学大纲、教学活动等不了解。这就导致幼儿不能真正从学习习惯及各种规则意识方面做好适应小学学习生活的准备，给幼儿园教育阶段向小学教育阶段合理过渡带来很大的困难。一些幼儿园把幼小衔接当作一项重要工作来做，积极开展幼儿入学前的准备工作，无论是教学要求、内容、方法还是作息时间方面都主动向小学靠拢。但有些小学却很少考虑初入学儿童的特点，形成衔接上的单向性。幼小衔接既不是幼儿园小学化，也不是小学幼儿园化，双向准备才是解决幼小衔接问题的有效途径。

4. 家长不正确的教育观念影响幼小衔接

家庭和幼儿园的配合会更好地促进幼儿发展。家长的教育观念和教育行为既会影响幼儿园教育工作，也会影响幼小衔接工作。许多家长重视幼儿知识积累，而不注意幼儿兴趣开发和能力培养，无视幼儿身心发展规律、特点和需要，揠苗助长，压抑幼儿个性，影响幼儿健康成长。有的幼儿家长超前训练，将小学一年级的学习内容提前教给幼儿掌握。这部分家长关注的是幼儿在幼儿园学会了什么，但忽视了幼儿学习过程中注意力是否集中，能不能大胆回答问题等。这种超前教育致使幼儿在入学后常常会出现入学之初感觉学习很轻松、上课不专心、做作业不认真等现象，形成了不良的学习态度和习惯。随着学习内容和难度的增加，"储备知识"用完了，又缺乏认真学习的习惯，这时幼儿就出现了入学适应困难等问题。

综上所述，做好幼小衔接工作，要注意保持幼儿园教育本身的特点，注意幼儿的年龄特征，不能把幼儿园与小学这两个不同的教育阶段等同起来。应在重视早期智力教育的同时，重视幼儿的全面发展及个性发展，还应与小学保持有效的教育联系，互相合作，共同做好幼小衔接工作。

四、幼儿园入学准备教育

六七岁的幼儿一方面愉快地在幼儿园学习，一方面逐渐形成了入学倾向性，在社会条件影响下，他们向往小学的学习生活，渴望成为一名小学生。从教育的连续性、整体性出发，幼儿园理所当然应把准备幼儿入学作为最基本任务。入学准备教育是幼儿园与小学衔接中一项十分重要的工作，它贯穿于整个幼儿园教育的全过程，也是幼儿园整个教育结果的最终体现。幼儿园要充分发挥自身的优势及主导作用，以积极的态度谋求幼儿家庭的配合，加强与小学的联系。可以说，帮助幼儿做好进入小学的准备是幼儿园、小学和家庭面临的共同任务。

1. 幼儿园入学准备教育的内涵

从广义上讲，幼儿园入学准备教育指幼儿园的所有教育活动都是在为更高一级的教育阶段做好准备。因此，整个幼儿教育阶段促进幼儿体、智、德、美等方面全面发展的活动都属于幼儿园入学准备教育。

从狭义上讲，幼儿园入学准备教育仅仅指幼儿在入学之前，为达到应有的身心全面发展的水平而进行的一系列活动，其中包括入学意识、学习习惯和社会适应性等方面的准备教育。通常我们所说的入学准备教育指的是狭义上的专门的入学准备教育。

2. 幼儿园入学准备教育的基本内容

幼儿园入学准备教育的基本内容主要是幼儿园针对小学学习生活所做的有关准备教育，包括以下几个方面：

（1）激发幼儿良好的入学动机

幼儿都会产生不同程度的入学愿望。但是他们并不懂得小学意味着什么，只知道做小学生表明自己已经长大，并且仅仅是羡慕小学生可以背新书包、穿新校服、用新的漂亮文具盒等。这种入学的愿望虽然非常幼稚、肤浅，但也是可贵的，教师应当保护这种积极性，并因势利导地进行教育。

教师可以有计划地以不同的形式开展多种教育活动，取得小学和家长的配合，让幼儿了解小学、喜欢小学、渴望上小学，最后愉快而自愿地走进小学。例如：组织幼儿参观附近的小学，逐步熟悉小学的学习环境；观察一年级小学生的上、下课情况，尤其是上课端坐、举手发言的姿势；观摩小学生的升旗仪式、队列操形式；参观小学生的入队仪式；与本幼儿园毕业的小学生一起春游、联欢，或请他们回园谈谈自己进小学后的感想，也可请他们朗诵课文、表演节目等；与园里的小弟弟、小妹妹们举行告别联欢会等。通过各种教育形式，强化幼儿的入学动机。

（2）不断提高幼儿的基本学习能力

幼儿时期基本的学习能力包括听的能力、写的能力和看书的能力。

1）听的能力。听的能力是指专心倾听的能力。这种能力要求每个幼儿能保持安静，注意力高度集中地听；对教师的话要听清楚、听准确；听话之后，问什么答什么，不离题；听的内容能记住，能复述；对同伴的发言能进行补充和纠正。训练听的能力可以运用有趣的绕口令、传通知、打电话或“请你去做几件事”等游戏的方式。为了在听话的过程中启发思维，还可以逐渐对幼儿进行各种听力训练，要求幼儿对一句话或一段话迅速地做出反应，或转述，或有重点地复述，或迅速找出话语中的错误等，使听觉中枢对语言信息进行分析、综合和选择。

2）写的能力。写字常常是一年级学生感到最困难的活动，书写时很吃力，速度也慢。这是由于幼儿手腕、手指的骨化过程尚未完成，小肌肉发育较迟，以及幼儿平时用手指操作的活动机会不够充分。大班末期，教师要创造条件，开展灵活运用手指操作的多样化活动，以提高幼儿手指活动的灵活性和耐力。例如，在格子本上练习写数字，在美工作业背后写姓名，用各种笔绘画，或折纸、玩穿线板、练习钉纽扣、制作玩具、刺绣、编织等。

3）看书的能力。幼儿园教师要有计划地指导幼儿阅读，使他们学会从左到右、从上到下有顺序地看书、听朗读，这将有益于培养幼儿进入小学后的看书阅读习惯。教师要教会幼儿看书的方法和拿书的姿势，在发展幼儿语言和思维的同时，激发幼儿看书识字的愿望和兴趣。

（3）使幼儿形成良好的学习习惯

学习习惯是学习活动中比较稳定的行为方式，良好的学习习惯对幼儿进入小学学习乃至将来的一生都会有很大的作用。在大班，教师可以逐步培养幼儿养成上课坐姿端正、专心听讲的习惯，爱提问、勤思考的习惯，注意倾听的习惯，正确的握笔和写字姿势，按时、认真完成学习任务的习惯，以及合理安排时间、严格遵守作息制度的习惯等。这些习惯都将对应幼儿入学后的基本要求。例如，小学低年级学生要做到上课前先准备好学习用品，回答问题声音洪亮、大方得体，读书、握笔姿势正确，作业书写字迹工整等。对幼儿学习习惯的养成，教师不能要求一次到位，而应该采用分阶段推进、螺旋式上升的策略。

（4）培养幼儿的社会适应能力

培养幼儿的社会适应能力包括培养幼儿主体性、发展人际交往能力和培养责任心。研究表明，幼儿社会性心理品质的发展，对他们进入小学后能否尽快适应小学的学习生活起着至关重要的作用。因此，从大班起，教师应有意识地加强幼儿社会性方面的教育，提高幼儿的社会性适应能力。例如：向他们提出一些独立完成的学习、劳动任务，在游戏中穿插任务，进行日常生活中的规范教育、规则游戏，开展学习活动中的规则训练，以及开展各类有规则的集体活动，以培养幼儿的任务意识和遵守规则的能力；要求幼儿学习自我服务，做自己能做的事，爱护玩具，并会自己整理玩具，以培养幼儿的自理能力；要求幼儿尊敬师长，友爱同伴，乐于助人，学习语言表达的技巧，以培养幼儿的人际交往能力。总之，在教育过程中，教师要切合实际，通过各种措施与途径，组织好这一类活动，促使幼儿的社会适应能力不断提高。

总之，幼儿园入学准备教育是一项艰巨而有意义的工作。幼儿园教师要有强烈的责任感和事业心，善于了解幼儿的身心特点，随时丰富自己的教育教学经验，担负起全面培养教育幼儿的重任。同时，入学准备是个系统工程，不仅仅需要幼儿园做好准备工作，还需要小学做好准备工作，并发挥家庭的基础性作用和社区的辅助性作用。在整个衔接工作中，全社会对教育的支持、对幼儿的关心也是不可缺少的。幼儿园、小学、家长和社区必须互相配合，形成影响幼儿成长的教育合力。幼儿园和小学应加强与社区的沟通和协作，大力宣传做好衔接工作的重大意义，使全社会对此都达成共识，共同配合，做好衔接工作。

思考·练习

1. 了解并整理一所幼儿园开展家园合作以及与社区合作的经验和成功的实例。

2. 一名幼儿园教师埋怨说："如果家长都能按我们的要求去教育孩子，我们的工作就好做多了。偏偏家长还总是提意见，好像比我们还懂幼儿教育！"请运用家园合作的相关理论分析和评论上述现象，并举例阐述进行家园合作的方式。

3. 一些幼儿园为了迎合家长让孩子升重点小学的想法，提前教授幼儿拼音和小学的数学知识，并以题海战术进行强化。如果你是幼儿园教师，你怎样应对？

参考文献

[1] 黄人颂 . 学前教育学［M］. 3 版 . 北京：人民教育出版社，2015.

[2] 李生兰 . 学前教育学［M］. 3 版 . 上海：华东师范大学出版社，2014.

[3] 刘晓东，等 . 学前教育学［M］. 南京：江苏凤凰教育出版社，2009.

[4] 李季湄 . 幼儿教育学基础［M］. 2 版 . 北京：北京师范大学出版社，2017.

[5] 刘焱 . 幼儿教育概论［M］. 北京：中国劳动社会保障出版社，1999.

[6] 虞永平 . 学前教育学［M］. 苏州：苏州大学出版社，2001.

[7] 莫里森 . 学前教育：从蒙台梭利到瑞吉欧［M］. 祝莉丽，周佳，高波，译 .11 版 . 北京：中国人民大学出版社，2014.

[8] 梁志燊 . 学前教育学［M］. 3 版 . 北京：北京师范大学出版社，2014.

[9] 蔡迎旗 . 学前教育概论［M］. 武汉：华中师范大学出版社，2006.

[10] 高岚 . 学前教育学［M］. 2 版 . 广州：广东高等教育出版社，2001.

[11] 朱宗顺 . 学前教育原理［M］. 北京：中央广播电视大学出版社，2016.

[12] 刘晓东 . 儿童教育新论［M］. 2 版 . 南京：江苏教育出版社，2008.

[13] 鲍曼，多诺万，勃恩兹 . 渴望学习：教育我们的幼儿［M］. 吴亦东，译 . 南京：南京师范大学出版社，2005.

[14] 刘晶波 . 学前教育研究方法［M］. 北京：人民教育出版社，2016.

[15] 周采，杨汉麟 . 外国幼儿教育史［M］. 2 版 . 北京：北京师范大学出版社，2012.

[16] 柳阳辉 . 幼儿教育学［M］. 郑州：郑州大学出版社，2008.

[17] 陈帼眉，刘焱 . 学前教育新论［M］. 北京：北京师范大学出版社，1996.

[18] 李季湄，冯晓霞 .《3–6 岁儿童学习与发展指南》解读［M］. 北京：人民教育出版

社，2013.

［19］冯晓霞 . 幼儿园课程［M］. 北京：北京师范大学出版社，2000.

［20］朱家雄 . 幼儿园课程［M］. 2 版 . 上海：华东师范大学出版社，2011.

［21］虞永平 . 学前课程价值论［M］. 南京：江苏教育出版社，2002.

［22］王春燕，秦元东 . 幼儿园课程概论［M］. 3 版 . 北京：高等教育出版社，2020.

［23］施良方 . 课程理论：课程的基础、原理与问题［M］. 北京：教育科学出版社，1996.

［24］简楚瑛 . 学前教育课程模式［M］. 上海：华东师范大学出版社，2005.

［25］刘焱 . 儿童游戏通论［M］. 北京：北京师范大学出版社，2004.

［26］华爱华 . 幼儿游戏理论［M］. 3 版 . 上海：上海教育出版社，2015.

［27］邱学青 . 学前儿童游戏［M］. 4 版 . 南京：江苏教育出版社，2008.

［28］丁海东 . 学前游戏论［M］. 济南：山东人民出版社，2001.

［29］姚伟 . 幼儿游戏与玩具［M］. 北京：中央广播电视大学出版社，2011.

［30］邱学青 . 给幼儿园教师的 101 条建议：游戏指导［M］. 南京：南京师范大学出版社，2011.

［31］姜勇，庞丽娟，梁玉华 . 儿童发展指导［M］. 北京：北京师范大学出版社，2004.

［32］吕静，周谷平 . 陈鹤琴教育论著选［M］. 北京：人民教育出版社，1994.

［33］福禄培尔 . 人的教育［M］. 孙祖复，译 . 2 版 . 北京：人民教育出版社，2001.

［34］戴文青 . 学习环境的规划与运用［M］. 南京：南京师范大学出版社，2005.

［35］秦明华，张欣 . 幼儿园组织与管理［M］. 2 版 . 上海：复旦大学出版社，2014.